공기업 개혁의 쟁점과 전략

이종수 편저

김민제 · 김주찬 · 민병익 · 원혜연 · 이수영
이정욱 · 이정철 · 전미선 · 조화순 · 홍순만

도서출판 대영문화사

책을 내는 마음

공공기관은 공익을 보호 및 제고하기 위하여 정부가 위임한 권한과 책임 하에서 사업을 수행하는 기관이다. 원론적으로 그 성격이 이렇게 규정되어 있을 뿐, 구체적으로 공공기관이라는 이름의 구성과 지위, 그리고 분류체계는 각국의 정부에 의해 자의적으로 결정되는 사항이다. 공공기관이란 한국에서 공기업을 포함하여 준정부기관이나 위탁 집행기관을 체계적으로 관리할 필요성을 느낀 정부에 의해 각 기관의 특성을 종합하여 임의적으로 만들어진 개념이다.

공공기관을 집요하게 심층적으로 연구하는 학문적 영역이 없기 때문에, 아직도 개념의 혼란이 지속되고 있다. 공공기관이 보유해야 하는 '공공성'이라는 개념부터 시작하여 분류체계와 정부와의 관계, 그리고 운영에 이르기까지 다양한 의견이 존재한다. 공공기관이 존재론적으로 공공성과 기업성 사이의 유동적인 경계에서 정체성을 모색해야 하는 특징, 그리고 한국에서 역대 정부들이 내걸어온 개혁의 방향성과 현실들이 여기에 덧붙여져 혼란을 더하고 있다.

2018년을 기준으로 한국에는 330개의 기관이 공공기관으로 지정되어 있다. 2016년 321개 기관이 공공기관으로 지정되어 있었으나, 2017년에는 11개로 증가하여 332곳이 된 바 있었다. 공공기관의 재정과 고용을 빼놓고는 정부의 운영과 개혁을 논하기 어려운 규모라 할 수 있다. 그러나 역대 정부는 개혁의 구호를 지속적으로 내걸어 왔을 뿐, 실제 본질적이고 내실 있는 개혁은 소홀히 취급하여 왔다.

이 책은 한국의 공공기관에 대한 이해를 도모하고, 향후의 실제적 개혁을 위해서 무엇이 필요한지를 정리한 책이다. 공공기관의 현황과 분류로부터 시작하여, 총체적인 개혁과제, 공기업 개혁과 관련된 정치적 이해관계자들과 복합적 정책과정, 공공기관에 대한 통제의 기제와 자율성의 기제, 이른바 '낙하산 인사'가 경영성과에 미치는 영향, 경영실적평가제도, 공공요금 규제가 경영실적에 미칠 수 있는 효과, 마지막으로 성공사례와 실패사례에 대해 정리하여 보았다.

책을 내며 몇 가지 선택을 해야 하는 문제들이 있었다. 책의 내용을 연구서로 할 것인지 정책연구서로 할 것인지, 그리고 개별적 관심 사항의 모음으로 할 것인지 대학의 체계적 교재로 할 것인지 균형을 잡아야 했다. 각 연구자들께는 가능한 집필의 자유를 보장하고, 기획과 편집을 맡은 사람이 총론적 소개를 담당하여 균형을 잡기로 하였다. 결과적으로 매우 깊이 있는 심층적 내용과 총론적 입문서의 성격을 동시에 아우르게 되었다.

이 책의 기획과 집필에 참여한 필진들께 진심으로 감사드린다. 집필을 위한 준비작업으로 개최한 세미나와 교정에 수고하여 준 전미선 원생에게도 감사하는 마음이다. 대영문화사의 사장님과 편집 책임자께도 고맙다는 말씀을 드리고 싶다. 모쪼록 공공기관에 관심 있는 연구자와 실무자들에게 도움이 되면 더할 나위 없는 보람이 될 것이다.

2018년 1월 10일
이종수 교수

차 례

제 5 장 공공기관 경영실적평가제도: 문제점과 과제 108

제 6 장 공공요금 규제 하의 공기업 성과지표 141

제1장 공공기관의 개혁을 위한 전략

이종수(연세대학교 행정학과)

제1절 개념의 분류와 현재적 상황

공공기관은 공익을 보호 및 제고하기 위하여 정부가 위임한 권한과 책임 하에서 사업을 수행하는 기관이다.[1] 한국전력공사, LH공사, 한국산업은행, 한국도로공사, 국민연금공단, 근로복지공단, 한국콘텐츠진흥원 등이 대표적인 공공기관의 예이다. 「공공기관의 운영에 관한 법률」에 따르면, 기획재정부 장관은 국가나 지방자치단체가 아닌 법인, 단체 또는 기관으로 정부의 투자, 출자 등 재정지원을 통하여 설립·운영되는 기관 중에서 일정한 기준에 해당하는 기관을 공공기관으로 지정할 수 있다.

이에 비하여 공기업은 본질적으로 공공성과 기업성을 결합하여 공익에 부합하는 서비스를 생산 및 공급하고자 설립된 기업을 지칭한다. 정부의 실패 혹은 시장의 실패, 외부효과의 존재, 대규모 초기 투자의 필요성 때문에 국가 혹은 공공부문이 공기업의 설립과 운영에 관여하는 경우가 대부분이다(Linquiti, 2015). 예외적으로 정부가 수익의 창출을 위해 공기업을 직접 설립하여 운영하는 경우도 존재한다(Feigenbaum, 2017).

1) http://www.nabo.go.kr/Sub/01Report/04_01_07_Contents.jsp

공기업의 거버넌스 형태는 소유와 경영 측면에서 매우 다양한 모습이 관찰된다. 정부조직의 일부로 설립되어 기업방식으로 운영하는 경우, 정부가 기업을 법인형태로 설립하여 소유하되 기업방식으로 운영하는 경우, 정부는 소유권에 부분적으로 참여하고 시장의 원리에 따라 기업방식으로 운영되는 경우 등이 있다.

위의 설명에서 알 수 있듯이, 공기업은 공공기관의 한 유형에 해당하며, 공공기관은 공기업보다 훨씬 넓은 개념이다. 공공기관은 공기업을 포함하여 위탁기관, 준정부기관 등을 포괄한다. 정부가 특정한 관리목적과 필요에 따라 설정하고 지정하는 기관을 공공기관이라 칭하는 것이다. 한국에서 과거에 공기업, 준정부기관, 출자회사, 출연기관 등이 다양하게 존재하였는데, 이들에 대한 정부의 관리가 부실하였는 바, 이에 대한 관리를 강화하고자 정부가 체계적으로 기관들을 분류하려는 목적으로 사용하는 용어이다.

한국에는 2018년 현재를 기준으로 330개 기관이 공공기관으로 지정되어 있다. 2016년 321개 기관이 공공기관으로 지정되어 있었으나, 2017년 11개 기관이 증가하여 332곳이 된 바 있었다. 13개 기관을 신규로 지정하고,[2] 기능조정에 따라 통·폐합된 2곳[3]을 공공기관에서 해제함으로써 11곳이 늘어나게 되었다 다시 감소하였다.

공공기관은 고용규모와 예산, 그리고 서비스 측면에서 국가경제에 커다란 부분을 담당하고 있다. 고용규모 측면에서 보자면, 2017년 2/4분기를 기준으로 공공기관은 임원과 정규직원을 아울러 정원 기준 약 305,259명을 고용하고 있다. 2015년 말을 기준으로 공공기관 전체의 자산총액은 781.8조 원이며, 부채총액은 505.3조 원에 달한다. 공공기관 전체의 부채비율은 2011년 196.1%에서 2015년 182.8%로 소폭 감소하였으며, 국가채무 대비 부채비율도 2011년 109.5%에서 2015년 85.6%로 감소한 수준이다.

한국의 공공기관을 이해하기 위해서는 우선적으로 공공기관으로 어떤 기관들이 존재하는 지를 살펴볼 필요가 있다. <표 1-1>은 한국의 공공기관이 유형별로 증가 혹은 감소해 온 추이를 요약한 것이고, <표 1-2>는 유형별로 각 부처에 의

---

2) 한국재정정보원, 한국저작권보호원, 한국산림복지진흥원 등 13개 기관이 기타 공공기관으로 지정되었다.

3) 해제 대상이 된 기관은 녹색사업단, 기초전력연구원이다.

해 설치된 공공기관의 현황이다. 「공공기관의 운영에 관한 법률」 제4조는 공공기관에 대하여 "법률에 따라 직접 설립되고 정부가 출연한 기관", "정부지원액(법령에 따라 직접 정부의 업무를 위탁받거나 독점적 사업권을 부여받은 기관의 경우에는 그 위탁업무나 독점적 사업으로 인한 수입액을 포함한다)이 총수입액의 2분의 1을 초과하는 기관", "정부가 100분의 50 이상의 지분을 가지고 있거나 100분의 30 이상의 지분을 가지고 임원 임명권한 행사 등을 통하여 당해 기관의 정책 결정에 사실상 지배력을 확보하고 있는 기관"으로 정의하며, 이러한 기관이 설립하거나 출연하는 기관도 여기에 포함될 수 있다고 명시한다.

이러한 분류의 기준이 보편적이고 이론적인 바탕을 보유하고 있는 것은 아니다. 전체 공공기관의 분포와 상황, 그리고 공익을 위한 정부의 개입 필요성에 따라 합의된 기준일 따름이다. 공기업은 공공성과 기업성을 동시에 보유하며, 시장을 통한 경영과 정부의 규제 사이에 위치한다. 이는 곧 공익을 위한 통제와 시장적 자율 및 책임성에 동시적으로 노출되게 됨을 의미한다. 그런데 공공기관의 특징을 지칭하는 가장 대표적 용어인 '공공성'은 매우 혼란스럽게 사용되고 있다. 총론적으로 공익의 보호와 제고, 그리고 다수의 국민이익에 기여하여야 한다는 당위적 의미로 쓰이는가 하면, 공공성이 곧 정부의 규제를 당연시하는 언어로 받아들여지기도 한다.

공공기관의 성격을 이해하고, 미래의 발전적 개혁을 구상하기 위해서는 '공공성'이라는 개념의 의미를 명백히 이해할 필요가 있다. 오랫동안 국가가 공공성을 장악하고 스스로의 이익과 개입을 정당화하기 위한 주술(呪術)로 사용하여(이종수, 2015) 온 것[4]을 극복해야 한다. 공공성은 공익, 정의, 개방, 평등 등의 요소를 내포하는 개념으로 국가의 통제와 지배와 다른 뜻이다. "공공기관이 공공성을 보유하기 때문에 국가가 통제를 당연히 받아야 한다"는 논리는 매우 미약한 수준의 공공성에 대한 이해를 전제로 하는 것이다. 공익을 제고하고, 다수 국민의 이익에 기여하는 국가의 개입[5]과 통제만이 공공성의 이름으로 정당화될 수 있다.

---

4) 이에 관해서는 준이치 사이토(2009), 『민주적 공공성』, 윤대석 외 옮김. 서울: 이음을 참조.

5) 공공기관에 대한 국가의 개입 내지 규제는 진입규제 혹은 시장규제, 운영규제로 분류될 수 있다. 전자는 공기업의 설립과 업무, 그리고 거시적 시장에서의 역할상 개입을 의미하고, 후자는 조직의 운영과 관리상의 개입을 의미한다.

표 1-1 공공기관의 유형별 변화추이

구 분		2016년	2017년				
				증 감	신 규	해 제	변 경
① 공기업		30	35	+5			+5
	• 시장형	14	14				
	• 준시장형	16	21	+5			+5
② 준정부기관		89	89				
	• 기금관리형	16	16				
	• 위탁집행형	73	73				
③ 기타공공기관		202	208	+6	+13	△2	△5
계		321	332	+11	+13	△2	±5

표 1-2 공공기관의 유형과 주무부처별 실태

구 분	(주무기관) 기관명
시장형 공기업 (14)	(산업부) 한국가스공사, 한국광물자원공사, 한국남동발전(주), 한국남부발전(주), 한국동서발전(주), 한국서부발전(주), 한국석유공사, 한국수력원자력(주), 한국전력공사, 한국중부발전(주), 한국지역난방공사 (국토부) 인천국제공항공사, 한국공항공사 (해수부) 부산항만공사
준시장형 공기업 (21)	(기재부) 한국조폐공사 (문화부) 그랜드코리아레저(주), 한국관광공사 (농식품부) 한국마사회 (산업부) (주)한국가스기술공사, 대한석탄공사, 한국전력기술(주), 한전KDN(주), 한전KPS(주) (국토부) 제주국제자유도시개발센터, 주택도시보증공사, 한국감정원, 한국도로공사, 한국수자원공사, 한국철도공사, 한국토지주택공사 (해수부) 여수광양항만공사, 울산항만공사, 인천항만공사, 해양환경관리공단 (방통위) 한국방송광고진흥공사
기금관리형 준정부기관 (16)	(교육부) 사립학교교직원연금공단 (문화부) 국민체육진흥공단, 영화진흥위원회, 한국문화예술위원회, 한국언론진흥재단 (산자부) 한국무역보험공사, 한국원자력환경공단 (복지부) 국민연금공단 (고용부) 근로복지공단 (금융위) 기술신용보증기금, 신용보증기금, 예금보험공사, 한국자산관리공사, 한국주택금융공사 (인사처) 공무원연금공단 (중기청) 중소기업진흥공단 (교육부) 한국교육학술정보원, 한국장학재단

위탁집행형 준정부기관 (73)	(미래부) (재)우체국금융개발원, (재)한국우편사업진흥원, 우체국물류지원단, 정보통신산업진흥원, 한국과학창의재단, 한국방송통신전파진흥원, 한국연구재단, 한국인터넷진흥원, 한국정보화진흥원 (외교부) 한국국제협력단 (문화부) 국제방송교류재단, 한국콘텐츠진흥원, 아시아문화원 (농식품부) 농림수산식품교육문화정보원, 농림수산식품기술기획평가원, 축산물품질평가원, 한국농수산식품유통공사, 한국농어촌공사 (산업부) 대한무역투자진흥공사, 한국가스안전공사, 한국광해관리공단, 한국디자인진흥원, 한국산업기술진흥원, 한국산업기술평가관리원, 한국산업단지공단, 한국석유관리원, 한국세라믹기술원, 한국에너지공단, 한국에너지기술평가원, 한국전기안전공사, 한국전력거래소 (복지부) 건강보험심사평가원, 국민건강보험공단, 사회보장정보원, 한국노인인력개발원, 한국보건복지인력개발원, 한국보건산업진흥원 (환경부) 국립공원관리공단, 국립생태원, 한국환경공단, 한국환경산업기술원 (고용부) 한국고용정보원, 한국산업안전보건공단, 한국산업인력공단, 한국장애인고용공단 (여가부) 한국청소년상담복지개발원, 한국청소년활동진흥원 (국토부) 교통안전공단, 국토교통과학기술진흥원, 한국국토정보공사, 한국시설안전공단, 한국철도시설공단 (해수부) 선박안전기술공단, 한국수산자원관리공단, 한국해양과학기술진흥원, 한국해양수산연수원 (안전처) 한국소방산업기술원, 한국승강기안전공단 (공정위) 한국소비자원 (방통위) 시청자미디어재단 (원안위) 한국원자력안전기술원 (보훈처) 독립기념관, 한국보훈복지의료공단 (식약처) 축산물안전관리인증원 (경찰청) 도로교통공단 (산림청) 한국임업진흥원 (농진청) 농업기술실용화재단 (중기청) 중소기업기술정보진흥원, 소상공인시장진흥공단 (특허청) 한국지식재산전략원 (기상청) 한국기상산업진흥원
기타 공공기관 (208)	(국조실) 경제인문사회연구회, 과학기술정책연구원, 국토연구원, 대외경제정책연구원, 산업연구원, 에너지경제연구원, 정보통신정책연구원, 통일연구원, 한국개발연구원, 한국교육개발원, 한국교육과정평가원, 한국교통연구원, 한국노동연구원, 한국농촌경제연구원, 한국법제연구원, 한국보건사회연구원, 한국여성정책연구원, 한국조세재정연구원, 한국직업능력개발원, 한국청소년정책연구원, 한국해양수산개발원, 한국행정연구원, 한국형사정책연구원, 한국환경정책평가연구원 (기재부) 한국재정정보원, 한국수출입은행, 한국투자공사 (교육부) 강릉원주대학교치과병원, 강원대학교병원, 경북대학교병원, 경북대학교치과병원, 경상대학교병원, 국가평생교육진흥원, 동북아역사재단, 부산대학교병원, 부산대학교치과병원, 서울대학교병원, 서울대학교치과병원, 전남대학교병원, 전북대학

교병원, 제주대학교병원, 충남대학교병원, 충북대학교병원, 한국고전번역원, 한국사학진흥재단, 한국학중앙연구원

(미래부) (재)연구성과실용화진흥원, (재)우체국시설관리단, 광주과학기술원, 국가과학기술연구회, 국립광주과학관, 국립대구과학관, 국립부산과학관, 기초과학연구원, 대구경북과학기술원, 별정우체국연금관리단, 연구개발특구진흥재단, 울산과학기술원, 재단법인 한국여성과학기술인지원센터, 한국건설기술연구원, 한국과학기술기획평가원, 한국과학기술연구원, 한국과학기술원, 한국과학기술정보연구원, 한국기계연구원, 한국기초과학지원연구원, 한국나노기술원, 한국데이터진흥원, 한국생명공학연구원, 한국생산기술연구원, 한국식품연구원, 한국에너지기술연구원, 한국원자력연구원, 한국원자력의학원, 한국전기연구원, 한국전자통신연구원, 한국지질자원연구원, 한국천문연구원, 한국철도기술연구원, 한국표준과학연구원, 한국한의학연구원, 한국항공우주연구원, 한국화학연구원

(외교부) 한국국제교류재단, 재외동포재단

(통일부) 북한이탈주민지원재단, (사)남북교류협력지원협회

(법무부) 대한법률구조공단, 정부법무공단, 한국법무보호복지공단, IOM이민정책연구원

(국방부) 국방전직교육원, 전쟁기념사업회, 한국국방연구원

(행자부) 민주화운동기념사업회, (재)일제강제동원피해자지원재단

(문화부) (재)국악방송, (재)예술경영지원센터, (재)예술의전당, (재)정동극장, (재)한국문화정보원, 게임물관리위원회, 국립박물관문화재단, 대한장애인체육회, 대한체육회, 세종학당재단, 영상물등급위원회, 태권도진흥재단, 한국공예디자인문화진흥원, 한국도박문제관리센터, 한국문학번역원, 한국문화관광연구원, 한국문화예술교육진흥원, 한국문화진흥(주), 한국영상자료원, 한국예술인복지재단, 한국저작권보호원, 한국저작권위원회, 한국체육산업개발(주), 한국출판문화산업진흥원

(농식품부) (재)한식재단, 가축위생방역지원본부, 국제식물검역인증원, 농업정책보험금융원

(산자부) (주)강원랜드, (재)한국스마트그리드사업단, 전략물자관리원, 한국로봇산업진흥원, 한국산업기술시험원, 한국원자력문화재단, 한일산업기술협력재단, 한전원자력연료(주), 한전 의료재단법인 한일병원, 한국전력 국제원자력대학원대학교

(복지부) (재)한국보육진흥원, (재)한국장애인개발원, 국립암센터, 국립중앙의료원, 대구경북첨단의료산업진흥재단, 대한적십자사, 오송첨단의료산업진흥재단, 한국건강증진개발원, 한국국제보건의료재단, 한국보건의료연구원, 한국보건의료인국가시험원, 한국사회복지협의회, 한국의료분쟁조정중재원, (재)한국장기기증원, 한국인체조직기증원, 한약진흥재단

(환경부) 국립낙동강생물자원관, 수도권매립지관리공사, 한국상하수도협회, 환경보전협회

(고용부) 건설근로자공제회, 노사발전재단, 사단법인 한국기술자격검정원, 학교법인한국폴리텍, 한국기술교육대학교, 한국사회적기업진흥원, 한국잡월드

(여가부) 한국건강가정진흥원, 한국양성평등교육진흥원, 한국여성인권진흥원

(국토부) (주)워터웨이플러스, (주)한국건설관리공사, 주택관리공단(주), 코레일관광개발(주), 코레일네트웍스(주), 코레일로지스(주), 코레일유통(주), 코레일테크(주), 항공안전기술원

(해수부) 국립해양박물관, 국립해양생물자원관, 주식회사 부산항보안공사, 주식회사 인천항보안공사, 한국어촌어항협회, 한국해양과학기술원, 한국해양조사협회, 항로표지기술협회

	(금융위) 중소기업은행, 한국산업은행, 한국예탁결제원 (공정위) 한국공정거래조정원 (원안위) 한국원자력안전재단, 한국원자력통제기술원 (보훈처) 88관광개발(주) (식약처) 의료기기정보기술지원센터, 한국식품안전관리인증원, 한국의약품안전관리원, 식품안전정보원 (관세청) (재)국제원산지정보원 (방사청) 국방과학연구소, 국방기술품질원 (문화재청) 한국문화재재단 (기상청) (재)APEC기후센터, (재)한국형수치예보모델개발사업단 (산림청) 한국산림복지진흥원 (중기청) (재)중소기업연구원, (주)중소기업유통센터, 신용보증재단중앙회, 창업진흥원, 한국벤처투자 (특허청) 한국발명진흥회, 한국지식재산보호원, 한국지식재산연구원, 한국특허정보원

제 2 절 공공기관 개혁에 대한 역대 정부의 정책

역대 정부는 모두 출범 초 공공기관의 개혁을 주요한 정책으로 내세웠다. 집권 초 대통령 당선자와 집권세력이 명칭만 상이할 뿐 '공공기관 개혁'을 공약했다(뉴시스, 2016.2.22). 그러나 개혁의 총론적 방향만 거시적 흐름을 인용했을 뿐, 개혁의

표 1-3 역대 정부의 공공기관 개혁 정책

	김대중 정부 (1998.2~2003.2)	노무현 정부 (2003.2~2008.2)	이명박 정부 (2008.2~2013.2)	박근혜 정부 (2013.2~2016.12)
핵심 화두	구조조정	공기업 민영화	공공기관 선진화	공공기관 정상화
배경	외환위기, 작은 정부 필요성6)	분권화, 사회 갈등 심화, 투명성과 대민 서비스 개선 요구	공공기관의 역할 적극화, 공공기관의 재원 동원 및 활용	부채감축 필요성, 경쟁 체제 강화
주요 내용	76개 공기업 자회사 민영화,7) 공기업 및 산하기관 통·폐합, 경영공시 의무화	지방이전, 반부패 윤리경영 도입, 고객서비스 표준 제정, 기관장 등 임원인사 절차 개선, 알리오 시스템 구축	121개 기관통합 추진, 38개 민영화, 기능조정, 경영효율화	부채감축 유도, 성과연봉제 도입, 임금피크제 구축

추진체계	기획예산처	정부혁신위원회	공기업선진화추진위원회	기획재정부
특징	민영화	투명성 강화	통·폐합과 공기업의 자원 활용	정상화와 경쟁
평가	– 정권의 변화와 개혁 구호에도 불구하고 공기업의 문제는 동일하게 지속 – 김대중 정부의 민영화와 문재인 정부의 비정규직 정규직화, 박근혜 정부의 성과연봉제에 대한 문재인 정부의 폐지 등 개편의 비용 과다 – 노무현 정부의 임원인사 절차 개선 효과 나타나지 않고, 이명박 정부의 공기업 재원 동원이 초래한 부작용 지속			

내용에서 핵심적 사항들을 누락시켰고, 결과 또한 별다른 성과 없이 용두사미로 끝나버렸다. 우선, <표 1-3>은 지난 네 정부에서 추진한 공공기관 개혁의 방향과 특징을 요약한 것이다.

김대중 정부는 외환위기로 IMF의 지원체제 하에서 구조조정을 핵심 화두로 내세웠다. 포항제철과 KT 등 거대 공기업을 민영화한 것을 비롯, 76개 공기업 자회사를 민영화하였으며, 공기업과 산하기관의 통·폐합, 경영공시제도의 도입을 추진하였다. 이러한 개혁의 추진은 기획예산위원회가 담당하였다. 김대중 정부는 국가경제의 위기상황 속에서 개혁대상을 확대하여 강도 높은 인력감축, 성과와 경쟁원리의 강화, 공기업 경영혁신 및 민영화 등으로 넓혀 갔고 그 방향성에 대하여 폭넓은 지지를 받았다. 그러나 구조조정에 대한 일방적 추진과 공공기관 개혁의 결과의 불명확, 그리고 국민체감도의 미약이라는 측면에서 비판적 평가를 받는다(최자은·박정수, 2014: 7).

노무현 정부는 '공공기관 혁신: 지배구조 개선과 종합관리대책'(2014) 가이드라인을 제시하고 국가적 분권화 시책에 부합하도록 공공기관의 지방이전 시책을 시행하였다. 147개 공공기관을 전격적으로 이전시킴으로써 분권화를 위한 주요 수단으로 활용하였다. 이와 함께 공공기관의 경영에 반부패 윤리경영을 주입하려 노력하였고, 기관장을 비롯한 임원 인사의 절차를 투명하게 개선코자 노력하였다. 경영공시 체제로서 알리오(ALIO)를 구축한 것도 투명성을 제고하려는 노력의 일환이었다. 그러나 임원 인사절차는 객관적으로는 공정한 절차를 갖추었으나, 실제 운영은

6) 이 부분에 대하여는 최자은·박정수(2014: 7) 참조.
7) 이 부분에 관해서는 기획재정부 내부자료(2016) 참조.

과거의 낙하산 인사가 그대로 진행되었고, 그러한 관행은 지금까지도 이어지고 있다.

이명박 정부는 여섯 차례의 공공기관 선진화정책을 발표하며 선진화를 슬로건으로 내걸고 민영화, 기능조정, 통·폐합, 경쟁의 도입을 추진하였다. 이를 위하여 121개 기관의 통합을 추진하고, 38개 기관에 대하여는 민영화를 추진하였다. 그러나 해외자원 개발을 명분으로 한국석유공사, 한국가스공사의 자원을 자의적으로 동원하여 부채를 급속하게 증가시켰으며, 4대강 사업을 추진하며 수자원공사의 자원 역시 고갈시킨 것으로 평가된다. 토지주택공사의 경우에도 2007년 이후 5년 동안 금융부채가 48조 9,000억 원 증가하였는데, 이 중 60% 정도가 '정부 정책사업 수행' 과정에서 국민주택기금으로부터 차입한 것이었다.

박근혜 정부는 공공기관의 개혁에 대하여 주목할 만한 운신의 폭을 인수받지 못하였다. 이미 공기업의 부채가 위험수준에 도달하여 있었기 때문에, 이의 완화가 당면 목표로 설정되었다. 정권의 출범 첫해 말인 2013년 12월 '공공기관 정상화 대책'을 발표하여 민영화와 규제완화, 부채축소에 노력할 것을 천명하였다. 박근혜 정부는 공공기관의 정상화를 기치로 내걸고, 부채감축을 강력히 추진하였으나, 민영화와 규제완화는 상대적으로 미약하였다. 또 앞선 정권의 실패를 반면교사로 삼아 공공기관의 재원을 정권의 필요에 따라 무리하게 동원하지 않았다. 공기업의 방만경영을 억제하고 자율책임을 일부 부여하는 구조조정(최자은·박정수, 2014: 6) 및 경쟁요소의 도입을 추진하여 일정 수준 긍정적 평가를 받기도 하였다. 2016년 노사갈등을 겪으며 성과연봉제의 도입을 강력히 추진하였으나, 2017년 문재인 정부에 의해 폐기되고, 개혁의 에너지가 '사회적 가치'를 강화하는 방향으로 집중되고 있다.

역대 정부의 개혁 시도에도 불구하고, 공공기관은 여전히 과도한 부채, 방만경영, 비효율성으로 다양한 비판을 받고 있다. 공공기관의 이러한 비판은 공공기관 자체의 경영미흡에서 초래된 면도 존재하지만, 역대 정부의 책임으로 귀속될 수밖에 없다. 부채 등의 문제를 야기한 원인행위가 정권에 의해 제공되었으며, 정권이 제창한 '개혁'의 방향과 내용, 그리고 진정성이 담보되지 않았기 때문이다. 기관장과 감사, 비상임이사 등 공공기관의 임원을 역대 정권과 정부가 낙하산으로 점유하는 행태는 모든 정권에서 동일하게 나타났고, 이를 시정하려는 노력은 나타나지 않았다. 역대 정부의 이러한 문제점을 가장 잘 인식하고 학습한 주체는 공공기관 스스로였으며, 공공기관 개혁을 정권마다 반복되는 공염불로 간주하고 "'소나기를 피해가자"는 인식이 팽배해 있는 실정이다.

역대 정부의 공공기관 개혁을 분석한 한승준(2017)은 "공기업 민영화, 성과연봉제, 구조조정, 통·폐합 등의 공공기관 개혁에도 불구하고 공공기관의 숫자, 인원, 부채가 개선되지 않았다"고 진단하고, "공공기관 경영을 감시하고 투자실패 여부를 판가름할 수 있는 전문가 집단을 공기업 평가에 투입해야 하며, 차기 정부에서의 공공기관 경영평가는 정부정책 수행 실적보다는 공공기관의 경영성과 평가에 집중할 필요가 있다"(한승준, 2017)고 지적한다. 최자은·박정수(2014: 2) 역시 역대 정부의 공공기관 개혁을 위한 상이한 구호와 시도에도 불구하고 유사한 실패의 패턴이 반복되고 있음을 설명한다. 2017년 새롭게 출범한 문재인 정부가 강조하는 비정규직의 정규직화도 사실은 김대중 정부에 의해 추진된 민영화와 민간위탁을 되돌리는 작업이다. 인천공항, 한국도로공사 등은 김대중 정부 시절 민영화하여 외부화한 인력을 다시 정규직으로 되돌리고 있다. 박근혜 정부에 의해 도입된 성과연봉제는 도입 당시 심각한 노사갈등 등을 겪으며 이루어진 변화인데, 새로운 정부에 의해 대부분 폐기되는 상황에 이르렀다. 사회 전체적으로는 개편의 비용과 에너지가 크게 낭비되고 있다고 지적할 수 있는 상황이다.

공공기관 자체의 측면에서 보면, 대다수의 공공기관은 현실적으로 자율성의 부족을 호소하고 있다.[8] 자율성이 미흡한 만큼, 기업적 경영성과와 책임성의 강화를 내재화시키기 어려운 실정이다. 역으로 국민의 입장에서 보자면, 공기업의 책임성 미흡과 공기업 스스로의 지대추구 행위가 비판된다. 국민의 편익과 이익에 기여하는 것보다 공기업 구성원들의 이익과 편리에 민감하다는 비판이다. 공기업 스스로는 정부의 지배를 비판하는 상황에서, 국민들은 공기업의 방만경영과 도덕적 해이를 질타하는 상황이 지속되고 있는 것이다.

한국의 공공기관을 개혁하고 발전시켜야 할 필요가 여기에 있다. 공공기관 스스로는 국민적 기대와 요구에 둔감한 가운데, 정작 공공기관의 운영은 정부의 규제에 의해 자율성을 누리지 못하고 있다. 정부의 규제에 의해 자율성과 책임성이 훼

8) 2017년 8월 21일 H공기업 처장에 대한 심층면접 결과.

손되고, 공공기관 스스로의 도덕적 해이로 인해 비효율이 초래되는 악순환이 반복되고 있는 것이다.

국가재정에서 공공기관이 재정과 인력규모, 서비스 측면에서 차지하는 비중이 대단히 크기 때문에, 공공기관의 개혁을 제외하고는 국가운영을 효율적으로 이끌기 어렵다. 공공기관의 개혁을 주목하지 않고 정부개혁을 논하기 어려운 상황이기도 하다. 그럼에도 불구하고 역대 정권은 공공기관의 개혁에 주목하지 않아 왔다. 그것은 무엇보다 정권과 정부가 공공기관의 임원인사를 모두 독점 및 장악하고 그 혜택을 향유하여 왔기 때문이다. 또 정부가 언론과 국민의 비판에 노출되지 않고 공공기관으로부터 손쉽게 자원을 동원하여 사용할 수 있어 왔기 때문이다.

마지막으로, 공공기관의 부채를 간략히 일람하기로 하겠다. 2016년 기준 499조 원에 이르는 공공기관의 부채는 2013년 520조 원을 정점으로 약간 감소하는 추세이며,[9] 부채비율로 보면 166.8%에 해당하는 수준이다. 한국의 공공기관이 안고 있는 부채는 대부분 정권이 주도한 정책 사업에 의해 발생해 왔는데, 공공기관 부채의 78.5% 정도가 정부의 사업을 지원하고 시행하는 과정에서 발생한다고 지적된다(조세재정연구원, 2014). 조세재정연구원의 보고서에 따르면, 12개 주요 공공기관의 지난 2008~2012년까지 늘어난 금융부채 167조 3,000억 원 가운데 78.5%(131조 4,000억 원)가 정부 공공사업에 따른 것이다. LH공사의 경우에도 2007년 이후 2012년까지 5년 동안 이자를 내야 하는 금융부채가 48조 9,000억 원 늘었는데, 이 중 60% 가량이 '정부 정책사업 수행' 과정에서 국민주택기금으로부터 차입한 것이다. 보금자리주택 등 정부 예산으로 해야 할 공공임대 사업을 벌이는 과정에서 생긴 것으로, 사실상의 정부 부채라는 이야기이다(한겨레, 2014.7.1).

부채의 증가는 노무현 정부 시점에 증가세가 시작되어 이명박 정부 하에서 급속히 증가하였다. 최근의 공공기관 부채감축은 주로 자산매각과 사업축소에 의해 이루어지고 있다. 부채가 발생하는 단계에서는 정권의 독선을 제어할 견제장치가 부족하고, 부채를 감축하는 단계에서는 공공성에 입각한 대국민 서비스의 감소가 우려되는데, 이를 조율할 장치가 필요하다 하겠다.

9) http://www.alio.go.kr/statisticsStat7.do

그림 1-1 공공기관 부채의 변화 추이

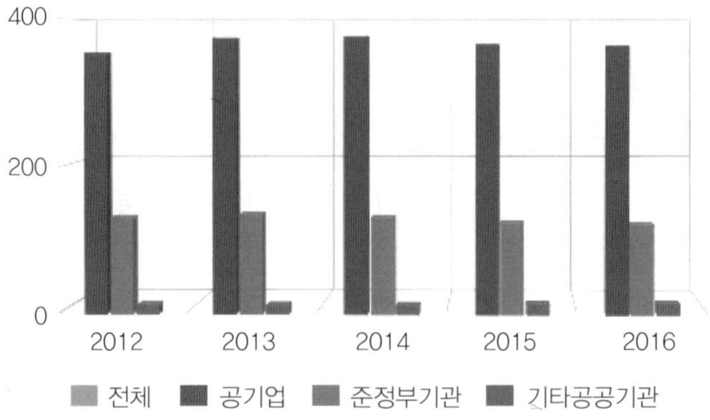

자료: http://www.alio.go.kr.

제 3 절 공공기관 개혁을 위한 쟁점과 우선순위

1 기관장의 인선

한국의 공공기관 개혁을 추진하고자 할 때, 가장 큰 중요성을 갖는 것은 기관장의 인선이다.[10] 이것을 개선하지 않고 시도하는 모든 개혁은 내용적 건강성을 담보할 수 없고, 성과를 기약하기 어려운 현실이기 때문이다.

현재 기관장의 인선은 객관적 절차를 거치도록 「공공기관의 운영에 관한 법률」로 규정되어 있다. 그러나 실제는 정권의 참여 인사들이 기관장 직위를 일방적으로 점유하고 있다. 법률은 형식적으로 임원추천위원회를 구성하고, 공운위를 거쳐, 주무장관이 제청하면, 대통령이 임명하도록 되어있다. 그럼에도 불구하고 공공기관 구성원들은 전혀 다른 이야기를 증언하고 있다.

"기관장 인선이 필요한 시점이 되면 기재부에서 ○○○를 포함시켜서 후보를 올려라는 전화가 온다."[11] "임원추천위원회 회의를 개최하여 3배수로 후보를 올릴

10) 2017년 7월 25일 H공기업 임원 면담 결과.

때, 그 사람이 포함되면 그 사람으로 임명이 이루어진다."[12] "정부로부터 연락을 받으면 공공기관은 임원추천위원회를 구성하여 가동하는데, 외부에서 들어온 교수 등에게는 껄끄러워 공개적으로 말을 못하고, 비상임이사들에게 터놓고 정부의 내정사실을 이야기하여 협조를 구한다. 비상임이사들은 전부 자신들이 유사하게 들어왔기 때문에, 모두 협조해 준다."[13] "좋게 말해 눈가리고 아웅이고, 나쁘게 말해 사기극을 벌이는 것과 같다."[14] "기관장 모집에 관해 일간신문에 형식적 공고를 내고, 위원회를 구성하여 개최하는 직접적 비용만도 공공기관 전체를 고려하면 크다." "300여 개 공공기관 전체를 생각하면 그 형식적 비용이 수백 억 원에 이르러 낭비가 크지만, 기관의 입장에서는 시간이 오래 걸리고 공백과 소모가 오래 지속된다는 게 문제다."[15]

이를 개선하는 방안은 ① 기본적으로 공기업의 내부에서 인선되는 비중을 확대하고, ② 공기업 임원인사와 평가를 담당하는 독립적 기관을 외부에 설치하여, 전체 공공기관의 임원인사와 경영평가를 공정하게 관리하도록 하는 방안이 있고, ③ 이사회의 구성을 독립성, 중립성, 전문성을 보유하도록 하여 기관장을 강력히 견제할 수 있도록 하는 방안이 있다. 세 가지 방안 모두 정권 담당자들이 기득권을 내려놓는 결단이 전제되어야 가능하고, 독립기관을 만드는 경우에는 공공기관에 의한 포획의 가능성을 예방하여야 한다. 현재의 절차와 과정을 그대로 두고, 영국의 OCPA(Office of the Commissioner for Public Appointment) 같은 제도를 도입하는 방법도 가능하다. 공공기관 기관장의 인사에 참여할 위원들을 시민들로부터 공모하여, 그들에게 법과 절차에 대한 교육을 시킨 후, 위원 겸 감시자로 인선 과정에 참여토록 하는 것이다. 비록 소수이지만, 감시와 견제의 효과는 탁월하다.[16]

---

11) 2017년 7월 B공기업 임원 면담 결과.
12) 정권의 지시를 받은 정부의 전달내용과 다르게 3배수 후보가 결정된 공공기관 사례도 있었다. ㄱ공사와 ㄷ공사의 경우 정부로부터 기관장 후보추천 과정을 다시 진행하여 후보를 올리라는 지시를 받고, 재차 후보 추천과정을 거친 바 있다.
13) 2017년 7월 B공기업 임원 면담 결과.
14) 2017년 6월 D공기업 임원 면담 결과.
15) 2017년 7월 B공기업 실장 면담 결과.
16) 기관장의 임기에 관한 사항 중 연임에 관한 사항을 재고할 필요가 있다. 현재 기관장의 임기는 3년이고 1년 단위로 연임 가능하다. 3년 간 조직과 업무에서 장악력을 확보한 경우에는 1년 단위의 연임이 큰 문제를 야기하지 않지만, 그렇지 않은 경우에는 1년씩 연임이 되는 상황에서 조직과 업무를 장악하고 통합하기에 어려움을 겪는 경우가 발생한다.

2 내부 지배구조 요소

1) 감 사

내부 지배구조에서 견제와 감시, 그리고 균형의 역할은 일차적으로 감사의 몫이다. 감사를 중립적이고, 독립적이며, 전문성을 확보할 수 있도록 임명하는 것이 중요하다(유승현, 2014). 원론적으로 공공기관의 감사는 독임제와 위원회 형태로 존재한다. 공운법에 따르면, 시장형 공기업과 자산 2조 원 이상의 준시장형 공기업은 반드시 감사위원회를 설치하여야 하고, 기업적 성격이 강한 대규모 공기업에서는 감사위원회 형태를 도입하고 있다. 공기업을 제외한 대다수 공공기관에서는 상임 감사 형태를 유지하고 있으며(라영재, 2015: 106). 기타공공기관은 대부분 비상임 감사를 1명, 예외적으로 2명을 두는 경우도 있다.

「상법」의 적용을 받는 회사는 정관에 따라 감사위원회 설치를 임의적으로 정할 수 있으며, 감사위원회와 감사 양자를 설치할 수도 있다. 강원랜드와 같은 기타공공기관은 상법의 적용을 받기 때문에 비상임감사로만 감사위원회를 운영하고 있다. 공기업이나 준정부기관으로 지정되지 않으면, 개별법과 정관에 의해 지배되게 되므로 감사 역시 취약한 형태로 설치 운영될 소지가 크다.

공공기관 내부의 투명성 확보에 일차적 책임이 있는 감사의 경우 현재 대부분 정권의 일방적 영향력에 의해 이루어진다. 감사의 인선 내용에 대하여는 객관적 자료로 판단할 수밖에 없는데, <표 1-4>와 <표 1-5>가 이를 요약한다.

표 1-4 공공기관 감사의 임명직전 배경

(단위: 명)

유형 / 연도	정 치	관 료	민 간	전문가	내부인사	기 타	계
2005년	4	2	0	2	0	0	8
2006년	6	3	0	1	0	1	11
2007년	7	5	2	2	1	1	18
2008년	27	2	3	2	2	2	38
2009년	14	7	0	0	0	2	23

2010년	17	3	4	3	3	0	30
2011년	19	5	1	1	0	1	27
2012년	10	10	5	3	1	3	32
2013년	1	1	0	0	0	1	3
2014년	27	10	3	3	2	1	46
2015년	4	1	2	4	0	0	11
2016년	10	4	6	3	0	2	25
계	146	53	26	24	9	14	272

표 1-5 공공기관 감사의 임명직전 배경 비율

(단위: %)

유 형 / 연 도	정 치	관 료	민 간	전문가	내부인사	기 타	계
2005년	50%	25%	0%	25%	0%	0%	100%
2006년	55%	27%	0%	9%	0%	9%	100%
2007년	39%	28%	11%	11%	6%	6%	100%
2008년	71%	5%	8%	5%	5%	5%	100%
2009년	61%	30%	0%	0%	0%	9%	100%
2010년	57%	10%	13%	10%	10%	0%	100%
2011년	70%	19%	4%	4%	0%	4%	100%
2012년	31%	31%	16%	9%	3%	9%	100%
2013년	33%	33%	0%	0%	0%	33%	100%
2014년	59%	22%	7%	7%	4%	2%	100%
2015년	36%	9%	18%	36%	0%	0%	100%
2016년	40%	16%	24%	12%	0%	8%	100%

2005년부터 2016년까지 공공기관 감사의 임명실태를 인선직전의 직업적 배경으로 판단하여 볼 때, 압도적으로 정치인 중에서 공공기관의 감사가 선임되어 왔다. 2005년 50%, 2008년 71%로 정점에 달하였고, 2016년에도 40%로 여전히 압도적 1위를 차지하고 있다. 2016년을 기준으로 보면, 기업을 위시한 '민간'의 영역에서 24%, 관료 출신이 16%의 감사인선을 점유하고 있다. 감사의 경우에도 기관장의 경우처럼, 내부인사 중에서 발탁되는 경우는 극히 미미하다. 분석대상이 된 12년 동안 5개년 간 극소수가 내부에서 인선된 것을 제외하고는, 감사가 내부에서 발탁된

바가 없다.

정치인이 공공기관 감사의 압도적 비중을 차지한다는 사실은 그 자체로서 독립성, 전문성에 의문을 제기한다. 공공기관을 정권의 향배에 영향을 받지 않고 공익과 국민의 편익을 위해 운영하도록 감시하는 역할을 수행할 가능성이 그만큼 약해지기 때문이다. 또한 해당 조직과 업무를 이해하고 철저한 감시와 모니터링을 수행할 수 있는 역량이 미흡할 가능성이 크다.

2) 이사회와 상임이사

공공기관 이사회를 참여형 이사회로 구성하고, 비상임이사의 역할을 강화하는 것이 중요한 개선 방향이다. 이로써 사장의 독단적 사업결정이나 정치적 왜곡을 예방할 수 있다. 특히, 비상임이사를 독립성과 전문성 측면에서 인선되도록 하되, 공공기관 스스로의 필요가 반영될 수 있는 여지를 확대하는 것이 필요하다.

현재의 비상임이사는 대부분 정권과 정부에 의해 일방적으로 임명되고 있어, 이의 극복이 중요한 과제이다. 동일한 인사라 하더라도, 정권에 의해 시혜적으로 직위를 부여받은 경우와 민주적이고 공정한 과정을 거쳐 임무를 부여받은 경우는 커다란 결과의 차이를 초래할 가능성이 크다. 따라서 비상임이사의 자격요건을 보다 구체적으로 명시하고, 필요한 역량의 소유자를 객관적이고 투명한 절차에 의해 인선하는 과정이 긴요하다.

상임이사는 사장이 임명하는데, 임기가 2년으로 되어 있고 연임을 1년 단위로 할 수 있다. 상임이사의 임기가 짧아 정책과 업무의 효과적 추진에는 장애가 되고 있다는 시각도 존재한다. 특히, 업무의 장악과 사업의 지속성 측면에서 어려움을 겪기도 한다.[17]

3) 내부 의사결정 과정

내부의 의사결정 시스템을 보완함으로써 공공기관의 건전성을 강화할 수 있다. 예비타당성조사 제도는 공공기관에 이행의무를 부과하는 것이기 때문에, 어떤 사업에 예비타당성조사를 실시하는지 구체적으로 법률에 명시하고, 대규모 사업에 반

17) 2017년 7월 20일 S공기업 이사 인터뷰 결과.

영하는 것이 바람직하다. 이른바 해외자원개발 실패로 비판을 받는 사업의 경우 예비타당성조사를 실시하지 않은 경우가 다수였다.[18] 국회가 사업타당성을 정확히 파악하고 분석하는 능력이 미흡한 상태에서 예비타당성조사는 매우 중요한 의사결정의 근거가 된다(조수진, 2015).

이른바 해외자원개발 사업에서 석유공사는 2008년부터 2012년까지 9개의 사업에 대해 이미 생산 중인 해외 광구를 인수하거나 지분투자한 바 있다. 그러나 이들 투자로부터 실제로 국내로 도입된 물량은 전무한 것으로 지적되는(고기영, 2014) 이유는 품질불량[19] 혹은 경제적 원가의 과다, 현지 법률에 대한 대책미흡[20] 등 다양했다. 이러한 문제점이 타당성 조사에서 걸러지지 않아 막대한 손실과 부채로 연결되게 되었다.

3 외부 거버넌스

1) 정부와의 관계

공공기관이 정부의 지시와 정책을 일방적으로 수용하여 시행하는 관계는 정책실패와 부채의 양산을 가져올 가능성이 크다. 따라서 공공기관이 담당하는 업무에 대한 타당성을 바탕으로 정부와 긴장관계를 보유할 수 있게 개선하는 것이 바람직하다.

최근까지 공공기관은 정부와의 관계에서 일방적 복종과 수용의 관계를 보유하여 왔는데, 이는 자율성과 책임성을 박탈하여 결국에는 방만경영을 묵인하는 구조

18) 기획재정부의 예산편성지침은 예비타당성조사를 하도록 규정되어 있으나, 예외적으로 "별도의 기획재정부 장관 협의에 의해 예타가 실익 없는 경우 혹은 입찰에서 우선협상대상자로 선정된 후 협상 종료기한이 짧으면 예타를 할 수 없다"고 인정하는데, 이를 악용하는 사례가 있다.

19) 품질의 불량으로 국내에 들여올 수 없는 경우가 하베스트 투자사례였다. 캐나다 하베스트에서 생산된 원유는 장기 보관하면 엉키는 등 품질이 나빠 비축유로 적합하지 않기 때문에 국내로 들여오지 못하였다(고기영, 2014).

20) 현지 법률에 대한 무지와 대책미흡의 예가 미국에 대한 투자에서 발견된다. 미국의 경우, 2008년 이후 앵커, 이글포드, 올드홈 등 광구에 대한 투자가 집중되었는데(10건), 사업에 투자해 자원을 확보해도 자원을 도입하려면 미국 연방법에 따라 정부승인을 받아야 하는데, 이 승인을 받지 못해 국내 도입을 하지 못하였다(고기영, 2014).

로 연결되어 왔다. 공공기관의 관리자들은 "정부의 지침 없이는 아무것도 할 수 없다.[21] 그러다 보니 공공기관 스스로는 개혁이나 혁신도 스스로 할 수 없다. 고유의 목적사업도 자율적으로 할 수 없는 상태여서, 공기업이라 칭하기보다는 정부 사업단으로 부르는 게 타당한 실정이다."[22] 이것은 서로에게 악순환의 관계를 선사한다. 정부에게 공기업은 게으르고 이기적인 존재이고, 공기업은 "눈치를 보며 가운데만 가자"[23]고 하는 존재로 안주하고 만다. "맨 앞에 가 보았자, 정권이 바뀌면 맨 꼴찌의 신세가 되고 만다"는 것이 공공기관의 불만사항이다.

앞서 지적한 해외자원개발 실패는 정권 차원의 잘못된 지시에 공공기관이 무분별하게 추종한 결과의 부작용이었다. 2016년 급속히 공공기관들이 도입하였다가 2017년 일제히 폐기한 '성과연봉제' 역시 정부가 단기간에 사업을 추진하려 공공기관에 도입을 강요한 데서 부작용이 컸고, 결국은 새로운 정권의 등장과 함께 사라지는 운명을 맞게 되었다.

2) 임원추천위원회

임원추천위원회는 공공기관의 기관장, 비상임이사, 감사 등이 공석일 때 후보를 결정하는 회의로 구성된다. 대개 10명 내외로 구성되는데, 기관의 비상임이사가 대부분 전원 참여하고, 외부에서 4명 내외의 인사가 위원으로 위촉된다. 한편으로는 임원추천위원회가 독립성을 보유하여 정권의 요구사항을 그대로 수용하지 않도록 하는 것이 필요하다. 법적으로는 임원추천위원회가 후보 결정의 권한을 보유하고 있음에도 불구하고, 실질적으로는 정권과 정부의 의지를 구현하는 통로로 기능하는 경우가 허다하기 때문이다.

임원추천위원회에 참여하는 위원들 역시 각자 독립성을 보유하고 공익에 기여하는 인사를 선임할 의무와 책임이 있다는 사실을 서면으로 확인하는 과정도 필요하다. 이러한 가치관이 확립되지 않은 위원들은 정부의 의향을 스스로 파악하여 그것을 구현하는 수단을 자임하는 경우도 빈번하다.

---

21) 2017년 7월 25일 H공기업 팀장 면담 결과.
22) 2017년 7월 25일 H공기업 임원 면담 결과.
23) 2017년 7월 25일 H공기업 임원 면담 결과.

3) 경영평가

공공기관에 대한 경영평가제도는 1974년 정부가 공기업 경영평가를 시작하고, 1983년 경제기획원이 성과급 요소를 공공기관 평가제도에 도입한 후 공공기관에 대한 경영평가는 사회적 평가와 감시를 하는 유용한 도구로 인식되어 왔다. 경영평가는 공공기관에 대하여 건전한 경영과 객관적 성과를 창출하도록 독려하는 역할을 하고 있다(O'Toole & Meier, 2014).

그러나 몇 가지 측면에서 현재의 경영평가는 비판에 직면해 있다. 무엇보다 공기업에 대한 조직과 사업에 대한 이해를 충실하게 하기보다는 단기적 실적을 단편적으로 평가하는데 그치고 있고, 정부와 정치권의 영향을 과도하게 받고 있다. 이렇게 되면 부실한 공공기관에 대하여 정확한 평가를 하기 어렵게 되어 경영평가 자체가 부실평가라는 비판에 주기적으로 직면하지 않을 수 없다. 이명박 정부가 해외 자원개발 사업을 부실하게 벌이던 당시 석유공사(2010년), 광물공사(2011년)는 'A(우수)' 등급을 부여받았다. 불과 3년 후 두 기관은 낙제점으로 추락하게 되는데, 경영평가는 사실상 내용적 경영과 사업에 대하여 평가할 역량을 보유하지 못한 상태에서 이루어지고 있던 셈이다.

경영평가의 내용과 지표 가운데, 정부의 정책에 대한 충실성을 측정하는 내용도 축소하는 것이 필요하다. 각 기관의 미션과 업무 자체가 공익을 위하여 결정된 사항인데, 각 정권에 의해 주도되는 사업의 이행에 지나치게 공공기관을 강제적으로 참여토록 하고 있기 때문이다. 정권의 임기가 종료 되자마자 이러한 지표들이 사라지고, 대부분은 부정적으로 사후평가 되는 사태를 보면, 이러한 개선의 필요성을 인정하지 않을 수 없다.

〈참고문헌〉

감사원(2015). 『해외자원개발사업 성과분석』.

고기영(2014). MB 자원외교의 실상과 문제점. 혈세탕진 해외자원개발 국정조사의 쟁점과 과제. 해외자원개발 국정조사 국회 토론회 발표문.

김준기(2014). 『공기업 정책론』. 경기: 문우사.

김철(2013). 박근혜 정부의 공공기관 합리화정책을 논하다: 공공기관 합리화 정책 방향의 쟁점과 과제. 국회 정책토론회 발표자료.

뉴시스(2016.2.22). 박근혜 정부, 공공기관 개혁 어떻게 성과낼 수 있었나. http://news.joins.com/article/19606312(검색일: 2017.8.20)

라영재(2015). 『공공기관 감사제도와 운영현황 분석』. 한국조세재정연구원.

민병익 · 김주찬(2015). '낙하산 인사'가 공공기관 경영이행 실적에 미친 영향. 『지방정부연구』, 19: 195-221.

안성규 · 곽채기(2013). 지방공기업 기관장의 임용 유형과 경영성과 간의 관계에 관한 연구. 『한국정책연구』, 13(4): 71-91.

유승현(2014). 공공부문 자체감사인력의 감사역량에 관한 연구. 『한국행정연구』, 23(1): 125-159.

유훈 · 이원희 · 배용수(2011). 『공기업론』. 서울: 법문사.

이종수(2015). 『공동체』. 서울: 박영사.

조수진(2015). 이명박 정부 자원외교 사례를 중심으로 본 공기업 제도 개선방안. 해외자원개발사업을 통해서 본 공공기관 지배구조의 문제점과 개선방안 토론회 발표자료.

최자은 · 박정수(2014). 박근혜 정부의 공공기관 개혁정책 방향과 과제. 『행정논총』, 52(4): 1-26.

한겨레(2014.7.1). "공공개혁" 속내는 규제완화 · 민영화. http://www.hani.co.kr/arti/PRINT/644916.html(검색일: 2017.8.19)

한승준(2017). 지속가능한 공공기관 개혁. 2017 대통령의 성공조건 연구보고서. 동아시아연구원.

Bliss, C. J. & Intriligator M. D. eds.(2017). *Public Enterprise Economics*, Vol.23. Elsevier.

Cassell, Cory A., Gary A. Giroux, Linda A. Myers, & Thomas C. Omer(2012). The Effect of Corporate Governance on Auditor-Client Realignments. *AUDITING: Journal of Practice & Theory*, 31(2): 167-188.

Feigenbaum, Harvey B.(2017). *The Politics of Public Enterprise: Oil and the French State*. Princeton University Press.

Lassila, Dennis R., Thomas C. Omer, Marjorie K. Shelley, & L. Murphy Smith(2010). Do Complexity, Governance, and Auditor Independence Influence whether Firms Retain Their Auditors for Tax Services? *The Journal of the American Taxation Association*,

32(1): 1−23.

Linquiti, P.(2015). *The Public Sector R&D Enterprise: A New Approach to Portfolio Valuation.* Palgrave Macmillan.

OECD(2015). OECD *Guidelines on Corporate Governance of State−owned Enterprises.* 2015 Edition. OECD Publishing.

O'Toole Jr, L. J., & Meier, K. J.(2014). Public management, context, and performance: In quest of a more general theory. *Journal of Public Administration Research and Theory*, 25(1): 237−256.

Rezaee, Zabihollah(2009). *Corporate Governance and Ethics.* John Wildey and Sons.

Zweig, D.(2006). 'Resource diplomacy' under hegemony: The sources of Sino−American competition in the 21st century? *Center on China's transnational relations*, working paper, 18.

제 2 장 공기업 개혁의 정치경제

조화순 · 김민제(연세대학교 정치외교학과)

제 1 절 서 론

공기업 개혁은 1997년 금융위기 이후 역대 정부의 중요한 국정 의제로 등장하였다. 김대중, 노무현, 이명박 정부는 출범 당시부터 공기업 개혁을 중요한 국정과제로 삼으며 다양한 방식으로 공기업 개혁을 시도해 왔다. 그런데 이러한 공기업 개혁 시도에도 불구하고 공기업 재무 구조의 불건전성과 방만경영, 각종 부패와 비리, 정부 부처와 산하 공기업 간의 불공정 인사 등이 반복해서 발생하고 있다. 다시 말해서 공기업 개혁은 한국 정치경제에서 중요한 화두로 논의되어 왔지만 제대로 수행되지 않았다. 그렇다면 지속적으로 추진된 공기업 개혁이 의도된 성과를 낳지 못하고 실패한 원인은 무엇인가?

본 글은 공기업 개혁의 실패를 한국 정치경제 발전의 발전국가적 아이디어(idea)의 지속성, 특히 정책적 선호에 영향을 미치는 내적 변수로서 아이디어 변화의 한계를 통해 논의해 보고자 한다. 특정 정책의 변화는 이를 수행하는 제도적 장치와 더불어 정교하고 구체적인 문제해결을 모색하는 아이디어의 변화를 통해 이루어진다(Campbell, 1998: 386). 아이디어는 정책결정자의 이해, 전략을 추동하는 역할을 수행하며 정치적 목표에 영향을 미치고, 정책연합을 재편성시켜 정책의 입안과 실행에 영향을 미친다(조화순 · 이덕영, 2013: 240-241).

본 글에서는 공기업 개혁이 실패한 원인을 발전국가적 아이디어의 경로의존성(path-dependency)을 통해 규명해 보고자 한다. 1997년 동아시아 금융위기 이후 발전국가에 대한 반성과 비판에 입각한 개혁이 추진되었고, 그 일환으로 공기업에 대한 국가의 개입과 규제를 약화시키는 민영화와 공공기관의 경영혁신이 추진되었다. 그럼에도 불구하고 공공기관의 개혁을 추진하는 정부의 인식은 크게 변하지 않았으며, 이러한 인식은 개혁의 내용을 궁극적으로 제한하고 왜곡하였다. 구체적으로 역대 정부는 국가경쟁력의 강화, 미래 성장동력의 확보라는 이슈를 중심으로 각각 국정과제를 정하고, 이러한 국정과제를 수행하는 주체로 공공기관을 활용하였다. 외환위기 이후 집권한 김대중 정부와 노무현 정부는 물론이고 두 정부와 이념적 정향이 상이했던 이명박 정부에서도 이러한 경향은 크게 달라지지 않았다. 또한 역대 정부는 국정과제를 수행할 주체로 정치인, 관료, 외부 인사들을 공공기관의 중요 직위에 임명하고 이들과의 정책연합을 통해 국정과제의 수행을 도모하였다. 이 과정에서 공기업은 자율적인 경영의 주체로 기업 본연의 업무를 달성하는 데 한계를 가질 수밖에 없었다.

다음 제2절에서는 먼저 정책의 형성과 변화에 중요한 영향을 미치는 아이디어의 개념과 역할을 소개하며, 한국의 경제정책 운영에서 발전국가적 아이디어가 가지는 위상을 살펴본다. 이어지는 제3, 4, 5절에서는 발전국가적 아이디어가 정책네트워크를 통해 역대 정부의 공기업 정책에 어떻게 투영되었는지를 살펴본다. 제3절에서 다루는 김대중 정부의 공기업 개혁의 가장 큰 목표는 IMF 위기의 극복이었으며, 이를 위해 민영화가 적극적으로 추진되었다. 정부는 국가경쟁력 강화를 위해 민영화 전반을 전략적으로 관리해야 한다는 발전국가적 아이디어를 가지고 있었으며, 외환위기 극복을 위한 재원마련이라는 목표 하에 급속히 추진된 민영화는 많은 한계를 노정하였다. 제4절에서 살펴본 노무현 정부는 「공공기관의 운영에 관한 법률」 제정을 중심으로 공공기관 운영의 효율성과 합리성을 제고하는 소프트웨어적 개혁을 추진하였다. 또한 노무현 정부는 주요한 국정과제로 '국가균형발전'을 설정하고 이를 수행하기 위해 공공기관의 지방이전을 추진하였다. 그러나 지방자체단체의 유치경쟁과 공기업 이전의 정치화는 공기업 개혁을 제약하는 요인으로 작용하였다. 제5절에서는 '작은 정부, 큰 시장'의 기치 하에서 시행된 이명박 정부의 공기업 개혁을 살펴본다. 이명박 정부는 공기업 등 산하기관의 인력과 예산에 대한 강력한 통제를 실시하였음에도 불구하고 4대강 사업과 같은 핵심 국정과제의 수행에 한국수자원공사 등의 공기업을 동원하였고, 그 결과 공기업의 비대화와 재무상태 악화를 초래하였다.

제 2 절 정책변화와 정책 아이디어

모든 국가가 동일한 경제발전과 정책의 경로를 경험하지는 않는다. 자본주의의 다양성(Varieties of Capitalism)을 주장하는 일련의 학자들에 따르면 정책에 영향을 미치는 환경으로서 국가의 구조는 역사적으로 결정되며 그러한 구조적 차이는 정책 결과의 차이를 낳는다(Hall & Soskice, 2001; Hall & Gingerich, 2009; Dunn & Perl, 1994). 따라서 동일한 환경변화와 위기에 직면해서 국가가 정책변화를 도모하더라도 각 국가의 정책내용, 추진과정 및 결과는 상이하게 나타난다.

자본주의의 다양성을 주장하는 학자들은 오랫동안 어떤 요인들이 정책의 입안과 이행의 차이를 유발하는지를 규명하고자 하였다. 이들 중 일부는 정책이나 제도의 변화를 촉발하는 아이디어의 변화에 주목하였다. 아이디어는 정책결정자와 관련 이해관계자들을 결집시키고, 행위자의 이해와 전략을 변화시키는 요인이다(Shpaizman, 2014; 조화순·이덕영, 2013). 아이디어란 특정 정책결정을 추진하는 정책결정자들의 신념체계라 정의된다. 정책결정에 참여하는 수많은 행위자들은 어떠한 정책이 어떻게 집행되어야 하는지에 관한 근본적이고 규범적인 신념들을 갖기 마련이다. 아이디어는 다양한 형태를 가진다(하연섭, 2006). 프로그램으로서의 아이디어(idea as programs)는 정책과정의 참여자들이 정책문제에 대해 갖고 있는 구체적인 해결책을 의미한다. 즉, 문제의 인과관계를 이해하게 하고, 정책의 구체적인 방향을 제시하는 기술적·전문적 아이디어이다. 패러다임으로서의 아이디어(idea as paradigms)는 정책의 거시적인 방향성을 제시하는 이론적 가정 혹은 당연시되는 세계관(taken for granted world views)으로 인지적 차원에서 문제해결의 범위를 제약한다. 공공의 정서로서의 아이디어(idea as public sentiments)는 일반 국민들이 지니고 있는 문제해결책에 대한 가정을 의미하며, 규범적인 차원에서 문제해결책의 범위를 제약한다(하연섭, 2006: 3).

많은 국가에서 정책결정자의 아이디어는 특정한 정책의 결정이나 정책을 변화시키는 데 있어 중요한 역할을 수행해 왔다(Jho & Yoo, 2014). 대부분의 경우 아이디어는 두 가지 방식으로 정책결정 및 정책변화에 영향을 미친다. 첫째, 아이디어는 다양한 정치, 경제, 사회적 의제 중에서 무엇이 특별히 우선적으로 해결되어야 하는 문제인지를 선택하는 데 영향을 미친다. 둘째, 아이디어는 확립된 제도 혹은 변화에 저항하는 기득권 세력으로부터 정책결정자들의 선택과 그들의 정치적 목표를 정당화시키는 도구를 제공한다(Béland, 2009: 704-705). 즉, 아이디어는 한 국가 혹은 사회가 의제를 구조화하는 데 일정 영향을 미치고, 정치적 반대 세력의 저항에 효과적으로 대처하는 정통성을 부여한다.

아이디어는 정치과정과의 상호작용 속에서 정책으로 만들어진다. 정당한 권위(legitimate authority)와 지배(dominance)를 위해 경쟁하는 정책엘리트의 존재는 아이디어의 경쟁으로 나타난다(Genyieys & Smyrl, 2008). 정책엘리트들은 권위와 지배를 위한 경쟁에서 승리하기 위해 아이디어를 선택하고, 해석하며, 재결합하고, 실행하여 정책의 입안과 변화를 추동한다. 특정 이슈에 관한 정책결정 과정에서 서로 다른 행위자들의 정책적 아이디어들이 경쟁하며 이 경쟁에서 승리한 아이디어만이 특정 정책으로 산출된다. 이 과정에서 '정책네트워크(policy network)'의 역할이 중요하다. 정책네트워크란 특정 아이디어 혹은 신념을 정책으로 전환시키는 정부와 사적영역의 상호작용 혹은 연합(coalition)을 의미한다. 이들은 어떻게 정책이 변경되고 집행되어야 할지에 관한 신념을 공유한다. 정책네트워크는 정책입안에 필요한 핵심적 자원인 지지세력 응집의 기초가 되고 전략을 수립하는 역할을 한다(Jho & Yoo, 2014; 조화순·이덕영, 2013).

따라서 한 국가의 경제정책은 경쟁에서 승리하여 가장 지배적인 위치를 차지한 아이디어를 반영하게 된다. 발전국가적 전통을 지속해 온 한국의 정치경제를 구성하는 아이디어는 자유주의적 시장발전의 경로를 겪어온 서구국가들과는 구별되는 특징을 가지고 있다. 자유주의적 시장발전의 기본적 시각은 "국가는 시장실패를 보완하는 한에서만 경제영역에 개입해야 한다"는 것으로 요약할 수 있다. 이들은 시장을 생산과 분배를 위한 가장 효율적인 제도라고 간주한다. 시장에 참여하는 개인들은 언제나 자신의 이익을 극대화하고자 노력하며, 이러한 개별적 노력이 집합적으로는 사회전체의 이익을 극대화하는 결과를 낳는다. 따라서 국가는 개인이 선택하는 목표를 자유롭게 추구할 수 있는 안정적인 정치, 사회, 경제 환경을 유지하는 최소국가(minimal state)이어야 한다. 이에 비해 발전국가(developmental state)는 정치제도와 경제발전을 연계하여, 시장의 발전을 위한 국가의 적극적인 역할이 필요하며 나아가 국가의 적극적인 개입을 통해 경제성장이 가능하다고 주장한다. 이러한 발전국가의 전통은 1980년대 이후 세계화, 자유화를 계기로 불어닥친 관리양식의 변화 속에서도 일정하게 유지되어 왔다. 자유주의적 시장발전 경로를 겪은 서구에서는 세계화를 계기로 국가와 민간부분이 수평적인 협력관계를 형성하고, 국가가 시장의 심판자로 행동하는 방식으로 변화했다면, 발전국가의 전통을 가진 한국에서는 국가가 여전히 전략적인 계획자(strategic planner)의 역할을 수행하는 집권적 거버넌스(centralized governance)의 형태로 변화하였다(조화순, 2003: 441).

통상적으로 공기업이란 국가가 공공의 이익을 목적으로 경영하는 수익성 있는 사업을 말한다. 공기업은 수익성을 추구한다는 점에서 사기업과 공통점을 가지나 사회공공의 복리향상을 함께 도모한다는 점에서는 사기업과 구별된다(김광수, 2012: 35). 수익성과 공공성 중 어느 하나라도 추구하지 않는다면 공기업이라 볼 수 없다. 마조리니(Renato Mazzolini)는 '이윤목표'와 '도구목표'라는 개념을 통해 공기업이 추구하는 수익성과 공공성을 재정의한다. 이윤목표(profit goals)란 다른 사기업과 마찬가지로 최대한의 경제 실적을 올리려는 목표로, 정부가 공기업에 대한 특별한 요구를 하지 않는 상태에서 일반주주와 같이 투자에 대한 최소한의 보상만을 기대할 때, 향상된 자율성을 바탕으로 추구하게 되는 이익을 말한다. 도구목표(tool goals)란 공기업이 정부의 특정한 사회경제적 정책의 도구로서 기능을 수행하는 경우 추구하게 되는 목표를 말한다. 이윤목표나 도구목표 중 하나의 목표만을 가지고 있는 공기업은 없으며, 각 국가의 전통이나 상황에 따라 비중의 차이를 보일 뿐이다(Mazzolini, 1979: 24-26).

한국에서는 박정희 정부 이후 산업화와 경제발전이 국가의 핵심목표로 설정되면서 국가의 모든 자원과 자본이 경제발전에 우선적으로 동원되었다. 1960년대 이후 추진된 경제발전 과정에서 정부는 민간의 자본과 경험 부족을 보완하기 위해 공기업을 매개로 한 산업 육성 정책을 추진하였다. 1961년부터 1983년의 제1, 2차

경제개발 5개년 계획 기간 중에 23개의 정부투자기관 및 정부출자기관, 18개의 공기업 등이 신설되었다. 당시 설립된 공기업은 수도, 전력, 가스 등 사회간접자본(SOC)의 공급뿐만 아니라 일반 제조업 분야의 기업들이었다.

국가의 정책적 목표는 집권한 대통령과 정치권에 의해 채택되고 주도되는데, 이 과정에서 한국의 공기업은 정책수행을 위한 주요 도구로 활용되어 왔다. 각 정부는 재임기간 동안 역점을 두고 추진하는 과제인 소위 국정과제를 설정한다. 하지만, 국정과제는 그 자체로 국민적 지지와 수단의 합리성까지 담보하지 못한다. 따라서 국정과제 자체에 대한 찬반양론이 거세게 전개되는 경우도 있고, 사업 수단, 사업 기간, 재원 조달 방안, 사업 규모 등에 대한 논란이 지속되기도 한다(박순애·이희선, 2014: 345-346). 이런 상황에서 국정과제를 수행하는 정부에게 공기업은 정치적 논쟁과 복잡한 과정을 우회하면서 필요한 예산을 조달하고 정책을 집행할 수 있는 용이한 수단이다. 정부는 해당 국정과제의 수행을 위해 공기업을 설립하기도 하고 주요한 사업목표의 수행을 위해 공기업에 해당 업무를 일임하기도 하였다. 국정과제의 유관기관으로 선정된 공기업은 사회적 위상과 영향력의 증가를 경험하게 되고, 인적·물적 자원을 우선적으로 확보할 수 있다. 따라서 이들은 적극적으로 국가의 국정과제 수행에 참여한다. 즉, 주요 국정과제를 집행하는 정부 관료와 공기업 관료들 사이에 이익의 공유와 전략적 유대가 형성되는 것이다.

한국의 공기업은 법과 제도를 통해 독점적 지위를 장기간 보장받고 시장의 경쟁에서 비교적 자유로운 지위를 유지할 수 있었다. 그 결과 공기업은 비효율적 경영과 이윤을 무시한 양적 팽창의 문제를 낳기도 하였다(감사원, 2009: 19-20). 비합리적이고 비효율적인 인사관리 또한 반복적으로 발생하였다. 방만과 도덕적 해이는 생산성과 연계되지 않은 임금과 복지제도를 낳기도 하였다. 예를 들면, 1993~1996년 동안 정부가 지침으로 내린 공기업의 임금인상률은 평균적으로 20% 수준이었는데, 이 기간 동안 해당 기업들의 실제 임금인상률은 평균 48%였다. 특히, 산업은행의 경우 이 기간에 2천 8백억 원의 급여성 경비를 지출하였는데 이는 정부지침보다 6백 14억 원을 초과한 것이었다. 정부지침으로 내린 산업은행 총재의 임금인상률은 23.4%였지만 실제로는 65.5%를 기록하였다(동아일보, 1998.6.20).

낙하산 인사 역시 고질적인 비효율성의 원인으로 꼽혔다. 해당 분야 전문가의 수평적 영입을 '비낙하산 인사'로, 그 외의 외부충원을 '낙하산 인사'로 분류하면,

전두환, 노태우, 김영삼 정부 시기의 정부투자기관 낙하산 인사는 84%에 육박한다(이명석, 1997: 289). 김영삼 정부에서는 이전 정부에 비해 직업군인 출신의 비율이 감소하기는 하였으나(전두환 48.5%, 노태우 38.0%, 김영삼 12.4%), 직업군인의 자리는 내부승진, 전문가, 기업인 등 실적에 기반한 인사로 채워진 것이 아니라 정치가 및 관료 출신으로 대체되었다(전두환 4.2%, 노태우 7.0%, 김영삼 21.3%)(이명석, 1997: 299).

공기업이 추구하는 효율성과 공공성이 상호 충돌하면서 개혁의 장애물로 작용하기도 하였다(윤수재 · 이민호, 2009). IMF 경제위기 이전에도 공기업에게 민간기업 정도의 경영자율권을 보장하되, 결과에 대해 책임을 묻는 책임경영체제를 확립해야 한다는 주장이 제기되었다. 1983년에는 「정부투자기본관리법」을 제정해 공기업을 각 주무부처의 감독으로부터 독립시키고 정부의 사전적 간여를 축소하고자 하였다. 그러나 정부의 중요 정책과제를 수행하는 도구로서 공기업은 독자적인 사업권과 경영권을 확보하기 어려웠다. 정부는 소유권 혹은 통제권을 바탕으로 공공기관을 중요한 국정과제의 수단으로 사용할 수 있었기에 이러한 편의성을 쉽게 포기할 수 없었다.

제 3 절 김대중 정부의 공기업 개혁

김대중 정부는 1997년 말 불어 닥친 외환위기와 IMF 관리체제 속에서 출범하였다. 외환위기는 개발독재를 통해 경제발전을 견인해 온 한국의 발전전략이 강력한 국내 · 외적 비판에 직면하는 계기가 되었다. 또한 자유화, 세계화, 민영화로 대표되는 소위 '탈규제'가 한국 사회의 주요 의제도 부상하였다. 김대중 정부는 발전국가적 정치경제 양식을 탈피하고 탈집권적으로 경제를 재구조화하는 것이 외환위기 극복의 가장 중요한 방안이라 강조하였다. 경제위기를 극복하기 위해서는 공공부문을 개혁하고 민간영역이 추구하는 효율성이 도입되어야 한다는 생각은 국민으로부터 상당한 공감을 얻었다.

김대중 정부의 개혁이념은 IMF의 요구를 다수 반영할 수밖에 없었고, '시장의 확대, 국가의 축소'로 집약되는 개혁정책을 지속해야 했다. 경제위기를 극복하고 IMF 관리체제에서 벗어나기 위한 김대중 정부의 전략은 국가경제의 체질을 개선하고 신성장 동력의 창출을 통해 경제 재도약의 발판을 마련하는 것이었다. 김대중 정부는 이를 위해서 기업, 금융, 정부, 노동이라는 4대 부문에서의 개혁이 필수적이라고 주장하였다(대한민국정부, 1998: 38-42). 이러한 개혁을 추진해 나가는 가운데 정부가 특히 강조한 것은 공공부문의 민영화였다(국정홍보처, 2003: 26-36). 1998년 7월 기획예산위원회는 1차 민영화 계획을 발표했는데, 5개의 공기업과 21개의 자회사를 '우선 민영화' 대상으로 선정하였다. 외환위기를 통해 드러난 비대한 국가 부문을 축소하고 민영화, 자유화, 탈규제를 공공부문에 도입하는 것을 골자로 하는 신자유주의적 개혁은 당시 정책결정자들에게 지배적인 정책 아이디어였다. 이는 정부와 공공기관 역시 민간기업과 같은 효율성을 목표로 해야 한다는, 소위 신공공관리론(New Public Management)의 확산과 궤를 같이하기도 한다. 당시 재정경제부 장관이었던 이규성은 정부의 핵심가치로 '민주주의와 시장경제'를 설정하고, 안정된 사회를 위해서는 갈등이나 분규를 공정하게 해결해 나가는 제도와 규칙의 확립이 필수적이라고 강조했다(매일경제, 1998.9.2).

김대중 정부는 경제적 비효율성의 주범으로 비판받고 있는 공공부문의 민영화가 정부의 경제 개입을 축소하면서 사회적 효율성을 제고할 수 있는 방안이라고 생각하였다. 김대중 정부가 당시 '우선 민영화' 대상으로 선정한 공기업들의 총매출액은 24조 4,571억 원에 육박했다. '단계적 민영화' 대상 6개 기업과 자회사 31개까지 포함하면 이들 공기업의 매출액은 54조 6,357억 원으로 전체 공기업의 77% 수준이었다.[1] 이러한 민영화 계획이 그대로 진행되면 1998년 하반기까지 1조~1조 2천억 원, 1999년에는 3조 원 정도의 재정수입을 얻을 수 있을 것으로 예상되었다. 정부는 증세나 재정지출의 감소없이 이 자금을 금융산업 구조조정과 실업대책, 중소기업 지원, 수출산업 지원에 필요한 재원으로 활용할 계획이라고 밝혔다(매일경제, 1998.7.7).

그러나 김대중 정부의 공기업 개혁이 전적으로 시장주의 논리에 입각해 진행된

1) 포항제철, 한국중공업, 한국종합화학, 한국종합기술금융, 국정교과서 등 5개 기관은 '우선 민영화' 대상, 한국통신, 한국담배인삼공사, 한국전력공사, 한국가스공사, 대한송유관공사, 지역난방공사 6개 기관은 '단계적 민영화' 대상이었다.

것은 아니었다. 정부 관료들은 여전히 정부가 사회의 공적 이익 추구와 시장 운영에 적극적으로 기여해야 한다는 신념을 공유하고 있었다. 김대중 정부는 정부의 과도한 개입을 통한 관치경제는 청산하면서도 국가가 자유경쟁과 자기책임의 원칙 아래 시장이 원활히 작동할 수 있는 질서의 틀을 제공해야 한다고 보았다(대한민국정부, 1998: 60-61). 김대중 정부는 민영화를 통해 민간 기업만큼의 효율성을 확보하도록 하는데 주력하면서도 국정과제의 수행과 국가경쟁력 확보에 공기업이 기여할 수 있도록 하기 위해 노력하였다. 정부의 최고 정책결정자들은 민영화가 재벌로 대표되는 사기업 및 외국자본의 영향력 증대로 귀결되는 것을 경계하였다. 따라서 정부는 민영화의 과정과 결과를 주도하기 위한 다양한 방안들을 마련하였다. 정부가 판단한 전략적 우선순위에 따라 차별적으로 공기업을 민영화하거나 개혁을 실시하였고, 민영화 이후에도 일정 수준의 영향력을 유지할 수 있는 방안을 마련하였다(Jho & Yoo, 2014; Choi et al., 2005).

공기업 개혁을 통해 효율성을 개선하고 국가경쟁력을 확보하고자 하는 정책결정자들의 아이디어는 민영화된 공기업에 대한 인사 개입을 통해 유지되었다. 정책결정자들의 아이디어는 비공식적인 '엘리트 네트워크'와 같은 장치들을 통해 반영될 수 있다(Jho & Yoo, 2014). 한국 공공부문의 엘리트들은 정부 관료 출신으로, 퇴직 후 그들의 전문지식과 네트워크를 활용할 수 있는 관련 공기업 및 공공기관의 고위 관리직으로 자리를 옮기는 것이 상례이다. 이들은 정부 역할의 우선성에 관한 정치적, 철학적 아이디어를 보유하였다. 정치권이나 행정부 출신 인사들이 공기업 임원에 선임되는 낙하산 인사 관행은 김대중 정부에 들어서도 근절되지 않았다. 13개 정부투자기관 역대 사장 중 무려 95%가 정치인 · 관료 출신이었다. 정치권 · 행정부 출신 인사들이 공기업 임원이 되는 한편, 공기업 임직원들은 공기업의 자회사에서 취업을 하는 '낙하산의 연쇄반응'이 나타나기도 하였다(조선일보, 2001.2.4). 박상희와 김병섭(2012)의 연구에 따르면 1993년부터 2007년까지 임명된 85개 기관장의 대표경력을 수집한 결과 전체 435명의 기관장 중 정부부처의 관료 출신이 59.08%를 차지하였다. 뒤이어 군인, 정치인 및 민간전문가 집단이 36.55%를 기록하였으며, 4.36% 해당되는 공공기관 내부 승진자는 19명에 불과하였다(박상희 · 김병섭, 2012: 56-58). 공기업 민영화는 효율성과 경쟁 등의 시장 원칙을 반영하면서 동시에 경제성장을 위해 정부의 권한을 유지해야 한다는 인식 하에 진행되었는데,

정부－공기업 간의 인적 네트워크는 정부의 정책 아이디어를 하부 기관이 수용하도록 하는 장치로 작동하였다.

김대중 정부는 민영화를 통해 경제위기를 극복하기 위한 예산을 확보할 수 있었다(유훈 외, 2010: 536－540). <표 2－1>에서 확인할 수 있듯이 공기업 매각을 통해 정부는 상당한 자금을 확보할 수 있었는데, 이는 경제위기 극복을 위한 경제정책에 투입되었다. 그러나 경제위기 극복을 위해 급속히 진행된 민영화는 많은 한계를 노정하였다. 임기 내 민영화를 완료하려는 시도는 정치적 논란과 비용을 야기하였다. 김대중 정부의 민영화는 경영효율성 제고와 재정수입 확보를 동시에 목표로 삼았으나 매각 금액, 매각 대상 등의 선정에 있어 일괄된 기준 하에 진행되지 못했다. 또한 민영화 정책과 해당 분야의 산업·경쟁정책 간의 유기적인 연계에 대해 충분한 고민 없이 추진된 것도 문제로 꼽을 수 있다(곽채기, 2000: 157－162).

표 2-1 김대중 정부시기 공기업 매각수입(1998~2002년)

(단위: 억 원)

연 도	매각기업	재정수입	기타 수입	계
1998	국정교과서, 포항제철, 한국전력, 자회사	2,394	4,255	6,649
1999	종합기술금융, 한국전력, 한국통신, 포항제철, 담배인삼공사, 가스공사, 자회사	32,487	54,560	87,047
2000	대한송유관, 포항제철, 한국전력, 지역난방공사, 한국중공업, 담배인삼공사, 자회사	197	24,939	25,136
2001	한국중공업, 대한송유관, 한국통신, 담배인삼공사, 자회사	37,039	10,028	47,067
2002	한국통신, 담배인삼공사, 자회사	67,029	10,968	77,997
총계		189,146	104,750	243,896

자료: 기획예산처(2002: 111).

* 재정수입은 매각수수료 및 제세공과금을 제외한 국고납입 금액을 의미하고, 기타 수입은 자회사 매각대금, 국책은행 지분매각 대금 등 국고로 납입되지 않은 금액이다.

제 4 절 노무현 정부의 공기업 개혁

강도 높은 공기업 구조조정과 민영화를 추진했던 이전 정부와는 달리 노무현 정부에서의 공기업 개혁은 소프트웨어적인 공공혁신을 위주로 추진되었다. 김대중 정부에서 입안한 몇몇 공기업 구조조정 및 민영화 계획은 노무현 정부에 의해 수정, 중단되기도 하였다. 예를 들어, 김대중 정부는 전력산업 구조개편에 역점을 두고 남동발전의 민영화와 분할, 천연가스사업 구조개편과 가스공사에 대한 민영화를 계획하였으나, 노무현 정부는 이를 중단하거나 축소하였다(조성봉, 2011: 34-36).

노무현 정부는 <표 2-2>에서 확인할 수 있듯이 공기업의 효율성을 개선하기 위한 다양한 방안을 시도하였다. 특히, 분산된 경영평가제도를 통합하고 각 부처가 가진 산하기관의 관리감독 기능을 예산과 연계하는 조처가 2007년 「공공기관의 운영에 관한 법률(이하 '공운법')」을 통해 이루어졌다. 공기업에 대한 관리·통제는 1960년대 초반부터 존재해왔다. 1962년 제정된 「정부투자기관관리회계법」과 1973년 제정된 「정부투자기관관리법」 등은 주무부장관 혹은 경제기획원이 실시하는 경영성과의 평가를 통해 공기업의 경영효율성을 확보하고자 하였다. 그러나 이 법률은 관리대상기관의 범위를 명확하게 규정하지 않았다. 아울러 정부 통제 위주의 일방적인 공기업 규제가 아니라 기업에게 자율성을 부여하고 사후 평가를 통해 책임을 묻는 방식이 도입되어야 한다는 비판의 대상이 되었다(김준기, 2001: 103-104). 2003년 제정된 「정부산하기관관리기본법」은 경영평가제도, 경영공시제도, 고객만족도조사, 기관장공개모집 등을 규정하고 있으나, 상당수 공공기관이 이 법의 적용을 받지 않아 공공기관의 효율성을 제고하는 데 한계를 보였다.

2007년 공운법은 기존에 분산되어 관리되던 공기업, 정부산하기관 등 공공기관을 하나의 법률로 묶어 관리하도록 하였다. 또한 공공기관 내부의 견제 시스템 강화, 외부 평가 및 감독 시스템 내실화, 공정하고 투명한 임원인사 시스템 구축이 규정되었다(장지호, 2014: 261-262). 한편, 성과 중심의 공기업 경영 체계를 정착하기 위한 수단으로 경영평가제도가 정착되었다. 그러나 경영평가제도는 공공기관 선진화 및 공공기관 정상화의 수단으로 도입되었음에도 불구하고 정부가 우선시하는 국정과제를 달성하는 데 기여하기도 하였다. 정부가 공공기관들에게 요구하는 인력, 조직, 예산 등에 대한 각종 지침을 준수하는지의 여부가 중요한 평가지표로 사용되었기 때문이다(김철, 2012: 19-23). 즉, 정부는 경영평가제도를 활용해 공기업의 경영효율성 제고를 도모하면서도 정부의 정책목표를 달성하는 데 공기업이 기여하는지를 고려함으로써 공기업에 대한 정치적, 관료적 통제를 행사할 수 있었다.

표 2-2 노무현 정부의 공기업 개혁

구 분	주요 내용
공공기관 관리체계 구축	「공공기관의 운영에 관한 법률」 제정 공공기관운영위원회 신설: 소유권 기능 집중
고객만족경영 및 사회공헌 확대	고객만족도 조사 실시 및 경영실적평가 반영 인력 채용의 다양화, 중소기업 우선 구매, 사회복지 영역으로 서비스 확대
경영정보공개 시스템 구축 및 윤리경영 시스템 강화	공공기관 알리오(ALIO) 개통, 예산관리기준 강화, 임원 직무청렴계약 확대, 감사 역할 강화
경영평가체계 구축 및 대상 확대	공기업 경영평가 실시 성과 중심의 경영체계 정착(연봉제, 팀제, 성과급 등)

자료: 장지호(2014: 265).

노무현 정부의 핵심 국정과제 중 하나는 지방분권과 국가균형발전이었다. 이러한 국정과제를 실행하기 위해 노무현 정부는 수도이전, 공공기관 이전과 지방혁신도시 수립을 추진하였다. 정부는 장기간 집권한 보수정부들이 40년 가까이 추진한 불균형 발전전략으로 인해 계층 불균형과 더불어 지역 불균형의 폐해가 심화되었다고 주장하고, 지방의 자생적 발전 기반을 새롭게 구축하지 않는 한 지역갈등을 해소하고 새로운 국가 발전 동력을 확충하는 것이 불가능하다고 보았다(성경륭, 2014: 71). 당시 노무현 대통령은 "박정희 대통령이 경제발전에, 김대중 대통령이 민주화에 기여한 대통령으로 기억되듯이 자신은 역사적으로 '지방분권 대통령'으로 기억되기를 원한다"고 말하였다(안성호, 2014: 100). 이러한 지방분권과 국가균형발전의 국정과제는 신행정수도 건설과 공공기관 지방이전으로 표면화되었다.

그러나 신행정수도 정책은 노무현 정부 출범 이후 격렬한 논쟁을 불러일으켰다. 2003년 12월 「신행정수도건설특별법」이 제정되었으나 위헌논란이 제기되었고

헌법재판소는 이를 위헌이라고 판결하였다. 이후 신행정수도 정책은 「행정중심복합도시건설특별법」으로 수정되어 추진되었다. 국가균형발전정책의 핵심은 '공공기관 지방이전과 혁신도시 건설' 정책에 있었다. 노무현 정부는 공공기관 이전과 혁신도시 건설이 수도권의 양적 팽창 억제와 인구안정화, 연구기관 이전을 통한 산학연 클러스터 형성, 지방대학 졸업자의 지방 취업으로 인한 고학력 인재 편중 방지, 지방세 수입증가와 지역경제 활성화 등의 파급효과를 낳을 것으로 기대하였다. 특히, 노무현 정부는 공공기관 이전을 통해 민간기업의 지방이전을 촉진하는 데 주력하였다. 국가 행정기관을 중심으로 한 공공부문의 지방이전이 선행되면 기업 본사의 이전이 촉진될 것으로 예상하였기 때문이다. 이는 기업이 지방에 이전을 희망하더라도 국가 행정기관과 주요 공공기관이 수도권에 집중되어 있는 상황에서는 정보, 자원의 집중이 발생하여 민간기업의 지방이전을 방해하는 요소로 작용할 것이라는 판단의 결과였다(이보영, 2011: 5). 정부는 일반기업이나 사적 주체들에게 지방으로의 이전을 강요할 수는 없지만 정부가 통제력을 가진 공공기관을 이전하여 국가균형발전 정책의 동력으로 사용할 수 있다고 보았다.

<표 2-3>에서 확인할 수 있듯이, 2005년 당시 「국가균형발전특별법」상의 공공기관 410개 중 약 85%인 346개 기관이 수도권에 위치해 있었다. 이 중 수도권을 관할 구역으로 하는 기관, 이전 비용이 기대효과에 비해 현저히 큰 기관, 민간 성격이 강해 이전 강제가 곤란한 기관, 동북아 경제중심 조성에 필수적인 기관, 수도권 입지의 고정성·상징성이 큰 기관 등을 제외한 175개 기관이 수도권과 대전을 제외한 12개 광역시·도로 이전되도록 결정되었다(김원동, 2006: 141-142). 노무현 정부는 혁신도시로 이전하는 공공기관들을 지렛대 삼아 공공기관이 선도하는 지역의 자립적 발전과 국가균형발전의 구현을 기대하였다(김원동, 2006: 150).

표 2-3 노무현 정부의 국가균형발전을 위한 이전대상 공공기관

(단위: 개)

전국 공공기관	수도권 소재기관	이전대상기관				
		계	소속 기관	투자·출자기관	출연기관	개별법인
410	346	175	67	26	53	29

자료: 국가균형발전위원회(2008: 108).

신행정수도 정책이 극심한 정치적 논쟁과 대결을 초래했던 반면, 국가균형발전 정책에 대한 논쟁은 이전대상 공공기관의 직원, 노조를 중심으로 제기되었다. 이들은 자녀 교육문제, 주거환경의 변화, 가족 간의 유대 해체와 같은 생활의 불편이 발생할 것임에도 불구하고 당사자들의 의견수렴 없이 정부가 일방적으로 정책을 밀어붙인다며 해당 정책에 항의하였다(경향신문, 2005.5.8). 정부는 부처별로 산하기관 기관장 및 노조대표와 만나 공공기관 이전을 설명하고 대화를 나누었으나, 공공기관 내부의 반발은 쉽게 수그러들지 않았다. 예를 들어, 한국간행물윤리위원회 노동조합은 2004년 6월 15일 "일방적인 강제이주에 반대한다"라는 제목의 성명서를 발표하였다. 같은 날 영화진흥위원회, 한국방송광고공사 노동조합도 이전에 반대하는 성명서를 발표하였다. 한국방송광고공사 노동조합은 "주무부처를 통해 산하 공공기관의 의견을 형식적으로 수렴하여 일방적으로 통보해 버리는 비민주적 절차에 대해서 실망과 분노를 금할 수 없다"며 "산하기관의 핵심사업과 성격에 따라 이전대상이 될 수 없음에도 불구하고 몇몇 기관의 이전이 예정되었다"는 것에 반발했다(국가균형발전위원회, 2008: 40-41).

또한 대형 공공기관 이전을 두고 지방자체단체 간의 유치 경쟁이 발생하기도 했다. 각 지방자치단체들은 유치를 목표로 하는 기관을 선정하고 해당 정부기관이나 다른 지방자치단체를 대상으로 유치 홍보활동을 벌였다. 이 과정에서 공공기관 지방이전에 충북이 제외될 것이란 정보를 접한 충북 보은군 농촌지도자회 등 6개 농민단체는 2004년 8월 3일 공공기관 충북 이전 배제 철회를 촉구하며 청와대와 국무총리실 등에 건의서를 제출하기도 하였다. 이들 단체는 건의문에서 충북에서도 가장 낙후된 보은군이 충청권이라는 이유만으로 공공기관 이전대상지역에서 배제되는 것은 또 다른 지역차별이라며 행정수도 후보지에서 탈락한 충북에 대한 보상차원의 특별배려를 요구하였다. 지방정부와는 반대로 수도권은 공공기관 이전정책에 강력하게 반대했다. 경기도 시장·군수협의회는 2004년 7월 행정수도·공공기관·기업 지방이전 반대 결의문을 채택하였다(국가균형발전위원회, 2008: 39).

지역 간의 경쟁심화, 이전대상기관의 반발 속에서 공공기관은 업무의 연관성과 효율성을 감안한 이전이 아니라 전국 각 시·도에 분할해 고루 기관을 배분하는 방식으로 이전되었다. 공공기관 노조로 구성된 한국노총 소속 전국공공노동조합연맹은 공기업을 강제로 특정 지역에 이전시키는 것은 공기업의 공공성 및 효율성을 무시한 처사라고 주장하며 대규모 반대집회를 개최했다(경향신문, 2005.3.9). 예를 들어, 주택공사는 경남으로 이전이 결정되었는데 주택사업의 60%가 수도권 및 충청권에 집중되어 있음을 고려할 때 이러한 결정이 적절하지 않다고 주장하였다. 대구로 이전한 가스공사는 대부분의 천연가스 수요량이 수도권에 모여 있고, LNG 하역기지가 인천과 평택에 있는 상황이므로 이전이 해당 시설에 대한 관리를 어렵게 한다는 문제를 제기하였다(동아일보, 2006.6.25).

이러한 반대와 갈등에도 불구하고 공공기관 이전정책은 대체로 정부의 계획안대로 진행되었다. 그것은 노무현 정부의 지역 전략산업 육성정책이나 공공기관 지방이전이 각 지방정부와 지역구를 가진 국회의원들의 적극적인 지지를 받았기 때문이었다. 노무현 정부는 소위 '3협 전략'을 통해 이해당사자들을 정책결정 과정에 적극적으로 참여시키고 갈등을 사전에 조율하는 노력을 보이기도 하였다(성경륭, 2014: 80). 대체로 5년이라는 짧은 기간 동안에 이전된 공공기관의 지방이전은 지방분권이라는 국정과제의 목표는 달성했다고 평가할 수 있다. 수도권 대비 지방의 GDP 비중, 국가 R&D 비중, 지방이전 기업의 수 등에서 상당히 의미 있는 지방이전이 나타났다. 그러나 공공기관 지방이전이 공기업 자체 업무의 효율성을 증가했다고 보기는 어렵다.

제 5 절 이명박 정부의 공기업 개혁

이명박 정부는 출범 직후인 2008년 3월부터 공공기관 개혁을 주요 국정과제 중의 하나로 선정하고, 2008년 8월부터 2009년 3월까지 총 6차에 걸친 '공공기관 선진화' 정책을 발표하였다. 이명박 정부의 공공부문의 개혁안은 노무현 정부 시기 공공기관의 비대화와 비효율적 운영에 대한 비판을 근거로 수립되었다. 노무현 정부 시기 2002~2007년까지 45개의 공공기관이 신설되었으며, 6만 7천 명의 인력, 약 102조 원의 예산이 증가하였다. 이명박 정부는 노무현 정부 시기의 인건비 상승, 복지기금의 부정 집행 등 공공기관의 비효율적 조직운영을 문제로 지적하면서 이로 인해 국민의 부담이 증가되었다고 평가했다. "국민의 세금으로 운영되는 국가예산이 공공기관에 과다하게 투입됨으로써 자원 배분의 효율성이 무너질 수" 있으며 "비효율적 운영, 즉 방만경영은 결과적으로 공공기관 및 공공기관 감시를 담당하고 있는 정부에 대한 신뢰를 저하"시킬 수 있으므로 공공기관의 개혁이 필요하다고 주장하였다(문화체육관광부, 2013: 360-361).

이명박 정부의 공공기관 선진화 정책은 ① 작은 정부, 큰 시장 지향, ② 국민편익의 증대, ③ 사회적 비용의 최소화, ④ 기관별 특성에 맞는 방안 수립 및 투명한 추진을 목표로 하였다. 민영화, 통・폐합, 경쟁도입, 기능조정, 경영효율화, 출자회사 선진화 등과 같은 '하드웨어' 측면의 개혁과 노사관계 선진화, 보수체계 개편, 인사관리 혁신 등 '소프트웨어' 측면의 개혁이 동시에 추진되었다(조성봉, 2011: 35-42). 통・폐합, 경쟁도입, 기능조정은 소유권의 변경은 없지만 규모를 변경하거나 설립목적과 기능을 추가・변경한다는 점에서 물리적인 구조를 변경하려는 개혁의 일환이었다. 이러한 개혁안은 경제부문에서 차지하는 정부의 역할을 줄이면서 시장에서 공공기관이 보다 자유롭게 운영될 수 있도록 하여 효율성과 창의성을 증진하는 것을 목표로 하였다. 정부는 10개의 자회사, 7개의 금융공기업, 대한주택보증 등의 민영화와 인천국제공항공사, 한국공항공사 등 5개 기관에 대한 지분 매각 계획을 수립하였다. 2012년 12월까지 19개의 민영화 대상기관 중 7개 기관의 민영화를 완료하였고, 지분매각의 경우 대상기관 5개 중 3개 기관을 완료하였다. 하지만, 민영화 대상으로 분류되었던 산업은행과 자회사, 기업은행과 자회사 등의 금융공기업은 2012년 1월 공공기관 지정에서 해제되어 공공기관 차원의 관리대상에서 제외되었다. 또한 김대중 정부에서 지분매각과 민영화 대상으로 지정되었던 인천국제공항공사, 한국공항공사, 한국철도공사에 대해서는 민영화 계획을 철회하였다.[2)]

이명박 정부에서 SOC 관련 공기업이 민영화 대상에서 완전히 제외되었다는 점은 주목할 만하다. 전기, 가스, 수도, 도로, 철도와 같은 SOC를 공급하기 위한 공기업들은 가장 핵심적인 공기업들인데 이들이 처음부터 민영화 대상에서 제외되었다는 것은 다른 국가들의 경우와 비교해 볼 때 특징적이다. 정부의 기본적인 논리는

2) 이명박 정부는 인천공항공사와 한국공항공사를 민영화 대상이 아니라 지분매각 대상으로 수정하였으며 임기 내에 지분매각을 이행하지 못하였다. 5개의 화력발전기업은 민영화 및 지분매각 대상에서 아예 제외되고, 기타형 공기업에서 시장형 공기업으로 전환되는 데 그쳤다.

기반시설의 경우 자연독점적 성격을 갖는 것으로 정부가 운용하는 것이 불가피하며, 국민생활에 미치는 영향을 고려할 때 공급과 요금의 안정화를 위해 정부의 소유 및 운용이 가장 바람직하다는 것이었다(Baldwin & Cave, 1999: 203; 조화순, 2003: 440). 그러나 외국의 경우를 살펴보면 자연독점적 설비를 반드시 정부가 소유하거나 운용하는 것은 아님을 확인할 수 있다. 많은 국가에서 핵심 기반시설의 민영화가 이루어졌으며, 미국의 경우 처음부터 정부가 이러한 설비를 소유하거나 운영하고 있지 않았다. SOC 관련 사업이라도 민간에 그 설립이나 운영을 허가한 뒤, 규제를 통해 적절한 공급 및 요금 수준을 유지해 왔다(조성봉, 2011: 44-46).

이명박 정부는 시장이 잘할 수 있는 것은 시장에 이양하고, 국민생활에 필수적인 기반시설은 정부가 운영해야 한다고 주장하였다. 이를 고려하면 SOC 공급은 민간에 의해 제대로 이루어질 수 없으며 국가의 관리 하에서만 안정적으로 달성될 수 있다는 인식이 존재했음을 알 수 있다. 다시 말해 정부가 경제부문을 비롯한 정책결정 전반에 있어서 목표와 전략을 수립하고 그것을 실제로 집행해 나가는 데 주도적이고 가장 비중 있는 역할을 해야 한다는 생각과 시장 행위자로서 공기업에 대한 낮은 신뢰가 지속되고 있었음을 알 수 있다. 즉, 정부가 공기업에 일정 정도 자율성을 주지만 이러한 자율성은 정부 부처의 목적에 의해 지속적으로 관리되고 통제되어야 한다는 것이다.

이명박 정부는 공기업을 정부기관과 더불어 대통령의 국정비전이나 국정기조를 달성하기 위한 국정과제의 수행 주체로 설정하였다. 예를 들어, '4대강 살리기'

표 2-4 한국수자원공사 주요 재무현황

(단위: 억 원, %)

	2008	2009	2010	2011	2012
자산	119,817	132,771	184,844	234,182	249,433
부채	19,623	29,956	79,607	125,783	137,046
금융부채	13,964	23,583	70,554	112,985	117,921
4대강 금융부채	-	1,175	31,861	63,509	70,714
4대강 이자비용	-	6	846	2,343	3,043
부채비율	19.6	29.1	75.7	116.0	121.9

자료: 국회예산정책처(2013: 261, 265).

사업은 이명박 정부의 핵심적 국정 과제로, 기후 변화에 대비하고 자연과 인간의 공생을 추구하며, 국토를 개·창조하고 지역균형발전과 녹색성장 기반을 구축하는 것을 목표로 추진되었다(이성해, 2011: 7−8). 이명박 대통령은 '한반도 대운하 구상'을 대선 공약으로 내세웠고, 취임 이후 2008년 2월 5일 대통령인수위원회는 대운하 사업을 핵심국정과제로 추진한다는 계획을 발표하였다. 그러나 이에 대한 반대가 거세지고 정치적 논란이 계속되자 2008년 6월 19일 담화를 통해 "국민이 반대하면 대운하 사업을 추진하지 않겠다"고 발표하였다. 같은 해 12월에는 국가균형발전위원회가 '4대강 살리기 프로젝트' 추진을 의결하고 4대강 살리기 사업마스터플랜을 발표하였다. 그러나 4대강 사업이 곧 대운하 사업이라는 반발을 중심으로 정치권에서는 해당 사업에 대한 논쟁이 계속 진행되었다. 정부는 4대강 정비 사업은 홍수 예방과 하천 환경을 개선하는 것이 주요 목적인 반면, 대운하 사업은 선박 통행 및 물류 수송이 주된 목표라는 것을 설명하였다. 그러나 야당을 중심으로 "4대강 정비 사업을 끝낸 후 한강과 낙동강을 연결하는 등 대운하 사업을 진행할 수 있다"며 "결국은 대운하를 추진하는 것"이라는 주장이 계속 제기되었다(동아일보, 2008.12.16). 논쟁이 지속되자 이명박 대통령은 "임기 내에 대운하는 추진하지 않겠다"고 밝혀야 했다(경향신문, 2009.6.29). 그러나 야당 원내대표는 4대강 사업을 대운하 사업으로 규정짓고, 종교계, 시민사회 등과 논의하여 반대운동을 벌이겠다고 선언하는 등 이명박 정권 5년 내내 4대강 사업에 대한 논란은 끊이지 않았다(동아일보, 2010.10.28).

이러한 상황에서 국토해양부 산하의 한국수자원공사는 4대강 총공사비 22조 원 가운데 8조 원을 부담하게 되었다. 이명박 정부가 추진한 4대강 개발이라는 주요 국정사업이 한국수자원공사를 통해 우회적으로 추진되면서 해당 공공기관의 재무구조가 악화되었을 뿐만 아니라 해당 정책의 민주성과 절차적 정당성의 문제가 제기되었다. <표 2−4>에 나타난 바와 같이 2009년부터 2012년까지 한국수자원공사의 부채총액과 비율은 급증하였다. 한국수자원공사는 2012년까지 4대강 사업과 관련하여 총 7.4조 원의 공사채를 발행하였다. 이로 인한 이자비용은 2012년에 3,043억 원으로 정부가 지원하도록 되어 있으며, 4대강 사업을 시작한 2009년부터 2012년까지 누적된 이자비용은 총 6,238억 원이었다. 2010년 이후 공사는 댐사업부문 중 원가율이 낮은 발전용수부문에서 많은 수익을 내고 있음에도 불구하고 4대강 관련 이자비용으로 인해 영업이익으로 이자비용을 충당하지 못하는 상황에 이르렀다(국회예산정책처, 2013: 292-293).

결과적으로, 이명박 정부는 집권 초기부터 의욕적으로 공공기관의 선진화를 추진하였음에도 불구하고 별다른 성과를 내지 못했다. <표 2-5>에서 확인할 수 있듯이 재정적인 면에서 공기업의 규모는 지속적으로 증가하였다. 자체 수익보다는 차입 확대, 사채 발생, 유상 증자에 의존하고 있으며 주요 사업에 소요되는 자금 조달을 위해 부채규모도 증가하였다. 2012년 기준 부채규모 상위 10개 공공기관 중, 한국석유공사는 6위, 한국수자원공사는 10위를 차지하였는데, 이는 각각 해외자원개발에 소요되는 자금 조달과 4대강 사업 추진을 위한 자금 조달이 이들 공기업을 통해 이루어졌기 때문이다(국회예산정책처, 2013: 63). 이러한 점을 고려할 때 공기업 부문에 있어서 '작은 정부, 큰 시장'이라는 국정 운영의 목표는 슬로건이었을 뿐 달성되지 못했다.

공공서비스의 생산과 공급이 정부가 지정한 특정 기관이나 공기업에 의해 이루어진다면 해당 사업의 효율성을 달성하는 데 한계를 가질 수밖에 없다. 한편, 공공서비스의 공급을 효율성의 관점에서만 평가할 수는 없다. 즉, 정부나 시장 어느 일방에 의한 공공서비스 제공은 한계를 가질 수밖에 없으므로 공공부문과 시장부문의 연계가 중요하다. 그러나 이명박 정부에서 공기업 개혁은 효율성과 공공성의 균형을 개선하지 못하였다. 효율성의 논의가 공공성 담론에 의해 좌절되거나, 공공성을 무시한 효율성의 추구로 인해 사회적 갈등을 초래하는 사태가 반복되었다. 환경

표 2-5 공공기관 자산, 부채, 당기순이익 현황

(단위: 조 원, %)

	2008	2009	2010	2011	2012	증감액	증감률
공공기관 자산	507.9	586.8	640.7	695.9	731.2	35.3	5.1
공공기관 부채	290.0	336.8	397.0	459.0	493.4	34.4	7.5
(부채비율)	133.1	134.7	162.9	193.7	207.5	-	-
(국가채무 대비 비율)	93.9	93.7	101.2	109.2	111.2	-	-
(GDP 대비 비율)	28.3	31.6	33.8	37.2	38.8	-	-
공공기관 당기순이익	3.3	5.9	4.2	-8.5	-1.8	6.7	-78.4

자료: 국회예산정책처(2013: 90).

부의 상수도 사업의 민영화 또는 민간위탁 추진을 그 예로 들 수 있다. 환경부는 2008년 6월에 가칭 「물산업지원법」을 입법예고하여 상수도 민간위탁을 시도하였다. 지방자치단체가 운영하는 지방상수도가 사업의 영세성으로 인해 질 좋은 수돗물 공급이라는 본래의 목적을 달성하지 못한다는 문제가 제기되자, 지방상수도를 민간에 위탁하고 이를 통해 예산절감 및 누수율 감소 등의 효율성 증진효과를 기대하였던 것이다. 그러나 경영효율화를 목적으로 수도 사업이 민간에 위탁될 경우 수돗물값이 현실화되면서 가격 상승이 불가피할 것이라는 비판이 정치권과 시민단체를 중심으로 제기되었고, 결국 해당 법안은 무산되었다(윤수재 · 이민호, 2009: 198). 2008년 주택공사에 대한 국정감사 과정에서는 주택공사 사업에 대한 비판이 제기되었다. 주택공사는 2004년에서 2008년까지 대지분양사업을 통해 택지지구 조성에 필요한 매출이익을 취한 것으로 밝혀졌고, 과도하게 수익성을 추구하여 주민 주거의 안정이라는 공공성을 저해했다고 비판받았다(국회예산처, 2008; 윤수재 · 이민호, 2009).

제 6 절 결 론

외환위기 이후 역대 정부는 공기업을 국정과제 운영의 도구로 사용해 왔다. 본 글에서는 정치경제학적 관점에서 김대중 정부 이후 이명박 정부까지 공기업 개혁의 문제를 정책 아이디어를 통해 논의하였다. 정책은 사회적 맥락에 의해서 결정되는 것으로 동일한 배경에서 실시된 유사한 정책이라 할지라도 상이한 결과를 낳을 수밖에 없다. 또한 정책은 '아이디어'와 다양한 경제적 · 정치적 이해관계자들로 형성된 복합적 정책과정을 통해 결정된다. 따라서 정책은 한 사회의 지배적인 아이디어 및 특정 아이디어를 기반으로 형성된 정책네트워크가 변화할 때 비로소 변화한다. 오랫동안 유지되어 정책결정자들의 인식과 제도에 내재화된 아이디어는 외생적 충격과 이로 인한 개혁 시도에도 불구하고 쉽게 변화되지 않는 특성을 보인다.

1997년 경제위기 이후 집권한 모든 정부는 예외없이 과감한 공기업 개혁을 국정과제로 설정하였다. 한국의 경제위기는 매우 강력한 외생적 충격으로 작용하였으며 한국 사회는 이를 계기로 기존 발전국가 주도의 경제성장 전략을 전면적으로 재고하게 되었다. 공기업 개혁은 전 사회적인 경제 개혁의 일환으로 모든 정부에서 지속적으로 추진되었다. 공기업의 운용에 있어 효율성과 공공성은 동시에 달성되어야 할 목표로 간주되었으며, 실제 운용상에서 양립 불가능한 면모가 두드러졌음에도 불구하고 다양한 시도를 통해 양자의 균형이 개선되어 왔다. 그럼에도 불구하고 공기업에 대한 소유권 혹은 통제권을 바탕으로 역대 정부는 국정과제 수행을 위한 공기업의 도구화 유혹에서 벗어나지 못하였고, 이로 인해 공기업 개혁은 정체되거나 퇴보하기도 하였다.

김대중 정부의 핵심 국정과제는 외환위기의 극복이었고 이를 위해 적극적인 공기업 민영화를 추진하였다. 민영화를 통해 위기 극복의 재원을 마련함은 물론 국가의 성장 잠재력과 경쟁력을 높일 수 있다고 인식했기 때문이다. 정부는 전략적 우선순위에 따라 공기업들을 유형화하고 안정성을 위해 일정 수준의 소유권을 유지하는 방안을 고안하였다. 작은 정부, 민영화, 탈규제의 화두는 슬로건이었을 뿐 실제 공기업의 개혁은 과거 발전국가적 목표를 위해 공기업을 이용하는 방식으로 이루어졌다.

노무현 정부는 지방분권과 국가균형발전을 추진하기 위해서 공기업을 핵심 도구로 활용하였다. 정부는 공공기관 지방이전과 혁신도시 건설이 지방의 경기를 활성화시키고, 민간기업의 지방이전을 자극해 국가의 균형적 발전을 가져올 수 있다고 주장하였다. 이 과정에서 교육문제, 주거환경, 가족 해체와 같은 공기업 직원들의 복리는 무시되었다. 업무의 효율성을 연계하지 않은 공공기관의 지방이전이 공공기관의 업무효율성을 저해하기도 하였다.

이명박 정부는 집권 초기에 '공공기관 선진화'라는 공기업 개혁안을 마련하였고, 특히 정부 소유권의 완벽한 이전을 의미하는 '민영화'를 중점적으로 수행하였다. 그러나 민영화는 계획대로 이루어지지 않았다. 민영화 대상으로 선정된 기업이 보다 완화된 수준의 개혁대상으로 재분류되었고, 영향력 있는 SOC 기업들은 처음부터 민영화 대상에서 제외하기도 하였다. 4대강 살리기와 같은 핵심적인 국정사업을 추진하는 데 있어 공기업을 적극 활용하면서 해당 기관의 부채가 급증하는 공기업의 비대화도 나타났다. 정부가 소유권과 통제권을 가진 공기업을 국정과제에 활용하는 전략은 이명박 정부 내내 공기업이 효율성과 공공성 확보의 두 딜레

마 속에서 갈피를 잡지 못하고 방황하게 만들었다.

김대중 정부 이후 이명박 정부까지 역대 정부는 공기업 개혁을 중요한 화두로 제시했지만 국가경쟁력의 확보와 국정과제라는 정책 아이디어를 수행하기 위해 공공부문을 광범위하게 활용해 왔다. 신자유주의와 발전국가적 경제발전에 대한 비판이 거세게 일어나고 있는 상황에서 공기업 개혁의 정책 아이디어는 역대 정부가 국가의 개입과 규제를 축소하는 시장지향적 개혁을 보여주는 프로그램으로 제시되었다. 그러나 공공부문 개혁의 화두를 구체적 정책으로 현실화하는 정책결정자의 아이디어는 여전히 과거의 프레임에 갇혀 있었다. 역대 정부는 국정과제라는 정책 프레임을 제시하며 자신들의 정치적 선호를 실현하는 도구로 공기업을 활발하게 이용하였다. 이 과정에서 정권의 집권을 도운 정치인 및 관료와의 정책네트워크는 국정과제의 수행을 용이하게 하였고, 공기업을 민간영역의 기업과 같이 자율적으로 경영하겠다는 의지는 외부적 요인에 의해 제약될 수밖에 없었다.

〈참고문헌〉

감사원(2009). 2008 회계연도 공공기관 감사결과서.

경향신문(2005.3.9). 공공기관 지방이전 勞 "누구 맘대로." http://news.khan.co.kr/kh_news/khan_art_view.html?artid=200503091753591&code=940100(검색일: 2017.3.30)

______(2009.6.29). 李대통령, 대운하 임기 내 추진안해. http://news.khan.co.kr/kh_news/khan_art_view.html?artid=200906291827285&code=910203#csidxc8df458cc0656e3adfc1609ba4acf5b(검색일: 2017.4.5)

곽채기(2000). 김대중 정부 공기업 민영화 정책에 대한 평가. 『한국거버넌스학회보』, 7: 147－167.

국가균형발전위원회(2008). 『참여정부정책보고서』.

국회예산정책처(2013). 『2012회계연도 공공기관 결산 평가』.

기획예산처(2002). 『공공개혁백서: 국민의 정부』.

김광수(2012). 공기업에 대한 국가의 감독과 통제. 『서강법률논총』, 1(1): 35－54.

김원동(2006). 노무현 정부의 공공기관 이전 정책. 『사회과학연구』, 45(1): 139－172.

김준기(2001). 공기업 경영평가제도의 성과와 향후 과제. 『한국행정연구』, 10(1): 97－123.

김철(2012). 한국 공공기관 지배구조의 민주화 방안. 『공공사회연구』, 2(1): 5－42.

대한민국 국정홍보처(2003). 「국민의 정부 5년 국정자료집」, 제2권. 서울: 국정홍보처.

대한민국정부(1998). 「국민과 함께 내일을 연다」.

동아일보(1998.6.8). 고비용 저효율 만연 국민부담 가중. http://news.donga.com/3/all/19980617/7354537/1(검색일: 2017.3.30)

______(1998.6.20). 부실덩어리 비대한 공룡. http://news.donga.com/3/all/19980619/7355205/1(검색일: 2017.3.30)

______(2005.5.8). '뭘… 어떻게…' 感못잡는 공공기관 이전. http://news.khan.co.kr/kh_news/khan_art_view.html?artid=200505081819031&code=210000#csidxcc09c0bec4d4fe5931dc3e52ec3409c(검색일: 2017.4.10)

______(2006.6.25). 공공기관 이전 수도권 지자체 반응, 허탈 … 격앙 …. http://news.naver.com/main/read.nhn?mode=LSD&mid=sec&sid1=101&oid=014&aid=0000180807(검색일: 2017.4.10)

______(2008.12.16). 정부 "공사 목적-내용 대운하와는 다르다." http://news.donga.com/3/all/20081216/8671788/1#csidxa67b15889f3c986a4fe47a1a57879bc(검색일: 2017.4.5)

______(2010.10.28). 박지원 원내대표 국회연설 4대강 대운하 사업 반대운동 펼치겠다. http://news.donga.com/3/all/20101028/32173893/1#csidxf6916fa0fb11be9a54c66f617792587(검색일: 2017.4.5)

매일경제(1998.7.7). 공기업 민영화 의미, 전망-외자확보 위해 해외매각 주력. http://newslibrary.naver.com/viewer/index.nhn?articleId=1998070400099103001&edtNo=15&printCount=1&publishDate=1998-07-04&officeId=00009&pageNo=3&printNo=10104&publishType=00010(검색일: 2017.3.30)

______(1998.9.2). 이규성 재경부장관 특별기고 민주적 시장경제 우리 시대정신. http://news.mk.co.kr/newsRead.php?year=1998&no=56416(검색일: 2017.3.30)

문화체육관광부(2013). 『이명박 정부 국정백서: 2008.2~2013.2.11, 선진화 개혁: 제도개혁』. 서울: 문화체육관광부.

박상희 · 김병섭(2012). 공공기관 임원의 인사에 관한 연구: 자원의존이론의 관점에서. 『한국행정연구』, 21(1): 39-72.

박순애 · 이희선(2014). 국정과제와 공기업의 역할: 주택사업과 해외자원개발사업을 중심으로. 『현대사회와 행정』, 24(1): 732-752.

박정수 · 박석희(2011). 『공기업 민영화 성과평가 및 향후과제』. 서울: 한국조세연구원.

성경륭(2014). 『신행정수도 이전 미 국가균형발전정책. 대한민국 역대 정부 주요 정책과 국정운영 7. 노무현 정부』. 한국행정연구원. 71-95.

안성호(2014). 『참여정부의 지방분권정책. 대한민국 역대 정부 주요 정책과 국정운영 7. 노무현 정부』. 한국행정연구원. 96-126.

안형기(2009). 물관리정책의 진화 과정과 4대강 정비사업. 『정책과학학보』, 13(4): 143-170.

유훈 · 배용수 · 이원희(2010). 『공기업론』. 서울: 법문사.

윤수재 · 이민호(2009). 공공기관의 공공성과 효율성 간의 조화 방안 보색: TRIZ 모형을 통한 모순해결 방식의 적용. 『한국사회와 행정연구』, 20(2): 187-241.
이명석(1997). 정부투자기관 임원의 충원에 관한 연구. 『한국행정학보』, 31(3): 295-311.
이보영(2011). 혁신도시와 지역 및 국가 경쟁력. 『대한지리학회 학술대회논문집』. 9-21.
이성해(2011). 4대강 살리기의 추진 현황과 향후 방향. 『국토연구』, 360: 5-9.
장지호(2014). 『정부개혁의 내용-대한민국 역대 정부 주요 정책과 국정운영 7. 노무현 정부』. 한국행정연구원. 241-275.
조선일보(2001.2.4). [낙하산 인사] 정부기관 사장 95% 정치인-관료출신. http://news.chosun.com/svc/content_view/content_view.html?contid=2001020470310 (검색일: 2017.3.30)
조성봉(2011). 이명박 정부 공기업 선진화 정책의 평가와 향후 과제. 『규제연구』, 20(2): 33-67.
조화순(2003). 국가독점에서 거버넌스로: 한국 이동통신시장 자유화의 원인과 성격. 『한국정치학회보』, 37(5): 439-460.
조화순 · 이덕영(2013). 한-미 FTA 국회비준과정의 정치학적 분석. 『한국정치학회보』, 47(3): 235-255.
주재현(2006). 지방정부 기업간 파트너십의 성공조건에 관한 연구: 경기도 민간투자사업 사례분석. 『지방정부연구』, 10(2): 67-85.
하연섭(2006). 정책 아이디어와 제도변화: 우리나라에서 신자유주의의 해석과 적용을 중심으로. 『행정연구』, 44(4): 1-27.
한국수자원공사(2016). 『2016 주요사업현황』. http://alio.go.kr/popReportTerm.do?apbaId=C0221&reportFormRootNo=31501#self(검색일: 2017.3.30)
Baldwin, Robert & Martin Cave(1999). *Understanding Regulation: Theory, Strategy, and Practice*. Oxford: Oxford University Press.
Béland, Daniel(2009). Ideas, Institutions, and Policy Change. *Journal of European Public Policy*, 16(5): 701-718.
Campbell, John L.(1998). Institutional Analysis and the Role of Ideas in Political Economy. *Theory and Society*, 27(3): 377-409.
Choi, Seong Rak, Jeong Min Choi, Jong Woong Park & Jung Ah Park(2005). A Study on the policy effect analysis of KT Privatization: Focusing on the Model of Stakeholder. *The Review of Public Administration*, 43(4): 181-205.
Dunn, James A. & Anthony Perl(1994). Policy Networks and Industrial Revitalization: High Speed Rail Initiatives in France and Germany. *Journal of Public Policy*, 14(3): 311-343.
Genieys, William & Marc Smyrl(2008). *Elites, Ideas, and the Evolution of Public Policy*. New York: Palgrave Maxmillan.

Hall, Peter A. & Taylor, Rosemary C. R.(1996). Political science and the three new institutionalisms. *Political Studies*, 44(5): 936–957.

Hall, Peter & Gingerich, Daniel W.(2009). Varieties of Capitalism and Institutional Complementarities in the Political Economy: An Empirical Analysis. *British Journal of Political Science*, 39: 449–482.

Hall, Peter & Soskice, David(2001). *Introduction. in P. Hall and D. Soskice (eds) Varieties of capitalism: The institutional foundations of comparative advantage*. New York: Oxford University Press.

Jho, Whasun & Taeyoung Yoo(2014). Ideas, Networks, and Policy Change: Explaining Strategic Privatization in Korea. *Korea Observer*, 45(2): 179–210.

Mazzolini, Renato(1979). *Government Controlled Enterprise*. New York: Wiley.

Shpaizman, Ilana(2014). Ideas and Institutional conversion through Layering: The Case of Israeli Immigration Policy. *Public Administration*, 9(4): 1038–1053.

Thelen, Kathleen(2009). Institutional Change in Advanced Political Economies. *British Journal of Industrial Relations*, 47(3): 471–498.

제3장 공공기관의 자율성과 통제에 관한 탐색적 논의

이수영 · 원혜연(서울대학교 행정대학원)

제1절 서 론

국민 전체의 삶에 필수불가결한 공공서비스를 안정적으로 공급하기 위해 설립되어 경제성장의 중추적인 역할을 담당해 온 공공기관은 공공성과 효율성(수익성)을 동시적으로 달성하려는 목표를 추구한다고 알려져 있다. 과거의 공공기관이 공공성 위주로 운영되었다면, 20세기 후반에 제1차 외환위기를 겪으면서 우리 공공기관도 신공공관리(New Public Management) 개혁의 흐름에 전면 노출되면서 효율성을 중요한 목표의 하나로 직면하게 되었다. 즉, 성과지향, 비용절감, 경쟁도입 등과 같은 제도 및 인식변화를 통해 공공성 지향 위주에서 수익성이나 효율성을 강조하는 방향으로 전환하게 되었다. 역대 정부들이 공공기관의 효율화, 선진화, 정상화 등과 같은 슬로건을 내걸고 공공기관의 공공성과 효율성의 동시적 달성을 추진했지만, 역설적이게도 지금도 우리는 이런 공공기관 개혁에서 눈에 띄는 성과를 찾아보기는 힘들다고 지적하게 된다. 결국, 양립하기 어려워 보이는 이 두 가지 목표의 동시적 달성은 만만치 않은 과제로 보인다. 유훈(2005)은 공공기관 경영의 근본적인 문제는 공공성과 기업성 또는 자율성과 통제 간의 조화 문제라고 지적한다. 공공기관이 성공적으로 공공성과 효율성을 동시적으로 추구하기 위해서는 공공기관에 기관 운영 및 관리에 대한 적절한 자율성을 부여하고 그에 상응하는 책임성 확보 혹은 통제를 하는 것이 바람직하다고 생각되는데, 우리나라 공공기관 관련 정부정책은 공공기관의 자율성 강화보다는 책임성 혹은 통제만을 강조하는 쪽에 중점을 두고 있는 경향이 높다고 할 것이다(김지영 · 허경선, 2011).

공공기관의 자율성과 통제는 효율성과 공공성을 동시에 추구해야 할 공공기관의 운영에 있어 상호 대립적이라기보다는 상호 보완적인 요소로 이해되어야 하고, 따라서 견제와 균형의 시각에서 접근할 필요가 있을 것으로 판단된다. 이러한 공공기관에 대한 경영자율성 부여와 통제의 균형에 관한 논의는 이론적 근거와 실제 공공기관의 자율성 및 통제의 현실을 반영한 체계적인 기준의 근거를 중심으로 이루어질 때보다 적실성 있는 분석이 가능할 것이다. 지금까지 공공기관의 자율성 및 통제 수준에 대한 연구는 공공기관의 특수성을 반영한 개념 및 조작적 정의, 측정지표 등과 같은 이론적인 분석틀을 바탕으로 분석되기보다 공공기관 경영평가나 법제, 인사제도, 지배구조 등 특정 분야를 자율성이나 통제의 측면으로 보고 이루어진 경우(한인섭, 2011; 김병섭 · 박상희, 2010; 조택, 2007; 한상일, 2010)가 대부분으로 보인다. 본 연구는 공공기관의 자율성 및 통제에 관해 보다 체계적인 분석이 가능하도록 하는 이론적 기틀을 탐색하고, 우리나라 공공기관의 실제 자율성과 통제에 관련된 제도를 살펴본 후, 공공기관의 경영자율성과 통제 간의 균형을 추구하는 공공기관 정책의 필요성을 제언하고자 한다.

제 2 절 공공기관의 자율성과 통제: 이론적 탐색

공공기관의 자율성(autonomy)은 각 공공기관이 중요하다고 생각하는 문제에 대해 스스로 무엇인가를 결정할 수 있는 재량(discretion)을 의미한다(Verhoest et al., 2004: 104). 즉, 의사결정 능력의 정도에 따라 기관의 자율성 수준이 결정된다고 할 것이다. 고전적 관료제 구조에서는 외부 상급기관이나 주무부처로부터 사전적인(ex ante) 지시나 규제를 받았지만, 보다 자율적인 공공기관을 만들기 위해서는 사전 승인이나 규제 등을 축소시킴으로써 의사결정 권한을 외부 행위자로부터

기관 자체(agency itself)로 넘겨주는 조치가 필요하다고 할 것이다. 반면, 공공기관에 대한 통제(control)는 정부의 목표를 달성하기 위해서 의도적으로 공공기관의 결정이나 행태에 영향을 주려고 정부가 사용하는 수단을 의미한다(White, 1991). 이런 시각에서 본다면, 공공기관의 자율성과 통제는 동전의 양면 같은 관계를 가진다고 할 것이다.

공공기관의 자율성과 통제에 대해 이론적인 유형화 및 분석을 실시한 연구로는 베르호스트 등(Verhoest et al., 2004)의 연구를 들 수 있다. 먼저 공공기관의 자율성 개념을 정립하기 위해 이들은 세 가지 기존 연구를 원용하였다고 밝히고 있다. 첫 번째 기존 연구는 네덜란드 학자인 퀴네케(Künneke, 1991)의 자율화(autonomization)인데, 공공단체에 자율성을 부여하는 과정에 대한 정의는 법적 측면의 자율화, 조직 측면의 자율화, 그리고 관리적 · 경제적 측면의 자율화로 범주화 가능하다고 주장한다. 두 번째 선행 연구는 크리스텐슨(Christensen, 1999)의 관료적 자율성(bureaucratic autonomy) 개념인데, 이는 공공기관장이 구조적 자율성, 재정적 자율성, 법적 자율성 등을 부여받음으로써 부처 장관의 정치적인 감독으로부터 공식적으로 면제됨을 의미한다. 마지막으로 원용된 기존 연구는 길라르디(Gilardi, 2002)의 중앙은행과 규제기관에 대한 연구인데, 규제기관의 공식적인 독립성을 기관장과 위원들의 지위, 정부 및 의회와의 관계, 재정적 자율성, 조직적 자율성, 규제 능력으로 구분하고 있다.

이상과 같은 세 가지 기존의 연구들이 제시하는 중복되기도 하고 구별되기도 하는 자율성 개념을 기초로 Verhoest et al.(2004)은 크게 두 종류의 자율성 개념을 제안하는데, 하나는 기관의 의사결정 능력 정도(level of decision-making competences of the agency)로서의 자율성과 다른 하나는 기관 의사결정 능력의 실질적인 사용에 대한 제약을 제거(exemption of constraints)할 수 있는 자율성을 의미한다. 공공기관이 전자의 의사결정 자율성을 충분히 확보하였다고 하더라도 정부는 다른 수단과 방법을 통해 공공기관 의사결정 자율성에 실질적인 영향력을 행사할 가능성이 상존하므로 후자와 같은 자율성이 필요하다고 할 것이다. 각각을 보다 자세히 살펴보면, 먼저 기관의 의사결정 자율성은 관리적 자율성(managerial autonomy)과 정책 자율성(policy autonomy)으로 구분된다. 관리적 자율성은 정부 거래의 합법성(legality)과 경제성(economy)을 강화하기 위해 전통적으로 확립되어

온 중앙의 규제로부터 공공기관이 인적·물적 자원의 사용과 선택에 관한 결정권을 확보할 때 발생한다고 주장한다. 다음으로, 정책 자율성(policy autonomy)은 외부적으로 재화와 서비스를 생산하기 위한 과정과 절차에 대해, 정책을 집행하고 생산된 재화와 서비스의 양과 질을 유지하기 위해 사용되는 정책수단에 대해, 그리고 정책으로 달성하고자 하는 수혜집단과 사회적 목표 및 영향력에 대해 공공기관 스스로 결정할 능력을 가질 때 존재한다고 지적한다.

한편, 앞서 지적한대로 공공기관 스스로 의사결정 자율성을 충분히 확보하였다고 하더라도 정부는 다른 수단과 방법을 통해 공공기관의 의사결정 자율성에 실질적인 영향력을 행사할 가능성이 있으므로 공공기관의 의사결정 능력에 대한 제약을 제거할 수 있는 자율성은 공공기관 대 정부의 의사결정상의 실질적인 독립성(independence) 수준을 의미한다고 할 것이다. 여기에는 네 가지 유형의 자율성이 존재한다. 첫 번째는 구조적 자율성(structural autonomy)으로, 계서제와 책임성 계통을 통해 나타나는 정부의 영향력을 공공기관이 상쇄해 낼 수 있는 능력을 의미하는데, 공공기관장이 정부에 의해 임명되거나 정부에 책임을 지는 정도와 관련되는 개념이다. 두 번째는 재정적 자율성(financial autonomy)으로, 공공기관이 그 재원을 정부의 지원에 의존하는지 아니면 스스로의 수입에 의존하는지 정도를 의미하는 개념이다. 또한 손실에 대한 공공기관의 책임 정도도 내포하고 있다. 세 번째는 법적 자율성(legal autonomy)으로, 공공기관의 법적 지위가 정부의 의도적인 의사결정권 배분 변화를 막을 수 있고, 그런 변화를 만드는 것을 보다 어렵게 할 수 있는 정도를 의미한다. 예를 들면, 공공기관이 의회에 의해 설립된 법인격을 가진다면 정부가 의사결정권에 영향을 미치기가 상대적으로 쉽지는 않을 것이다. 마지막 유형은 개입적 자율성(interventional autonomy)으로, 공공기관이 자신의 결정 및 기준 준수 여부에 관해 정부에 대한 사후적인 보고 의무, 평가, 감사 등으로부터 자유로운 정도와 일탈 시 정부의 제재와 간섭으로부터 자유로운 정도를 의미한다. Verhoest et al.(2004)은 공공기관의 자율성 개념은 또 다른 중요한 개념인 정부에 의한 공공기관 행태에 대한 통제개념과 연결되어 있다고 지적한다.

표 3-1 자율성과 통제

기관의 자율성 차원	기관에 대한 정부의 통제 차원
자체적인 의사결정역량 보유 측면의 자율성	의사결정역량에 대한 규정 및 사전 승인절차를 통한 사전 제한으로서의 통제
관리적 자율성	- 규정을 통한 투입에 대한 사전 통제와 재정 · 인사 · 조직적 자원 관리에 관한 의사결정에 대한 사전 승인 - 라마머티(Ramamuriti)는 '통제의 양'을 내부절차가 통제되는 정도라고 봄(Mardjana, 1993). 투입통제는 금융거래의 중앙집권화와 같은 광범위한 통제에서부터 금융거래에 대해 집권적으로 규정된 절차와 같은 중간수준의 통제, 기관이 준수해야 하는 금융절차와 일반규정과 같은 낮은 수준의 통제로 구분됨(Heyman, 1988)
정책 자율성	- 절차에 대한 사전 통제, 또는 명시된 사전 규정이나 기준, ① 절차, ② 정책수단과 산출의 양과 질, ③ 목표와 효과를 고려한 표준에 의한 성과통제. 라마머티(Ramamuriti)는 성과통제를 조직이 성과에 의해 통제되는 정도를 의미하는 '통제의 질'로써 이해함
실제 의사결정에 대한 정부 제약으로부터의 방어권 측면의 자율성	기관에 위임된 의사결정역량의 실제 사용에 대한 제한으로서의 통제
구조적 자율성	- 기관장 또는 감독기관과 같은 계층적 · 책임라인을 통한 기관의 의사결정에 대한 영향력 행사로서의 통제
재정적 자율성	- 기관에 승인된 예산 수준의 증감을 통한 기관의 의사결정에 대한 영향력 행사로서의 통제
법적 자율성	- 기관의 법적 지위 변경을 통한 통제
개입적 자율성	- 외부적으로 설정된 목표나 규범에 대한 요건, 평가 및 감사규정의 보고를 통한 방법이나 제제, 또는 직접적 개입을 통해 기관의 의사결정에 대한 영향력 행사로서의 통제

자료: Verhoest et al.(2004: 109).

한편, 공공기관의 자율성과 통제에 대해 우리나라에서 이루어진 선행연구를 살펴보면 <표 3-2>와 같이 정리할 수 있다. 공공기관의 자율성과 통제라는 주제를 직접적으로 다루고 있는 연구는 생각보다 많지 않은 것으로 조사되었다.

표 3-2 공공기관 자율성과 통제에 관한 국내 선행연구

연 구		주요 내용
자율성	김도승 외 (2012)	– 주요 외국 공공기관들의 운영과 구조 등에 관한 입법례를 공공기관의 경영자율성 관련에 주목하여 분석 – 각 국가의 공기업 발달과 변천과정, 관련 법제 현황 및 제도를 제시함
	김지영·허경선 (2011)	– 공기업 경영자율성 및 통제와 관련된 법률과 제도에 대한 검토를 통해 제도적으로 규명된 경영자율성의 정도와 정부 통제의 강도를 파악 – 경영자율성이 경영성과에 미치는 영향의 실증분석 – 공공기관의 경영자율성 확대를 위한 정책적 방향으로서 경영자율성에 대한 재조명과 지수화 방안, 경영자율권 확대사업의 정책, 경영평가제도의 간소화를 제안함
통제	한상일 (2010)	– 공공기관의 책임성 유형을 관료적·정치적·관리적·시장책임성으로 구분 – 한국의 공공기관은 관료적 통제가 강한 지배구조가 전통적이지만 관리적 책임성과 시장책임성을 강조하기 위한 제도가 수용되는 변화를 거쳐온 한편, 정부조직이 개편되는 과정에서 정책부처와 소유권행사 기관의 분리원칙이 훼손됨으로 인해 시장책임성 훼손 발생
	신민철·조태준 (2013)	– 이론적 측면에서 중앙정부, 지방자치단체, 공공기관의 내부통제의 기본구조 및 특성을 제시 – 내부통제 목적: 자원보호, 법규준수, 공공책무성 수행, 효율적 업무수행 – 내부통제 적용범위: 관리·행정·회계 통제 – 내부통제 구성요소: 통제환경, 위험평가, 통제 활동, 정보 및 의사소통, 모니터링

제 3 절 공공기관의 자율성과 통제: 우리나라의 제도

우리나라 공공기관이 처한 상황은 공공성과 효율성이라는 두 마리의 토끼를 쫓는 것으로 묘사 가능한데, 현실의 공공기관 종사자들은 본인들이 처한 상황을 말뚝에 말을 묶어 놓고 앞으로 달리라고 하는 형국이라고 표현한다. 공공기관에 대한 통제는 강력하게 이루어지는 반면, 자율성은 그에 상응하게 부여하지 않으면서 성과를 강조하는 상황으로 이해할 수 있을 것이다. 공공기관은 국민세금을 기반으로 공적 목표를 달성해야 한다는 측면에서 정부 및 주무부처의 통제를 당연히 받아야 하지만, 자율성을 갖지 않으면 효율적인 경영을 기대하거나 그 결과에 대한 책임을 묻기가 어렵다(이상철, 2012). 특히, 과거에는 주무부처의 강력한 통제를 받았으나, 2007년 「공공기관의 운영에 관한 법률」이 제정된 이후에는 공공기관 운영위원회

(실질적으로는 기획재정부)의 통제를 받는 구조로 변화되었다(한상일, 2010). 이하에서는 우리나라 공공기관이 현실적으로 직면하고 있는 통제구조를 먼저 살펴보고, 자율성을 부여하기 위한 기제에 대해 알아보고자 한다.

1 공공기관 통제 기제

1) 공공기관운영위원회

공공기관운영위원회(이하 '공운위')는 「공공기관의 운영에 관한 법률」(이하 '공운법') 제8조에 근거하여 공공기관의 운영에 관한 사항을 심의 · 의결하기 위하여 기획재정부 장관 소속 하에 정부 및 민간위원으로 구성된다. 공운위가 심의 · 의결하는 사항은 <표 3-3>과 같다.

표 3-3 공공기관운영위원회의 심의 · 의결 사항

1. 공기업 · 준정부기관과 기타공공기관의 지정, 지정해제와 변경지정
2. 기관의 신설 심사
3. 공공기관의 경영공시
4. 공시의무 등의 위반에 대한 인사상 조치 등
5. 공공기관의 기능조정 등
6. 공공기관의 혁신지원 등
7. 시장형 공기업과 준시장형 공기업의 선임비상임이사 임명
8. 공기업 · 준정부기관의 임원 임명 등
9. 보수지침
10. 공기업 · 준정부기관의 임원에 대한 해임이나 해임 건의 등
11. 비상임이사 · 감사에 대한 직무수행실적 평가 등
12. 공기업 · 준정부기관의 경영실적 평가 등
13. 공기업 · 준정부기관의 경영지침
14. 공기업 · 준정부기관에 대한 감독의 적정성 여부의 점검과 개선
15. 그 밖에 공공기관의 운영과 관련하여 대통령령이 정하는 사항

공운위는 기획재정부 장관이 위원장이 되며 이를 포함한 20인 이내의 위원으로 구성된다. 위원에는 국무조정실의 차관급 공무원으로서 국무조정실장이 지명하는 공무원 1인과 대통령령이 정하는 관계 행정기관과 대통령령이 정하지 않는 주무기

관의 차관·차장 또는 이에 상당하는 공무원 등의 정부위원과 11인 이내의 민간위원으로 구성된다. 민간위원은 공공기관의 운영과 경영관리에 관하여 학식과 경험이 풍부하고 중립적인 사람으로서 법조계·경제계·언론계·학계 및 노동계 등 다양한 분야에서 기획재정부 장관의 추천으로 대통령이 위촉하게 된다. 전체 20인 이내의 위원 중에서 과반수 이상인 11인 이내의 민간위원이 위촉되도록 하는 것은 분야별 전문가가 참여할 가능성을 확보함으로써 공기업 운영에 있어 중립성과 전문성을 제고함과 동시에 이들의 추천과 임명을 기획재정부 장관과 대통령으로 규정한 것은 감독기구의 책임성 강화로 볼 수 있다(한상일, 2010).

공운위 설립의 근거가 되는 공운법이 제정되었던 2007년 당시의 위원장은 기획예산처 장관으로 규정되었으나 2008년 정부조직 개편으로 기획예산처와 재정경제부가 기획재정부로 통합되면서 위원장 역시 기획재정부 장관이 맡게 되었다. 2007년 당시 정부혁신지방분권위원회는 공운법 제정을 통해 공공기관의 소유권을 국가로 명확하게 함으로써 소유는 국가가, 경영은 공공기관이, 감독은 주무부처로 분화하는 기반으로 삼았다(정부혁신지방분권위원회, 2007). 이는 소유권과 시장규제(감독)기능의 행정상 완전한 분리를 제시한 OECD의 공기업 지배구조 가이드라인의 방향과도 맥을 같이한다. 그러나 정부조직 개편으로 인해 기획재정부 장관은 시장경제에 대한 규제기능과 소유권 행사기능, 감독기능을 동시에 갖게 되는 결과를 초래하였으며 이는 시장책임성을 훼손하는 한편 관료적 책임성, 즉 정부의 통제를 강화하는 가능성을 증대시켰다(한상일, 2010).

2) 외부감사

감사원에 의한 외부감사는 공공기관에 대한 강한 통제수단이 될 수 있으며 공운법 제52조는 감사원이 「감사원법」에 따라 공공기관의 업무와 회계에 관하여 감사를 실시할 수 있음을 밝히고 있다. 감사원은 감사의 효율성을 높이고 중복감사를 방지하기 위하여 감사원의 감사사무를 관계 행정기관의 장, 또는 자체감사로 위탁하거나 대행하게 할 수도 있으며, 이 경우 관계 행정기관의 장 등의 범위와 감사결과의 보고와 처리 등에 관하여 필요한 사항은 감사원규칙을 따르도록 한다. 공공기관은 감사원이 실시한 감사에서 지적된 사항과 처분요구사항 및 그에 대한 조치계획을 국회 소관 상임위원회에 지체없이 제출하여야 한다.

3) 경영공시

공공기관은 공운법이 규정한 바에 따라 경영목표와 예산 및 운영계획을 비롯한 주요사항을 공시하고 있다. 과거에는 경영공시를 기관별로 하도록 하였고 의무사항이 아니었으나 공운법 제정을 통해 공공기관으로 지정된 모든 기관에 대해 공운법 제11조에 열거된 사항을 의무적으로 공시하도록 하였다(조택, 2007). 또한 이러한 공시 내용은 제12조에 따라 주요사항을 표준화하고 통합하여 공시하도록 하고 있다.

표 3-4 공공기관의 경영공시 사항

1. 경영목표와 예산 및 운영계획
2. 결산서
3. 임원 및 운영인력 현황(임원의 성별, 근로자의 고용형태 현황 및 비정규직 근로자의 정규직 전환 비율을 포함한다)
4. 인건비 및 복리후생비 예산과 집행 현황(이 경우, 각종 수당 등을 항목별로 공시하여야 한다)
5. 자회사와의 거래내역 및 인력교류 현황
6. 고객만족도 조사 결과
7. 감사나 감사위원회 감사위원의 직무수행실적 평가 결과
8. 경영실적 평가 결과(공기업·준정부기관에 한한다)
9. 정관·사채원부, 지침·예규 등 내부 규정 및 이사회 회의록
10. 감사 또는 감사위원회의 감사보고서(지적사항 및 처분요구사항과 그에 대한 조치계획을 포함한다)
11. 주무기관의 장의 공공기관에 대한 감사 결과(지적사항 및 처분요구사항과 그에 대한 조치계획을 포함한다)
12. 「감사원법」 제31조(변상책임의 판정 등) 내지 제34조의2(권고 등)의 규정에 따라 변상책임 판정, 징계·시정·개선 요구 등을 받거나 「국정감사 및 조사에 관한 법률」 제16조(감사 또는 조사 결과에 대한 처리)의 규정에 따라 시정요구를 받은 경우 그 내용과 그에 대한 공공기관 등의 조치사항
13. 징계제도 관련 정보 및 징계처분 결과 등을 포함한 징계운영 현황
14. 소송 현황, 법률자문 현황, 소송대리인 및 고문변호사 현황
15. 그 밖에 공공기관의 경영에 관한 중요한 사항으로서 기획재정부 장관이 운영위원회의 심의·의결을 거쳐 공시하도록 요청한 사항

한편, 공운법은 국민에게 직접 서비스를 제공하는 공공기관은 고객헌장과 고객만족도 조사 결과를 공개하도록 하고 있다(제13조). 고객헌장에는 공공기관으로서의 기본 임무와 제공하는 서비스의 내용 및 바람직한 서비스 수준, 서비스에 대한

불만처리, 시정 절차 및 배상 등의 책임과 서비스 향상을 위한 노력 및 계획 등이 포함된다. 고객만족도 조사는 국민을 대상으로 연 1회 이상 실시해야 하며 결과를 종합하여 공표하도록 한다. 또한 경영공시 사항과 고객헌장, 고객만족도와 같은 내용은 공공기관 경영정보 시스템인 알리오(www.alio.go.kr)에 공개하도록 하여 일반 국민들이 공공기관의 주요사항을 손쉽게 파악할 수 있도록 함으로써 공공기관 경영의 투명성을 확보하고자 하였다.

4) 경영평가

(1) 경영평가제도

공공기관은 서비스를 생산·공급하여 수익을 추구하는 기업성을 가지면서도 그 소유권은 국가에 귀속되어 감독과 통제를 받는다. 민간기업과는 태생부터 다른 특수성 때문에 방만경영과 같은 문제는 고질적으로 제기되어 왔으며 이를 통제하기 위한 일련의 노력들이 지속되어 왔으나, 결국 공공기관에 대한 통제에 있어 가장 핵심은 경영실적에 대한 평가라 할 수 있다. 우리나라 공공기관의 경영평가는 1968년 최초로 도입되어 주무부장관이 산하 정부투자기관에 대해 경영목표를 전달하고 그에 따른 실적을 평가하는 형태였다. 1973년에는 「정부투자기관관리법」이 제정되면서 실적에 따른 인센티브제도를 도입하는 등의 제도적 개선이 이루어졌으나 실효성 있는 평가제도가 운영되지는 못하였다. 공공기관에 대한 본격적이고도 체계적인 경영평가는 1984년 「정부투자기관관리기본법」이 제정된 이후, 한국전력공사, 한국도로공사 등 24개 정부투자기관을 대상으로 실시한 것에서부터 출발한다. 이후 2004년 「정부산하기관관리기본법」이 제정됨으로써 그동안 체계적인 관리가 부족했던 국민건강보험공단, 국민연금공단 등 88개 정부산하기관에 대한 경영평가가 이루어지기 시작했다. 정부투자기관과 정부산하기관으로 분리되어 실시하였던 경영평가는 2007년 「공공기관의 운영에 관한 법률」이 제정되면서 공기업·준정부기관 경영실적 평가로 통합되었다. 공공기관 경영평가 관련 법체계의 변화에 따른 특징은 <표 3-5>와 같다.

한편, 공공기관의 유형을 중심으로 경영평가제도의 변화를 살펴보기에는 장지인 외(2013)의 분석틀을 중심으로 살펴보는 것이 유용하다. 먼저, 1기는 정부투자기관 경영평가제도가 1984년 제도화된 이후 1998년 이전까지 정부투자기관 경영평가

표 3-5 경영평가 관련 법체계의 변천

관련법	특 징
「정부투자기관 관리법」(1973)	– 심사분석 등의 방법으로 경영평가를 하도록 규정 – 1984년 「정부투자기관관리기본법」 제정으로 폐지
「정부투자기관관리 기본법」(1984)	– 기존 「정부투자기관예산회계법」과 「정부투자기관관리법」을 폐지하고, 이를 대체하는 법으로 제정 – 정부투자기관에 대한 체계적 관리의 시작을 알리는 법 – 현행 경영평가체계의 근간을 마련 – 정부투자기관만을 대상으로 하였다는 한계가 존재
「공공기관의 운영에 관한 법률」(2007)	– 「정부투자기관관리기본법」과 「정부산하기관관리기본법」 폐지를 대체 – 기존의 정부투자기관 및 정부산하기관에 속하는 공공기관 전반을 포괄 – OECD의 공공기관 지배구조 가이드라인 등 국제기구의 논의를 상당부분 반영 – 공공기관 전반을 아우르는 평가체계를 정비함으로써 현행 공공기관 경영평가의 근거법

자료: 윤태범 외(2010) 재구성.

제도로 유지되어 오다가 1998년 이후부터 공기업과 준정부기관, 산하기관 등 기관 중심의 평가로 분화되기 시작했다. 2기는 1999년에 정부투자기관 사장경영계약제도가 도입되었으며, 2000년부터 2007년까지 정부투자기관만을 대상으로 실시하였던 경영계약이행실적평가제도(기관장 평가)가 준정부기관장까지로 확대되는 한편, 공운법 제정을 통해 공기업・준정부기관을 포함하는 공공기관 경영평가제도로 개편되는 시기를 3기로 볼 수 있다. 이후 2010년부터 경영자율권 확대사업(2013년 폐지)과 2014년 공공기관 기관장 경영성과협약제도와 같이 공기업의 자율성과 책임성을 제고하기 위한 제도적 개편이 시도되었다.

공운법 제46조 이하에서 규정하고 있는 경영평가과정은 경영목표의 설정, 경영실적 보고, 경영실적 평가의 단계로 구분할 수 있으며 구체적인 내용은 다음과 같다. 먼저, 기관장은 10월 31일까지 다음 연도를 포함한 5회계연도 이상의 중・장기 경영목표를 기획재정부 장관과 주무기관의 장에게 제출해야 하며 경영목표 변경 시 지체없이 이를 보고해야 한다. 기획재정부 장관은 공기업 장에게, 주무기관의 장은 준정부기관 장에게 경영목표 변경을 요구할 수 있다. 기관장은 다음 연도 3월 20일까지 당해 연도에 작성한 경영실적보고서, 계약의 이행에 관한 보고서 및 결산서・재무제표와 그 부속서류를 기획재정부 장관, 주무기관의 장에게 제출한다. 경영실적에 대한 평가는 보고된 자료를 토대로 6월 20일까지 평가하며 일부 기관은 「국가재정법」 및 「과학기술기본법」에 따라 평가하고 이를 활용한다. 기획재정부 장관이 평가방법 및 기준을 결정(경영평가편람작성)하고, 평가 결과는 공공기관운영위원회에 상정, 국회와 대통령에게 보고하도록 한다. 경영실적 자료 미제출・허위작성에 대하여 경영실적 평가 결과 및 성과급 수정, 해당 기관에 대하여 주의・경고 등의 조치를 취할 수 있으며 주무기관의 장 또는 기관장에게 관련자에 대한 인사상의 조치를 요청할 수 있다. 기획재정부 장관은 실적이 부진한 기관에 대하여 공운위의 심의・의결을 거쳐 기관장・상임이사의 임명권자에게 그 해임을 건의하거나 요구할 수 있다. 또한 경영실적 평가 결과, 인건비 과다편성 및 경영지침 위반으로 인한 경영부실을 초래한 기관에 대하여 공운위의 심의・의결을 거쳐 향후 경영책임성 확보 및 경영개선을 위해 필요한 인사상 또는 예산상의 조치를 취하도록 요청할 수 있다.

(2) 경영성과협약

경영성과협약은 공운법 제31조, 제48조에 근거하여 기관장의 중・장기적 책임경영과 성과중심 경영을 강화하기 위해 기관장의 경영성과협약에 대한 이행노력과 실제 성과를 평가하는 제도이다(기획재정부, 2016). 공공기관 기관장 경영성과협약제는 단년도 성과를 평가하던 '경영계약제'의 문제점을 개선하기 위하여 중・장기적 관점에서 기관장 임기 중 1회 평가하도록 2014년에 도입되었다. 본 제도의 평가대상이 되는 기관장은 공운법에 따라 임명 후 3개월 내에 기획재정부가 정한 '기관장 경영성과계획서 작성지침'에 따라 주무부처 장관과 경영성과협약서를 3년 단위로 상호 체결한다. 경영성과계획서는 기관장의 3년 단위 성과목표와 성과목표 달성을 위한 연간 실행계획 등으로 구성되며 기획재정부 장관 또는 경영평가단장은 공공기관장이 제출한 실적보고서 및 관련 자료를 토대로 이행실적을 평가하고, 필요한 경우 기관장 인터뷰 등을 할 수 있다(기획재정부, 2016). 경영성과협약 이행실적 평가지표는 크게 공통과제와 성과과제의 범주로 구성되며 각 범주별 주요 평가내용은 <표 3-6>과 같다.

평가대상기관 가운데 부채 중점관리 기관 및 방만경영 중점관리 대상기관은 그 밖의 기타공공기관과는 구별되도록 성과과제 범주 내의 지표에 대한 가중치 조정

표 3-6 경영성과협약 이행실적 평가지표

평가범주	주요 평가내용
공통과제	– 리더십 – 책임경영
성과과제	– 재무예산관리 및 성과 – 보수 및 복리후생 관리 – 중・장기 전략과제(중・장기 전략과제는 계획・활동・성과를 종합하여 평가)

자료: 기획재정부(2016).

을 받게 된다. 각 지표 평가점수는 가중치를 반영하여 종합 평가 결과를 산출하며, 절대평가 체계로 3등급으로 구분한다. 이러한 평가는 부채 수준과 방만경영에 대한 책임을 기관장의 성과협약 평가에 반영하여 보다 엄격하게 측정함으로써 공공기관 운영에 대한 기관장의 책임성을 강조하는 것으로 볼 수 있다. 그러나 평가결과는 기관장 연임 여부 결정 등 인사 참고자료로만 활용하며 기관장의 경영평가 성과급은 기관평가 결과에 따라 지급함으로써 기관장의 성과협약 이행실적이 기관장에 대한 보상에 직접적으로 반영되지 못한다는 한계가 존재한다.

5) 권익위원회 청렴도 측정

국민권익위원회는 「부패방지 및 국민권익위원회의 설치와 운영에 관한 법률」을 근거로 중앙행정기관 및 지방자치단체, 교육청, 공직유관단체의 청렴도를 매년 측정하고 있다. 공공기관 청렴도 측정은 공공서비스 유경험자에 대한 설문조사와 부패발생 현황자료를 기초로 각 기관의 청렴수준과 부패에 취약한 분야를 객관적으로 진단함으로써 각 기관의 자율적인 개선노력을 유도하기 위해 도입되었다(국민권익위원회, 2016).

청렴도 측정은 기존의 부패진단체계가 불특정 다수인을 대상으로 부패수준에 관한 인식을 조사하던 방식이 객관성이 떨어질 뿐만 아니라 개별 기관의 정확한 부패수준을 측정하지 못한다는 한계를 보완하기 위해 1999년 '반부패특별위원회'가 '청렴도 측정'을 개발한 것에서 시작되었다. 청렴도 측정은 공공기관의 대민・대기관 업무별로 부패수준을 측정하는 한편, 공공기관의 업무를 직접 경험한 민원인과 공직자, 정책고객을 대상으로 한다는 점에서 측정의 구체성과 객관성을 제고하였

<table>
<caption>표 3-7 청렴도 측정 모형 발전과정</caption>
<tr><th>연 도</th><th>측정 모형</th><th>측정 기관</th></tr>
<tr><td>2002년</td><td rowspan="6">• 대민 · 대기관 청렴도(외부청렴도): 체감청렴도 + 잠재청렴도
– 체감청렴도: 부패경험(제공빈도와 규모) 및 인식
– 잠재청렴도: 업무환경, 행정제도, 부패통제</td><td>71개</td></tr>
<tr><td>2003년</td><td>77개</td></tr>
<tr><td>2004년</td><td>313개</td></tr>
<tr><td>2005년</td><td>325개</td></tr>
<tr><td>2006년</td><td>304개</td></tr>
<tr><td>2007년</td><td>333개</td></tr>
<tr><td colspan="3">모형 개편</td></tr>
<tr><td>2008년</td><td rowspan="3">• 종합청렴도: 외부청렴도 + 내부청렴도
– 외부청렴도: 부패지수, 투명성지수, 책임성지수
– 내부청렴도: 청렴문화지수, 업무청렴지수(인사 · 예산 · 업무지시)</td><td>381개</td></tr>
<tr><td>2009년</td><td>478개</td></tr>
<tr><td>2010년</td><td>711개</td></tr>
<tr><td>2011년</td><td>• 부패사건 발생현황 감점 일부 도입
• 정책고객평가 시범 도입</td><td>684개</td></tr>
<tr><td colspan="3">모형 개편</td></tr>
<tr><td>2012년</td><td rowspan="4">• 종합청렴도: 외부청렴도 + 내부청렴도 + 정책고객 + 감점
– 외부청렴도: 부패지수, 부패위험지수
– 내부청렴도: 청렴문화지수, 업무청렴지수(인사 · 예산 · 업무지시)
– 정책고객평가: 부패인식지수, 부패통제지수, 부패경험지수
– 감점: 부패사건 발생현황, 신뢰도 저해행위</td><td>662개</td></tr>
<tr><td>2013년</td><td>699개</td></tr>
<tr><td>2014년</td><td>721개</td></tr>
<tr><td>2015년</td><td>760개</td></tr>
</table>

자료: 국민권익위원회(2016). 『2016년도 청렴도 측정 워크숍 자료』.

다. 또한 조사 내용에 있어서도 부패수준에 대한 인식과 부패경험을 함께 측정함으로써 보다 실제적인 부패수준을 확인할 수 있도록 하였다. 1999년 청렴도 측정 제도 도입 이후 측정 모형 발전과정은 <표 3-7>과 같다.

공공기관은 측정대상기관 중 공직유관단체에 속하며 기관규모(정원)와 업무 특성 등에 따라 Ⅰ~Ⅴ유형에 속하여 평가받게 된다.[1] 청렴도 측정은 외부청렴도와 내부청렴도, 정책고객평가를 가중합산한 설문조사 결과에 부패사건 발생현황 및 신뢰도 저해행위에 대한 감점을 적용하여 산출한다. 정책고객평가는 중앙행정기관과 광역자치단체, 교육청, 공직유관단체 Ⅰ, Ⅱ유형에 한해 적용된다. 공직유관단체

1) 공직유관단체 유형: Ⅰ유형(2,300명 이상), Ⅱ유형(1,000명 이상 2,300명 미만), Ⅲ유형(300명 이상 1,000명 미만), Ⅳ유형(150명 이상 300명 미만), Ⅴ유형(150명 미만), 정원을 우선 고려하되, 동일 업무 수행기관은 동일 유형으로 분류하고 있다[자료: 국민권익위원회(2016)].

Ⅰ, Ⅱ유형은 외부청렴도(0.622), 내부청렴도(0.224), 정책고객평가(0.154)를 가중합산하게 되고, 정책고객평가를 실시하지 않는 공직유관단체 Ⅲ~Ⅴ유형은 외부청렴도(0.763), 내부청렴도(0.237)를 가중합산하여 측정한다.

그림 3-1 종합청렴도 모형

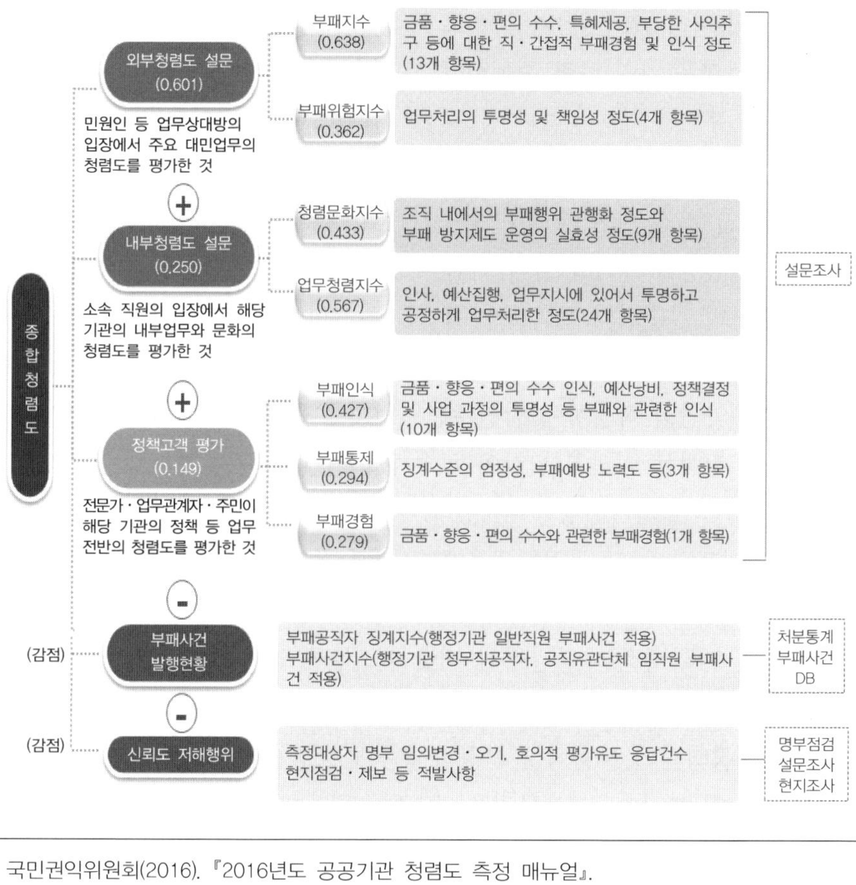

자료: 국민권익위원회(2016). 『2016년도 공공기관 청렴도 측정 매뉴얼』.

2 공공기관 자율성 기제

1) 기관장의 자율성

공공공기관의 장은 「공공기관의 운영에 관한 법률」(이하 '공운법') 제정 이전에는 각 기관의 주무장관이 임명하였으나, 공운법 제정 이후 제29조의 규정에 따라 임원추천위원회(이하 '임추위')가 복수로 추천하여 공공기관운영위원회(이하 '공운위')의 심의 · 의결을 거친 사람 중에서 주무기관의 장의 제청으로 대통령이 임명한다. 다만, 기관 규모가 대통령령이 정하는 기준 이하인 공공기관(총수입액이 1천억원 미만이거나 직원 정원이 500명 미만)의 장은 임추위가 복수로 추천하여 공운위의 심의 · 의결을 거친 사람 중에서 주무기관의 장이 임명한다. 기관장의 임기는 3년으로 하고 경영평가 결과에 따라 연임 여부를 결정하며, 연임되는 경우에는 계약을 다시 체결하되 임추위의 협의를 거치지는 않는다. 기관장의 임명과 관련하여 이사회는 기관장이 임기 중 달성하여야 할 구체적 경영목표와 성과급 등에 관한 사항이 포함된 계약안을 작성하여 임원추천위원회에 통보하여야 한다. 이 경우, 기관장은 계약안을 정하는 이사회에 참여할 수 없으며 임추위는 기관장 후보자와 계약내용과 조건 등을 협의 · 변경할 수 있다.

공운법은 기관장이 그 공공기관을 대표함과 동시에 준수해야 할 각종 책무를 명시하고 있다. 운영의 측면에서는 예산회계 및 운영계획, 경영목표를 설정하고 이를 주무기관과 기획재정부 장관에게 제출하도록 하고 있으며 결과의 측면에서는 경영평가와 감독 사항에 대한 책임을 규정하고 있다. 공운법은 주무부처의 부당한 간섭으로부터 경영진의 자율성을 보장하고 책임경영체제를 확립하기 위해 공공기관의 자율적 운영 보장에 관한 규정을 제3조에 명시하는 한편, 공기업에 대한 정부감독의 내용과 범위를 기존의 포괄적 규정에서 열거식 · 제한적 규정으로 대체(공운법 제51조)함으로써 공기업에 대한 정부감독의 내용과 범위를 보다 명확히 설정하고 있다(조택, 2007).

2) 임원추천위원회

공공기관의 장을 비롯한 이사, 감사와 같은 임원들을 임명하는 문제는 공공기관 경영에서 중요한 이슈라 할 수 있다. 특히, 공공기관 임원의 임명에 있어 낙하산 인사나 정치적 임용과 같이 고질적으로 지적되어 온 문제는 공공기관의 경쟁력뿐만 아니라 투명성과 신뢰성, 수용성을 저하시킨다는 점에서 개선의 중요성이 강조되어 왔다. 공공기관 임원임명은 과거 임명제를 통해 이루어졌으나 1999년 「정부투자기관관리기본법」의 개정은 기관장 공모제라는 변화를 시도하였다. 2004년에는 「정부산하기관관리기본법」이 도입됨으로써 정부산하기관도 공모제를 통해 기관장을 임명하도록 하였다. 이후 2007년 「공공기관의 운영에 관한 법률」에서 기존의 두 가지 법을 대체하는 한편, 공모제의 대상 직위를 기관장과 비상임이사, 상임감사까지로 확대하고 임원추천위원회(이하 '임추위')가 이러한 과정의 주체가 되도록 하였다. 공공기관 임추위는 공석 또는 공석 예정인 공공기관의 임원직책에 대하여 공공기관이 직접 임원후보의 모집과 자격심사를 통해 공공기관에 적합한 임원후보를 추천하는 제도이다. 임추위 도입은 공공기관 임원후보 선정에 대한 절차를 공식적으로 수립하고, 임원선정 과정을 투명하게 함으로써 공공기관 임원인사에 대한 독립성과 객관성을 보장하고자 하는 데에 그 목적이 있다(허경선, 2013).

표 3-8 임원추천 절차 변화

법체계	제 도	대상직위	적용기관
「정부투자기관관리기본법」(1999)	사장추천위원회	기관장	정투법 대상 13개 민영화법 대상 3개 기관
「정부산하기관관리기본법」(2004)	기관장추천위원회	기관장	정산법 대상 88개 기관
「공공기관의 운영에 관한 법률」(2007)	임원추천위원회	기관장 비상임이사 상임감사	공공기관 (공기업 + 준정부기관)

자료: 허경선(2013).

공운법은 제29조에서 공기업·준정부기관의 임원후보자를 추천하고, 기관장 후보자와의 계약안에 관한 사항의 협의 등을 수행하기 위하여 공기업·준정부기관에 임추위를 둘 것을 규정하고 있다. 임추위는 그 공기업·준정부기관의 비상임이사와 이사회가 선임한 위원으로 구성되나 해당 기관의 임직원이나 공무원은 위원이 될 수 없다. 다만, 그 공기업·준정부기관의 비상임이사, 「교육공무원법」에 따른 교원과 그 준정부기관의 주무기관 소속 공무원은 예외로 한다. 이사회가 선임하는 위원의 정수는 임추위 위원 정수의 2분의 1 미만으로 하며, 임추위 구성 당시 비상임이사가 1명인 경우에는 이사회가 선임하는 위원의 정수를 2분의 1로 할 수 있도록 하고 있다. 임추위의 위원장은 임추위의 위원인 공기업·준정부기관의 비상임이사 중에서 임추위 위원의 호선으로 선출하되, 임추위 구성 당시 비상임이사가 없는 공기업·준정부기관은 이사회가 선임한 외부위원으로 임추위를 구성하며, 위원장은 외부위원 중 호선으로 선출한다.

임추위는 공공기관의 비상임이사와 이사회가 선임한 외부위원으로 구성되는데, 비상임이사의 영향력이 실질적으로는 더 크다 할 수 있다. 공운법상 외부위원은 임원추천 위원 정수의 2분의 1 미만으로 규정되어 있어 비상임이사가 위원회의 과반수 이상을 차지할 뿐만 아니라 외부위원을 선임하는 이사회의 과반수 이상이 비상임이사로 운영되기 때문이다. 이러한 비상임이사의 영향력은 임추위의 실효성에 의문을 제기하게 되는 원인이기도 하다. 임추위의 도입에 있어 중요한 목적은 임원인사에 대한 객관적인 검증인데, 이는 임추위의 독립성과 객관성이 전제되어야만 하며 외부위원을 의무적으로 포함하도록 한 것이 제도적 장치라 할 수 있다. 그러나 비상임이사의 막강한 결정권과 외부위원에 대한 영향력은 결국 정치적 임용의 영향력으로부터 독립성을 저해하는 요소라 할 수 있으며, 허경선(2013)에 따르면 실제 임추위에 대한 공공기관 종사자들도 임추위의 독립성을 가장 중요하고도 개선이 필요한 이슈로 지적한 것으로 나타났다.

3) 이사회

이사회는 공공기관의 경영목표와 전략을 비롯한 운영에 관한 전반적인 사항들을 심의·의결하는 기구이다. 공공기관 경영에 관한 주요 결정은 공운법이 제정되기 이전에는 주무부처에 의해 이루어졌으나 공운법 제정 이후 이사회가 설치됨에 따라 이사회가 최고 의사결정기구가 되었다. 이러한 변화는 공공기관의 자율·책임경영의 일환으로 볼 수 있으며 경영에 관한 의사결정권을 공공기관 내부에서 갖는다는 점에서 자율성 제고의 측면으로 볼 수 있다.

표 3-9	이사회의 심의 · 의결사항

1. 경영목표, 예산, 운영계획 및 중 · 장기재무관리계획
2. 예비비의 사용과 예산의 이월
3. 결산
4. 기본재산의 취득과 처분
5. 장기차입금의 차입 및 사채의 발행과 그 상환 계획
6. 생산 제품과 서비스의 판매가격
7. 잉여금의 처분
8. 다른 기업체 등에 대한 출자 · 출연
9. 다른 기업체 등에 대한 채무보증. 다만, 다른 법률에 따라 보증업무를 수행하는 공기업 · 준정부기관의 경우 그 사업 수행을 위한 채무보증은 제외한다.
10. 정관의 변경
11. 내규의 제정과 변경
12. 임원의 보수
13. 공기업 · 준정부기관의 장(이하 "기관장"이라 한다)이 필요하다고 인정하여 이사회의 심의 · 의결을 요청하는 사항
14. 그 밖에 이사회가 특히 필요하다고 인정하는 사항

공운법 제18조에 따르면, 이사회는 일시적으로 15인을 초과하는 예외적인 경우를 제외하고는 기관장을 포함한 15인 이내의 이사로 구성된다. 이사회의 의장은 시장형 공기업과 자산규모 2조 원 이상의 준시장형 공기업은 선임비상임이사가, 자산규모 2조 원 미만의 준시장형 공기업은 기관장이 되도록 한다. 시장형 공기업과 자산규모 2조 원 이상의 준시장형 공기업의 이사회 의장을 선임비상임이사가 맡는다는 점에서 기관장과 이사회 의장의 분리를 통해 투명성과 효율성을 높인다고 볼 수 있다(김지영 · 허경선, 2011). 또한 상임이사는 공공기관의 기관장이 임명하도록 하여 기관의 인사자율권을 제고하고자 하였다(허경선, 2013). 한편, 이사회는 정부로부터의 통제를 완화함과 동시에 자체적인 견제와 균형의 장치를 위해 존재한다고 볼 수 있다. 그러나 과거에는 상임이사 중심으로 이사회가 운영됨으로 인해 경영진에 대한 견제가 이루어지지 않는다는 문제가 있었으며, 공운법이 도입됨으로써 비상임이사의 역할을 강화하는 제도적 개편이 이루어졌다. 비상임이사는 이사회의 안건을 심의 · 의결하는 권한을 갖게 되는 한편, 감사 및 감사위원회에 대한 감사요청권과 기관장에 대한 자료요청권을 갖게 되어(제22조) 내부 견제의 역할을 맡는다고 볼 수 있다. 선임비상임이사는 비상임이사 중에서 호선(互選)으로 하는

것이 원칙이나 시장형 공기업과 자산규모 2조 원 이상 준시장형 공기업의 선임비상임이사는 비상임이사 중에서 기획재정부 장관이 운영위원회의 심의·의결을 거쳐 임명한다.

4) 내부감사

공공기관의 감사는 이사회의 의사결정체계 및 경영진의 집행체계와 함께 3대 핵심관리체계라 할 수 있다(이상철, 2012). 즉, 감사는 공공기관의 경영에 대한 자체적인 감독장치로써 공운법은 공공기관 감사의 전문성 제고 및 경영진 견제 기능을 강화하기 위하여 감사 또는 감사위원회를 반드시 설치하도록 규정하고 있다. 감사는 동법에 의해 그 지위가 보장되는 한편 기관장, 이사 및 임원진 모두 감사대상에 포함된다. 2007년 공운법 제정 당시 시장형 공기업에 대한 감사위원회 설치를 의무화한 규정은 2009년에 그 대상을 자산 2조 원 이상의 준시장형 공기업으로 확대하였다. 그러나 감사에 관한 구체적인 근거·관계법의 부재로 인해 기존의 자체감사기구는 감사의 독립성·전문성이 부족하여 내부통제 기능을 제대로 수행하지 못하였다. 또한 감사원과 자체감사기구 사이에 특정한 역할분담이나 협력체계가 없어 중복감사, 감사사각과 같은 문제가 발생하는 등의 한계가 지적됨에 따라 2010년 「공공감사에 관한 법률」(이하 '공감법')이 제정되었다. 공감법은 자체감사기구의 설치 및 운영과 공공감사활동에 대한 법적근거를 마련하고, 감사절차의 표준화·체계화를 통해 감사원과 자체감사기구 사이의 역할분담과 협력체계를 마련함으로써 감사의 효율성을 증진시키는 것을 목적으로 한다. 공감법의 적용대상은 626개의 중앙행정기관과 지방자치단체, 공공기관으로, 이 중 공공기관은 공운법에 따라 지정된 기관 228개와 「공공감사법 시행령」(제3조)에 따른 기관 94개를 포함하여 322개 기관이 그 대상이다.

공감법 제정에서 주목할 만한 변화 중 하나는 기존에 내부에서 선임하던 감사책임자를 개방형 직위로 임용하도록 하는 것이다. 이는 자체감사기구의 장을 외부민간인에 개방함으로써 자체감사의 한계로 지적되어 온 감사의 독립성과 전문성을 확보하려는 시도로 볼 수 있다. 한편, 공감법은 감사원으로 하여금 감사정보시스템을 구축·운영하도록 하고 있으며 감사기구의 장은 감사계획, 감사결과, 이행결과 등의 감사활동정보를 감사정보시스템에 입력·관리하도록 하고 있다. 자체감사활동을 감사정보시스템을 통해 공개하도록 하는 것은 공공기관 경영의 투명성과 함께 감사의 실효성을 증진시키기 위한 제도적 개선이라 할 수 있다. 공공기관의 자체감사활동은 감사원의 지원을 받는 동시에 심사대상이기도 하다. 공감법은 감사원이 공공기관의 자체감사활동을 지원하도록 명시함과 함께 이에 대한 심사 역시 규정하고 있으며, 감사원규칙(「자체감사활동의 심사에 관한 규칙」)을 통해 구체화하고 있다. 감사원은 공감법 적용 대상기관 전체를 대상으로 자체감사기구의 운영실태, 감사기준 및 감사활동수칙의 준수 여부, 자체감사활동, 감사결과 및 그 처리 등을 심사할 수 있다. 자체감사활동 심사는 공공기관의 규모와 특성을 고려하여 실지감사 대상그룹(그룹Ⅰ), 서면심사 대상그룹(그룹Ⅱ), 기본심사 대상그룹(Ⅲ)으로 구분하여 실시한다.2) 감사원은 매년 심사대상기관과 심사지표 등이 포함된 심사계획을 수립하여 통지하고 서면심사와 현지실사를 병행하여 실시하는데, 현지실사단에는 자체감사기구의 직원과 외부전문가를 참여시킬 수 있다. 심사결과는 자체감사활동심사위원회에서 심의한 후 감사원 감사위원회의 의결로 확정되며, 이를 국회에 보고한다. 자체감사활동 심사결과, 우수기관 및 직원에 대하여는 감사원장 표창 및 부상을 수여하거나 감사생략 등의 인센티브가 주어지며, 부진기관에 대해서는 자체감사활동 전반에 대한 감사를 실시하거나 감사기구 장의 교체권고 등을 조치할 수 있다. 한편, 공감법에 의한 감사원의 심사와는 별개로 기획재정부는 공운법을 근거로 하여 공공기관의 감사와 감사위원회의 감사위원의 직무수행 실적을 평가한다. 기획재정부는 직무수행실적 평가 결과, 그 실적이 저조한 감사, 감사위원에 대하여 운영위원회의 심의·의결을 거쳐 해임하거나 그 임명권자에게 해임을 건의할 수 있다.

제 4 절 정책적 시사점: 자율성과 통제의 균형

이상에서 살펴본 공공기관의 통제 및 자율성 기제에 대한 탐색적 논의는 우리나라 공공기관에 대한 시각이 기관의 자율경영보다 법적·제도적 장치를 기반으로

2) http://www.pasa.go.kr/(검색일: 2018.1.8)

한 통제에 무게중심을 두고 있는 것임을 확인하게 한다. 각 통제 기제와 그 변화상은 사전적 통제보다 경영 결과에 대한 평가, 즉 사후적 통제 위주로 이루어진다는 점에서 일견 바람직해 보인다. 그러나 이러한 사후적 통제 기제의 공공기관에 대한 영향력이 막강할 뿐만 아니라 직접적인 통제 이전에 이미 공공기관은 「공공기관의 운영에 관한 법률」을 비롯한 각종 지침[3]을 따를 것을 요구받는다는 점에서 공공기관 경영의 전반에 대한 광범위한 통제[4]가 이루어지고 있다고 볼 수 있다. 물론, 공공기관은 민간기업과는 달리 공공성과 민주성의 확보가 요구된다는 점에서 그 책임성이 강조될 필요가 있음은 분명하다. 그러나 우리나라 공공기관의 책임성은 서비스를 생산·제공하는 측면이나 경영책임성보다 정부에 대한 관료적 책임성이 강조되고 있는 것으로 보인다. 한상일(2010) 역시 한국의 공공기관이 관리적 책임성과 시장책임성을 강화하기 위한 제도가 수용되는 변화를 거쳐 왔으나 여전히 관료적 통제가 강한 편이고, 정부조직이 개편되는 과정에서 정책부처와 소유권행사 기관의 분리 원칙이 깨짐으로 인해 시장책임성이 훼손되는 경우도 있었음을 지적하며 공공기관의 다양성과 책임성의 균형을 바로잡기 위한 노력이 필요함을 제기한 바 있다.

공공기관에 대한 통제가 사전적·사후적 측면에서 여러 법적·제도적 개선을 통해 보완되어온 것에 비해 자율성을 확보하기 위한 노력은 상대적으로 부족한 것으로 보인다. 임원추천위원회의 도입과 이사회의 권한 강화 등 공공기관 인사의 자율성과 전문성을 제고하기 위한 노력과 「공공감사에 관한 법률」을 통해 자체감사의 표준화된 체계를 마련함으로써 감사의 독립성과 전문성을 확보하는 발전이 있었다는 점은 긍정적이다. 그러나 이러한 제도적 개선과정에서 공공기관의 책임성 확보를 위한 정부의 개입 여지를 마련한 점 역시 주목할 필요가 있다. 이는 공공기

3) 공공기관이 조직·인사·예산 운영 사항에 있어 준수해야 할 지침은 다음과 같다. 공기업·준정부기관 경영 및 혁신에 관한 지침, 기타공공기관의 혁신에 관한 지침, 공기업·준정부기관 예산편성지침, 공기업·준정부기관 예산집행지침, 공공기관 기관장 및 감사 보수체계 개편, 기관장 경영계획서 작성지침, 기관장 경영계획서 이행실적 평가지침, 공기업·준정부기관의 인사운영에 관한 지침, 공공기관의 통합공시에 관한 기준, 공기업·준정부기관 감사기준이 존재한다.

4) 공기업의 설립목적 및 목표 부여, 장기적인 종합경영계획과 전략 승인, 투자결정 등 주요 재무사항 승인, 가격결정 사항, 최고경영진의 임면, 정부정책과 관련한 대행사업의 수행, 공기업 정보의 정기적인 보고 사항, 공기업의 효율적 경영을 위한 경영평가, 공기업의 경영 공정성을 확보하기 위한 감사 등은 공공기관에 대한 일반적인 정부 통제라 볼 수 있다[자료: 김지영·허경선(2011)].

관의 특성이나 시장에 대한 책임성을 고려한 자율성 확대라기보다 공공기관에 대한 정부 통제의 근거와 제도적 장치를 보다 촘촘하게 마련한 것이라고 할 수 있기 때문이다. 실질적인 자율성의 부여가 아닌 통제를 전제로 한 제도적 수정이 과연 경영자율성이나 효율성의 제고로 이어질 것인가에 대한 회의적인 의문이 제기될 만한 부분이다. 임태범(2015) 또한 이와 유사한 맥락에서 공공기관에 대한 자율성의 행사 정도와 책임성 부과의 정도가 비례해야 함에도 불구하고 현재는 전혀 그렇지 못함을 지적하고 있다. 이와 더불어, 경영자율권 확대사업과 같이 자율성을 제고하고자 하는 시도가 있었음에도 불구하고 지속되지 못한 사례도 발견된다. 경영자율권 확대사업은 2010년부터 공공기관장에게 포괄적인 자율권을 부여하고 권한에 상응하는 책임을 요구하는 것을 기본틀로 하여 4개 우수경영기관을 대상으로 시범 실시되었다. 이는 기존의 투입중심 성과관리에서 탈피하고 공공기관에 자율과 책임의 범위를 동시에 확대하여 경영효율성을 높이기 위한 시도라 할 수 있다. 시범 사업 결과 2011년과 2012년의 확대사업 대상기관들은 종전보다 도전적인 목표를 설정했음에도 각 연도에 달성하고자 하는 단계별 목표치를 정상적으로 달성하였다는 점에서 긍정적인 평가를 받았다(유재민, 2013). 그러나 2013년부터 폐지됨에 따라 자율성 확대를 위한 제도적 시도가 지속되지 못한 한계가 존재한다.

이상의 논의를 통해 우리나라 공공기관은 지속적인 법·제도적 개선을 통해 자율성과 책임성을 확보하기 위한 노력이 지속되어 온 것을 확인할 수 있다. 그러나 여전히 공공기관에 관한 접근은 제한적인 자율과 밀도 높은 통제 강조로 기울어져 있는 것이 현실로 보인다. 예를 들면, 우리 공공기관은 기관장의 조직, 인사, 예산에 대한 자율성을 실질적으로 보장하는 것이 부족한데 비해, 영국 공기업의 경우, 투자정책 혹은 사업계획에 대한 정부 규제는 이루어지고 있지만, 인력이나 조직 같은 투입부문의 규제는 거의 이루어지지 않는 방향으로 경영진의 자율성을 보장한다고 한다(김도승 외, 2012). 공공기관의 자율성과 통제에 관한 근본적인 문제는 현재와 같은 통제 중심의 접근방식이 과연 공공기관의 공공성과 책임성의 확보로 이어질 것인가에 대한 의문을 제기하는 것이 필요하다. 추상적이거나 과도한 수준의 책임성 요구보다 실질적인 자율성 부여를 전제로 하고, 이에 상응하는 책임성의 요구가 합리적일 것이다. 정부나 외부통제 기제를 통한 책임성 확보방식은 근본적으로 공공기관의 내부통제 역량 약화로 이어져 구조적 악순환을 초래할 뿐이다. 따라서 공공기관의 자체적인 내부통제를 강화하기 위한 체계를 마련하는 한편, 자율적인 경영 결과에 대한 책임성을 부과하는 구조로 전환하기 위한 노력이 필요할 것이다.

〈참고문헌〉

국민권익위원회(2016). 『2016년도 공공기관 청렴도 측정 매뉴얼』.

______(2016). 『2016년도 공공기관 청렴도 측정 결과』.

______(2016). 『2016년도 청렴도 시책평가 워크숍 자료』.

기획재정부(2016). 『2016년 경영평가편람』.

김도승 외(2012). 『주요국의 공공기관 경영자율성 제고를 위한 법제 분석』. 한국법제연구원.

김병섭・박상희(2010). 공공기관 임원의 정치적 임명에 관한 연구: 법제도 및 대통령의 영향을 중심으로. 『한국행정학보』, 44(2).

김지영・허경선(2011). 『경영자율성 확대를 통한 공공기관 운영의 효율성 제고방안 연구』. 한국조세연구원.

신민철・조태준(2013). 공공부문 내부통제제도의 개편방안에 관한 연구. 『한국인사행정학회보』, 12(1).

유재민(2013). 『경영자율권 확대사업의 쟁점과 발전방향』. 공공기관연구센터.

유훈(2005). 『공기업론』(제5정증보판). 서울: 법문사.

윤태범 외(2010). 『공공기관 경영평가제도 변천과정 연구』. 한국조세연구원.

이상철(2012). 『한국 공기업의 이해』. 서울: 대영문화사.

임태범(2015). 『공공기관 경영평가 30년 회고와 전망-“공공기관의 자율성, 어떻게 확보할 것인가?』. 한국조세재정연구원.

정부혁신지방분권위원회(2007). 『공공기관 혁신: 지배구조 개선과 종합관리대책』. 대통령 자문 정부혁신지방분권위원회.

조택(2007). 우리나라 공공기관의 지배구조에 관한 연구. 『한국정책과학학회보』, 11(4).

한상일(2010). 한국 공공기관의 민주적 책임성과 지배구조. 『한국조직학회보』, 7(1).

한인섭(2011). 지방공기업 경영평가제도의 변천과정과 발전방향. 『한국거버넌스학회보』, 18(1).

허경선(2013). 공공기관 임원추천위원회 운영현황 및 발전방향. 『재정포럼』, 200.

Verhoest, K., Peters, B. G., Bouckaert, G., & Verschuere, B.(2004). The Study of Organisational Autonomy: A Conceptual Review. *Public Administration and Development*, 24: 101-118.

http://www.pasa.go.kr/(검색일: 2018.1.8)

제 4 장

공공기관 낙하산 인사와 경영성과 간의 관계에 있어 이사회의 역할

김주찬(광운대학교 행정학과) · 민병익(경상대학교 행정학과)

제 1 절 서 론

공공기관이란 국가나 지방자치단체가 아닌 법인·단체 또는 기관으로 정부의 투자·출자 또는 정부의 재정지원 등으로 설립·운영되는 「공공기관의 운영에 관한 법률」 제4조 제1항 각 호 요건에 해당되어 기획재정부 장관이 지정한 기관[1)]을 말하며, 일반적으로 공기업, 준정부기관, 기타공공기관을 포괄한다. 현행 「공공기관의 운영에 관한 법률」에 따르면, 공기업은 자체수입비율이 50% 이상인 공공기관으로서 국가 또는 지방자치단체가 수행하는 사업 중 기업적인 성격을 지닌 것으로 정의할 수 있고, 준정부기관은 기금관리나 정부의 업무를 위탁·집행하는 기관으로서 자체수입보다는 정부의 재정지원에 의존하는 기관에 해당한다. 그리고 기타 공공기관은 정부가 지정 고시한 공공기관 중 공기업이나 준정부기관에 속하지 않는 기관을 말한다.

1) 「공공기관의 운영에 관한 법률」에 따르면, 다른 법률에 따라 직접 설립되고 정부가 출연한 기관, 정부지원액(법령에 따라 직접 정부의 업무를 위탁받거나 독점적 사업권을 부여받은 기관의 경우에는 그 위탁업무나 독점적 사업으로 인한 수입액을 포함)이 총수입액의 2분의 1을 초과하는 기관, 정부가 100분의 50 이상의 지분을 가지고 있거나 100분의 30 이상의 지분을 가지고 임원 임명권한 행사 등을 통하여 당해 기관의 정책결정에 사실상 지배력을 확보하고 있는 기관이 포함된다.

공공기관은 민간기업과는 달리 성과측정이 어렵고, 정부의 통제가 쉽지 않으며, 정부 밖에 위치하여 국민들의 직접적인 통제에 벗어나 있다. 이러한 특징으로 인해 공공기관은 방만한 운영이 이루어지기 쉽다. '주인 없는 기업'이라 불리는 공공기관은 민간기업과는 달리 재산권과 소유주체가 명료하게 정의되지 않고, 시장경쟁의 압력이 부재한 환경 하에서 공공기관의 경영자에게는 공공기관의 가치를 증대시키기 위한 동기와 유인이 결여되어 있다. 또한 공공후생의 증대라는 근본 목표와는 상충되는 내부성의 문제가 발생하기 쉽다.

공공기관은 사기업과는 달리 주인-대리인 관계가 다단계이기 때문에 주인-대리인 문제는 더욱 복잡해지고, 문제해결을 위한 인센티브 계약의 도입이 용이하지 않다. 공공기관의 이러한 복대리 관계의 구조적 문제 때문에 공공기관 경영자나 근로자들에 대한 감시와 통제가 효과적으로 이루어지지 않아 도덕적 해이(moral hazard)와 같은 대리인 문제가 폭넓게 나타나게 된다. 공공기관에서의 대리인 문제는 경영자 자신의 목적 추구나 지대(rent) 추구 등의 형태로 나타난다. 또한 일반적으로 사기업의 종업원보다 공공기관 경영자나 근로자들은 장기적인 기업의 가치 증가분에 대한 편익을 나누어 가질 수 없기 때문에 위험을 수반한 적극적인 임무 수행에는 소극적이 되고, 임무태만을 안전한 것으로 생각하는 위험회피적인 행동을 하게 된다. 이러한 자기목적의 추구, 지대 추구 또는 임무태만 등과 같은 대리인 문제는 과잉 인력이나 높은 월급 등의 금전적, 비금전적 형태의 대리인 비용을 유발하게 된다. 이러한 공공기관의 폐단으로 인해 2013년 말 기준 국내 공공기관의 총부채가 565조 8천억 원으로 국가채무 446조 원보다 무려 120조 원 가량 많다. 특히, 지난 이명박 정부 5년 간 LH공사, 한국전력 등 12개 공공기관의 부채가 187조 원에서 412조 원으로 급증한 가운데 이 중 9개 공공기관은 부채에 대한 원금상환 위험이 커져 사실상 '부실' 상태에 빠진 것으로 언론상에서 보도되고 있다.

그렇다면 이러한 공공기관의 위기는 어디에서 비롯되었을까? 공공기관의 이와 같은 위기는 정부의 정책실패와 더불어 정치권과 관료들의 낙하산 인사로 대변되는 공공기관장 인사의 문제에서 비롯되었다는게 대다수 국민들의 인식이다. 역대 어느 정부와 마찬가지로 박근혜 정부에서도 이러한 문제의식에 동의한다. 지난 대선 직후 "열심히 일하는 사람의 사기를 떨어뜨리는 낙하산 인사는 새 정부에서 없을 것"이라며 MB정부의 공기업 낙하산 인사를 공개적으로 비판하기도 하였다. 공공기관에 대한 낙하산 인사는 해당 조직의 인재발굴과 리더십의 기회를 박탈하고, 기관장의 조직 업무 파악 및 의사결정을 어렵게 한다는 비판과 함께, 현재 공공기관 부실화와의 가장 직접적인 원인으로 지적되고 있다. 그리고 2014년 2월 20일 기획재정부는 공기업 낙하산 인사가 논란이 되자 그 기준으로 '5년 이상 관련 업무 경력'을 제시하기에 이르렀다. 사전적으로 낙하산 인사는 "정권을 맡고 있는 사람 등 권력을 쥐고 있는 사람이 자신의 권력을 이용하여 능력이나 자질이 전혀 없고 개인적인 친분이 있는 사람들을 빈자리에 들이는 것"으로 정의되고 있다. 그렇다면 능력이 있고, 없고의 판단기준은 무엇일까? 그리고 개인적인 친분의 범위는 어디까지일까? 내부승진 아닌 외부에서 임용되는 경우는 모두 낙하산 인사일까? 정치적 임용권을 가지고 있는 대통령의 공공기관장에 대한 인사는 모두 낙하산 인사일까? 이렇듯 언론과 정치계를 비롯한 사회 일각에서는 자신들의 편의에 따라 낙하산 인사의 개념을 자의적으로 해석하고 있고, 낙하산 인사의 문제가 해결되면 자동적으로 공공기관 부실화의 문제가 해결될 수 있는 것처럼 주장하고 있다.

공공기관은 이와 같은 공공성에 따른 문제를 방지하고, 해결하기 위해 다양한 지배구조를 가지고 있다. 일반적으로 기업의 지배구조는 내부 지배구조(internal governance)와 외부 지배구조(external governance)로 나누어진다. 내부 지배구조로는 일반적으로 주주, 이사회, 감사위원회 등을 포함시킨다. 그리고 외부 지배구조에는 기업지배권시장, 기관투자가, 채권자, 기관투자가, 소비자단체, 시민단체, 경쟁사 등의 통제장치가 해당한다. 공공기관의 지배구조와 민간기업의 지배구조는 다소의 차이가 있다. 그러나 일반적으로 소유주로서 정부의 임원 인사권 행사, 이사회의 구성 및 운영, 감사의 구성 및 운영 등을 내부 지배구조로 볼 수 있다. 특히, 공공기관의 이사회는 최고 심의·의결 기관으로서 내부 지배구조 가운데 매우 중요한 역할을 수행하고 있다. 이와 같이 최고관리자의 독단과 전횡을 견제할 수 있는 내부 지배구조로서 공공기관 이사회의 역할은 매우 중요하다. 그러나 지금까지 공공기관은 이사회의 구성을 위한 종합적이고 일관된 기준과 체계가 부족한 것이 사실이다. 예를 들어, 비상임이사의 추천 과정에서 전문성이 배제되고, 정치적 보은이나 배려의 차원이라 할 수 있는 이른바 엽관 혹은 정실 인사가 상당부분 이루어져 왔던 것이 엄연한 사실이다. 이로 인해 공공기관 이사회의 운영과 관련된 여러 가지의 문제점이 언론 등을 통해 지속적으로 제기되고 있으며, 정부의 정책적 처방이 필요하다는 주장이 이어지고 있다.

공공기관장의 교체와 성과 간의 관계에 대해서는 지금까지 다양한 연구가 이루어져 왔다. 대부분의 연구는 정치적 임용으로 대표되는 낙하산 인사를 중심으로 공공기관장에 대한 인사와 성과 간의 관계를 분석하고 있다. 분석 결과에 의하면, 공공기관장의 정치적 임용, 이른바 낙하산 인사가 경영성과를 저하시킨다는 주장(김연진, 2002; 이명석, 2001)과 그렇지 않다는 주장(김헌, 2007; 유승원, 2009; 윤호진, 2010)이 맞서고 있다. 한편, 공공기관 이사회와 성과 간의 관계에 관한 연구에서도 이사회의 활동이 성과를 제고한다는 주장(박종일, 2006; 원구환, 2007; 나바다, 2010; 윤태식, 2010)과 성과에 큰 영향을 미치지 않는다는 주장(박종춘, 2011; 신영길, 2012)이 있었다. 이렇듯 공공기관장의 교체와 성과, 그리고 공공기관 이사회의 활동과 성과 간의 관계를 분석한 지금까지의 선행연구는 일관된 결과를 제시하지 못하고 있다. 따라서 본 연구는 1차적으로는 공공기관장의 정치적 임용이 성과에 어떠한 영향을 미치는지, 그리고 공공기관 이사회의 구성과 활동이 성과에 어떠한 영향을 미치는지를 분석하였다.

선행연구에서는 공공기관장의 교체와 공공기관 이사회의 구성 및 활동이라는 변수는 각각 성과의 주요한 영향요인으로 다루어져 왔다. 그러나 이 두 변수는 별개의 성격의 가진 이른바 각각의 독립변수라기보다 서로 밀접한 관련을 맺고 있는 변수로 보는 것이 타당할 것이다. 공공기관장에 어떠한 특성을 가진 사람이 임용되는가에 따라 공공기관 이사회의 구성에서 차이가 있을 것이며, 이는 공공기관 이사회의 전문성과 활동성의 차이로 이어지게 될 것이다. 따라서 본 연구는 선행연구와 달리 이상의 두 가지 영향요인이 공공기관의 성과에 별개의 독립변수로서 작용하는 것이 아니라 하나의 경로를 형성하고 있을 것이라는 가설에서 출발하였다. 예를 들어, 관료 출신이 공공기관장으로 임용된 경우와 정치인 출신이 임용된 경우를 비교하면, 이사회의 구성에서 일정한 차이를 보일 것이고, 이는 이사회의 독립성, 전문성 및 활동성의 차이로 이어질 것이며, 결국 성과의 차이를 가져올 것이라는 것이다. 이와 같이 본 연구는 공공기관장에 대한 인사가 공공기관 이사회의 구성 및 활동에 어떻게 영향을 미치고, 이는 최종적으로 공공기관의 성과 차이로 어떻게 이어지는가를 분석하고자 한다. 즉, 공공기관 이사회의 구성과 활동이 두 변수 간의 매개변수로 어떻게 작용하는가를 검증하고자 한다.

대통령에 의해 이루어지는 공공기관장에 대한 인사에 있어 정치적 임용을 전적으로 배제하기란 거의 불가능하다. 이러한 현실에서 본 절의 내용은 상당한 실천적·정책적 함의를 가지고 있다. 지금까지 공공기관 이사회의 활동에 대한 연구가 일정하게 이루어져 왔다. 그러나 대부분의 연구는 단순히 이사회의 활동과 성과 간의 관계를 분석하는 수준이었다. 그러나 본 절은 이사회의 구성과 활동을 공공기관장의 정치적 임용과 성과 간의 관계에 있어 매개변수로 처리하고자 한다. 이를 통해 공공기관 이사회의 구성과 활동이 이른바 낙하산 인사로 대변되는 정치적 임용의 문제를 감소시킬 수 있는 보완제로서 작용할 수 있는가를 검증할 수 있을 것으로 기대한다. 그리고 보완제로 작용한다면, 공공기관 이사회의 전문성과 활동성을 보장할 수 있는 법·제도적 장치의 마련과 이사회의 역할 강화를 통해 이른바 낙하산 인사 문제의 해결을 위한 정책적 처방을 제시할 수 있을 것으로 기대한다. 따라서 본 글에서는 궁극적으로 공공기관 이사회의 전문성과 활동성을 제고함으로써 공공기관장의 낙하산 인사에 따른 문제를 해결할 수 있는가를 검증하고, 이를 통해 공공기관장의 정치적 임용의 폐해를 최소화 할 수 있는 정책적 방안을 제시하는 데 논의의 목적이 있다.

제 2 절 선행연구의 검토

1 공공기관장 인사와 성과에 관한 선행연구

1998년 IMF 외환위기 직후 출범한 김대중 정부는 민영화, 폐지 통·폐합, 인력감축, 자산매각 등 다양한 구조조정 정책을 추진하게 된다. 공공기관에 대한 강도 높은 통제정책을 실시한 것이다. 그 뒤 노무현 정부는 자율성 강화를 기저로 하는 투명성 중심의 공공기관 관리정책을 실시하였고, 이명박 정부는 다시 인력구조조정 정책 등 공공기관에 대한 통제를 강화하였다(김병섭·박상희, 2010: 87). 이러한 관리정책의 변화에 따라 제도개혁의 평가에 관한 연구가 많이 이루어져 왔다. 그동안의 선행연구를 보면 공공기관에 대한 일반적 내용과 운영실태, 개선방안을 제시하거나(곽채기, 1999; 김판석, 2003; 송희준, 2002, 이수철, 1997; 이창원, 2009), 공기업 민영화(김준기, 2001; 이주선, 1998) 및 경영평가제도에 관한 논의(권민정 · 윤성식, 1999; 이상철 · 박병식, 2004; 이창길 · 최성락, 2009)가 많이 이루어졌다.

소위 '낙하산 인사'에 대한 많은 관심과 비판에도 불구하고, 공공기관 기관장의 정치적 임명의 실태와 정권의 변화에 따른 기관장 인사의 변화 형태 등을 분석한 연구는 충분히 이루어지지 못하고 있다. 공공기관 기관장에 대한 초기 연구(안용식 · 박종두, 1990; 안용식, 1993; 임학순, 1994; 김연진, 2002)는 대부분 기관장의 학력, 전공분야, 재임기간, 연령 등을 분석하여 기술하는 수준이었으며, 공공기관 인사상의 불균형 문제를 지적하였다. 초기 연구의 대표적인 연구로 임학순(1994)은 준정부조직 인원 492명과 간부 1,180명 등 총 1,672명을 대상으로 연구를 수행하였다. 그는 정부 성장의 맥락에서 준정부조직은 관료에게 이동할 자리(position)를 제공하며, 정부관료제는 준정부조직의 임원을 임명하거나 승인함으로써 임원선임에 관여한다고 하면서 이를 바탕으로 준정부조직의 임원 자리는 정치적인 고려에 따라 정부 각 부처의 관료가 차지할 가능성이 크다는 것을 증명하였다(김병섭 · 박상희, 2010: 91). 김연진(2002)은 2001년 10월을 기준으로 60개 공공기관의 임원의 경력을 분석하였다. 분석 결과에 의하면, 공무원 출신은 공공기관 임원의 39%, 기관장의 68%를 차지하였다. 특히, 정부로부터 60% 이상의 재정지원을 받는 공공기관의 경우는 공무원 출신 임원의 비율이 64%에 이른다. 곽채기(2005)는 14개 정부투자기관과 88개 「정부산하기관관리법」 적용대상기관의 기관장으로 대상으로 문민정부에서부터 2005년까지 12년 동안, 출신배경을 분석하였다. 그의 분석 결과에 의하면, 관료출신은 문민정부 61%, 국민의 정부 49%, 참여정부 39%로 점점 감소하는 반면에, 민간인 출신의 임명비율은 점차 증가하는 것으로 나타났다. 그리고 정치인 출신의 비율은 점차 낮아지는 반면, 내부승진 임명비율을 점차 높아진 것으로 드러났다. 박홍엽(2009)의 연구도 이와 비슷한 결과를 보여주고 있다. 그는 낙하산 인사 시비의 감소 가능성, 임원선임의 기준, 임원공모 절차의 확대 여부, 기관장 임명의 주체, 비상임이사 및 감사의 추천 주체, 임원연임의 필요성, 그리고 인사방식의 변화가 임원인사제도에 미치는 영향 등을 분석하였다. 그의 분석 결과에 의하면, 기관장 선임 시 전문성 기준을 중시하였고, 비상임이사와 감사의 연임 결정 시보다 엄격한 직무수행실적 평가가 선행될 필요가 있음을 지적하였다.

한편, 공공기관장의 임용유형과 경영실적을 연관시킨 것은 이명석(2001)의 연구를 시작으로 볼 수 있다. 이명석(2001)은 정부투자기관 임원의 정치적 임용과 그에 따른 경영실적을 비교하면서 정부투자기관 경영부실의 근본적인 원인으로 정치적 임용 또는 낙하산 인사가 여전히 이루어지고 있음을 실증적으로 분석하였다. 1985년부터 1996년까지 18개 정부투자기관의 이사장 및 사장을 대상으로 임용유형과 경영실적을 분석한 결과, 비실적요인에 의해 정치적으로 임용된 경우 상대적으로 낮은 경영실적을 보이는 것으로 나타났다. 그는 정부투자기관의 경영합리화를 위해서 낙하산 인사는 근절되어야 하며 전직관료 임용금지, 정치인 및 전직관료 임용 시에 조건 엄격화와 같은 정치적 임용을 극복하는 강력한 제도적 장치의 도입을 주장하였다. 또한 윤성식(2003) 역시 공기업 기관장의 교체가 경영평가에 영향을 미치고 기관장의 임용유형 및 기관장의 특성과 출신배경 등이 경영평가에 영향을 미친다고 주장하였다. 그는 공기업은 정권이 바뀔 때마다 정치적 성격에 영향을 받고, 공기업의 사장은 경영평가 결과에 관계없이 항상 정치적 요인에 의해 임명되어 왔기 때문에 공기업이 비효율화된 것으로 보았다.

그러나 김헌(2007), 이승우(2008), 유승원(2009), 윤호진(2010)의 연구 결과는 이명석(2001) 및 윤성식(2003)의 연구 결과와 다소 상반된다. 1999년부터 2005년까지 사장경영계약이행실적 평가점수를 대상으로 13개 정부투자기관 사장에 대한 낙하산 인사가 경영성과에 어떤 영향을 미쳤는지 분석한 김헌(2007)의 연구에서는 정부투자기관 사장의 대표경력보다는 관련 기관 경험 유무와 투자기관의 특성이 사장의 경영성과에 통계적으로 유의미한 영향을 미치는 것으로 나타났다. 그의 분석에 의하면, 그동안 낙하산 인사로 대표되었던 '관료출신' 사장의 경영성과가 나쁘지 않은 반면, 외부전문가 영입의 경우 그 성과가 낙하산 인사로 칭했던 관료출신보다 나쁜 것으로 나타났다. 이승우(2008)는 연구 역시 김헌(2007)의 연구와 거의 비슷한 결과를 보여주고 있다. 이승우(2008)는 지방공기업 91개 기업과 정부투자기관 14개 기관을 대상으로 CEO 특성에 따른 경영성과를 분석하였다. 그는 정부 및 정치인 출신이 민간기업 경영자나 연구분야 종사자의 출신보다 사업성과가 상대적으로 높다고 주장하였다. 24개 공기업을 대상으로 2003년에서 2007년까지 공기업의 지배구조와 경영성과 간의 관계를 분석한 유승원(2009)의 연구에서는 내부감사인의 독립성과 재무전문성이 공기업의 경영성과에 중요한 영향을 미치는 것으로

표 4-1 공공기관 기관장의 인사와 경영성과 간의 관한 연구 요약

연구자 (연도)	연구 내용	연구 결과
이명석 (2001)	공공기관 임원의 정치적 임용과 그에 따른 경영실적 비교	공공기관 경영부실의 근본적인 원인으로 임원의 정치적 임용 및 낙하산 인사임을 들고, 경영합리화를 위하여 낙하산 인사의 근절, 전직 관료 임용금지, 정치인 및 전직 관료 임용 시 조건 엄격화와 관련된 제도적 장치의 마련이 중요하다고 봄
윤성식 (2003)	공기업 기관장 교체가 경영평가에 미치는 영향	기관장의 임용유형 및 기관장의 특성과 출신배경 등이 경영평가에 영향을 미치는 것으로 봄
김헌 (2007)	공공기관 낙하산 인사가 경영성과에 미치는 영향	「정부투자기관관리기본법」의 시행과 제도 도입이 비효율성을 줄이는 역할을 수행하였음을 밝힘
이승우 (2008)	CEO 특성에 따른 경영성과	정부 및 정치인 출신이 민간기업 경영자나 연구분야 종사자의 출신보다 사업성과가 상대적으로 높은 것으로 나타남
고재학 (2008)	언론에서 공공기관의 '낙하산 인사'에 대한 의제화 과정을 고찰	정권출범 초기에는 공공기관 등에 '낙하산 인사'를 하지 않겠다던 정부가 시간이 흐를수록 이에 대한 시비에서 벗어나지 못하고 있음
유승원 (2009)	공공기관 CEO의 출신과 경영성과에 미치는 영향에 대해서 연구	CEO의 출신과 경영성과와는 관계가 없으나, 보수의 경우에는 경영성과에 긍정적 영향을 미치므로 보수체계의 혁신이 필요하다고 밝힘
김병섭 · 박상희 (2010)	낙하산 인사를 줄이기 위해 도입된 기관장 및 임원추천위원회 제도의 효과	추천위원회 제도의 효과를 확인할 수 없는 가운데 최고 정책결정자(대통령)의 교체는 공공기관 임원의 대표경력 변화에 유의미한 차이를 가져온 것으로 봄
윤호진 (2010)	기관장의 경력과 경영평가 간의 상관관계	기관장의 학력, 경력, 재직기간 등 기관장의 전문성과 관련된 변수는 경영평가에 유의미한 영향을 미치는 반면, 정치적 배경, 지역, 권력지수 등 대통령의 신임과 관련된 변수는 경영평가와 큰 상관이 없는 것으로 봄

분석되었다. 독립성의 경우, CEO가 내부승진자 또는 외부영입자인지 여부는 경영성과에 영향을 미치지 않았으며 오히려 외부영입자가 상대적으로 경영성과에 더욱 많은 영향을 미치는 것으로 나타났다.

14개 주요 공기업을 대상으로 2000년부터 2008년까지 9년 간의 경영평가 결과를 분석한 윤호진(2010)의 연구 결과에서는 기관장의 학력, 경력, 재직기간 등 기관장의 전문성과 관련된 변수는 경영평가에 유의미한 영향을 미치는 반면, 정치적 배경, 지역, 권력지수 등 대통령의 신임과 관련된 변수는 경영평가와 큰 상관이 없는 것으로 나타났다. 이러한 분석 결과는 이른바 낙하산 인사가 공공기관의 경영성과

를 떨어뜨리지는 않는다는 것을 보여준다. 또한 그는 낙하산 인사 문제를 다룬 공기업 문헌의 대다수가 공기업 인사에서 정부의 전문성 외면을 우려하고 있지만 최근의 정부로 올수록 경영평가에서 전문성을 더욱 중시하는 것으로 나타나 낙하산 인사의 정도가 대중의 인식과 같이 그렇게 심각하지 않음을 지적하고 있다.

고재학(2008)은 그동안 언론에서 공공기관의 '낙하산 인사'에 대한 의제화 과정을 고찰하고 이를 해결하기 위한 정부의 정책결정 과정을 분석하였다. 그는 공기업 임원인사에 대한 정부의 개입을 엽관주의의 장·단점의 관점에서 분석하였다. 이명박 정부를 대상으로 한 그의 분석 결과에 의하면 정권출범 초기에는 공공기관 등에 '낙하산 인사'를 하지 않겠다던 정부가 시간이 흐를수록 이에 대한 시비에서 벗어나지 못하고 있음을 지적하고 있다. 한편, 김병섭·박상희(2010)는 1993년 2월부터 2009년 12월 사이에 임명된 공공기관 임원을 대상으로 낙하산 인사를 줄이기 위해 도입된 기관장 및 임원추천위원회 제도의 효과를 분석하였다. 분석 결과 추천위원회 제도의 효과를 확인할 수 없는 가운데 최고 정책결정자(대통령)의 교체는 공공기관 임원의 대표경력 변화에 유의미한 차이를 가져온 것으로 나타났다.

2 공공기관 이사회와 성과에 관한 선행연구

공공기관의 지배구조는 크게 내부 지배구조와 외부 지배구조로 나눌 수 있다. 내부 지배구조는 주주총회, 이사회, 최고경영자 등의 경영진, 감사를 들 수 있고, 외부 지배구조로는 투자자, 자본시장, 채권단, 기업인수시장 등이 해당한다. 공공기관 이사회는 지배구조 가운데 내부 최고 심의·의결 기구로서 내부 지배구조의 핵심에 해당한다. 그러므로 공공기관 이사회는 기관 내부에서 최고관리자의 독단과 전횡을 견제하는 매우 중요한 역할을 부여받고 있다.

공공기관 이사회의 구성과 관련하여 「공공기관의 운영에 관한 법률」(제18조)에 의하면 이사회는 기관장을 포함한 15인 이내의 이사로 구성하도록 되어 있으며, 비상임이사의 수를 이사회 구성 이사 정수의 과반수 이상이 되도록 규정하고 있다. 이사회의 구성과 관련하여 공공기관의 특성을 반영한 종합적이고 일관된 기준과 체계가 매우 부족하다는 지적이 제기되고 있다. 뿐만 아니라 현행 이사회 구성은 규모와 특성과 관련 없이 정관의 내용에 따라 다르게 이루어지고 있는 실정이다(진종순, 2010: 106).

「공공기관의 운영에 관한 법률」(제17조)에서는 공공기관 이사회의 심의·의결 사항을 규정하고 있다. 이에 따르면, 공공기관 이사회는 경영목표, 예산, 운영계획 및 중·장기재무관리계획, 예비비의 사용과 예산의 이월, 결산, 기본재산의 취득과 처분, 장기차입금의 차입 및 사채의 발행과 그 상환 계획, 생산 제품과 서비스의 판매가격, 잉여금의 처분, 다른 기업체 등에 대한 출자·출연, 다른 기업체 등에 대한 채무보증, 정관의 변경, 내규의 제정과 변경, 임원의 보수, 기관의 장이 필요하다고 인정하여 이사회의 심의·의결을 요청하는 사항, 그 밖에 이사회가 특히 필요하다고 인정하는 사항을 심의·의결할 수 있다. 이와 같이 공공기관 이사회를 운영하는 목적은 공공기관 내부의 심의 및 의결기능과 집행기능을 분리하고, 비상임이사를 통한 민간인의 전문성을 활용하며, 상임이사를 통한 합리적 정책결정과 경영의 책임성을 확보하는 데 있다.

공공기관 이사회 관련 선행연구는 내부 지배구조로서 공공기관 이사회 자체의 구성과 독립성, 전문성, 활동성의 정도를 파악한 연구, 그리고 이러한 공공기관 이사회의 특성이 경영성과에 어떠한 영향을 미쳤는가를 분석한 연구로 나눌 수 있다. 본 연구에서는 공공기관 이사회의 특성과 효율성의 측면인 경영성과 간의 관계를 살펴보는 데 목적이 있기 때문에 이에 관한 선행연구를 정리하였으며, 그 결과는 <표 4-2>와 같다.

최진현·이희섭(2012: 75-92)은 2005년부터 2010년까지 전체 1,080개의 표본을 대상으로 다중회귀분석을 통해 공공기관의 지배구조와 조직특성이 효율성의 측면에 해당하는 대리인 비용에 어떠한 영향을 미치는가를 분석하였다. 그들의 연구에 의하면, 비공공성 공공기관은 지배구조를 개선하기 위해 이사회의 독립성을 제고하여야 하며, 공공성 공공기관은 이사회의 규모와 감사의 독립성에 초점을 맞출 필요가 있는 것으로 나타났다. 그리고 비상임이사들은 대학교수, 변호사, 공인회계사, 퇴직관료, 기업인 등 전문적인 지식과 풍부한 경험을 갖추고 있는 자를 선임할 때 이사회의 독립성과 전문성이 강화되는 것으로 분석되었다.

공공기관 이사회의 구성 및 역할 수행이 경영성과에 어떠한 영향을 미치는가를 밝히고자 다양한 노력이 이루어져 왔다. 먼저, 박종일(2006)의 연구에 의하면, 공공기관 이사회의 독립성, 전문성, 활동성은 비상임이사의 선임과 관련이 있고, 비상임이사의 전문성은 경영성과에 긍정적인 영향을 미치는 것으로 나타났다. 원구환(2007)의 연구에 의하면, 이사회의 정원은 매출액, 당기순이익, 총자산과 정(+)의 상관관계를 형성하고, 비상임이사의 비율은 ROA, ROE와 정(+)의 관계에 있으며, 이사의 참여비율이 높을수록 재무성과가 높아지는 것으로 분석되었다. 그리고 나바다(2010)의 연구에서는 이사회의 전문성이 경영활동의 개선에 이바지하는 것으로 나타났으며, 윤태식(2010)의 연구에서는 이사회의 개최횟수와 매출액은 정(+)의 상관관계를, 서면결의와 매출액은 부(−)의 상관관계를 형성하는 것으로 드러났다.

한편, 박종춘(2012)의 연구에서는 공공기관 이사회의 규모와 사외이사비율은 경영성과에 큰 영향을 미치지 않는 것으로 분석되었으며, 신영길(2012)의 연구에서는 이사회의 참석률이 높을수록 재무적 경영성과(ROE)가 높지만, 비상임이사의 전문성은 경영성과에 미치는 영향이 미미한 것으로 나타났다.

표 4-2 공공기관 이사회와 경영성과 관련 선행연구

연구자(연도)	연구 결과
박종일 (2006)	− 이사회의 독립성, 전문성, 활동성은 비상임이사 선임과 관련 있음 − 비상임이사의 전문성은 경영성과 제고에 기여
원구환 (2007)	− 이사회 정원은 매출액, 당기순이익, 총자산은 정(+)의 관계 − 비상임이사의 비율은 ROA, ROE와 정(+)의 관계 − 이사의 참여비율이 높을수록 재무성과 제고
나바다 (2010)	− 이사회의 전문성이 경영활동의 개선에 기여
윤태식 (2010)	− 이사회 개최횟수와 매출액은 정(+)의 관계 − 서면결의와 매출액은 부(−)의 관계
박종춘 (2012)	− 이사회 규모와 사외이사비율은 경영성과에 영향을 미치지 않음
신영길 (2012)	− 이사회의 참석률이 높을수록 재무적 경영성과(ROE)가 높음 − 비상임이사의 전문성은 경영성과에 영향을 미치지 않음

이상과 같이 공공기관 이사회의 구성과 역할수행이 경영성과에 미친 영향을 분석한 선행연구를 정리하면, 두 변수 간의 관련성 정도에 대한 명확한 결론을 내리

기 어려우나 대체적으로 공공기관 이사회의 구성과 역할수행은 경영성과에 큰 영향을 미치지 않는 것으로 나타났다. 이러한 결과는 연구의 분석방법에서 변수들 간의 관계를 통제하지 않는 상관관계분석을 적용하였다는 점, 그리고 종속변수에 해당하는 경영성과를 측정하기 위한 지표의 선정에서 다소의 자의성이 존재하기 때문이라 할 수 있다.

제3절 연구의 분석틀 및 분석방법

1 연구의 분석틀

본 연구의 가장 주요한 연구목적은 공공기관 부실화의 원인으로 지적되어 온 공공기관장의 낙하산 인사가 공공기관의 성과에 영향을 미치는 과정에서 공공기관 이사회의 구성과 활동이 매개변수로 어떻게 작용하는가를 확인하는 데 있다. 이를 위해 낙하산 인사 유형을 다양한 시각에서 구분하고, 이를 바탕으로 낙하산 인사가 공공기관 기관의 경영성과에 어떠한 영향을 미치는가를 실증적으로 분석하였다. 따라서 본 연구에서 독립변수는 공공기관 기관장의 낙하산 인사가 되고, 공공기관 기관장의 경영성과가 종속변수이며, 공공기관 이사회의 구성과 활동이 매개변수가 된다.

본 연구를 수행하기 위해서는 가장 먼저 공공기관장의 낙하산 인사를 개념화하고 이에 대한 조작적 정의가 필요하다. 공공기관장에 대한 인사는 통수권자인 대통령이 행하는 매우 정치적인 행위이다(고재학, 2008: 104). 따라서 오로지 실적의 요소만 고려된 인사를 바람직한 인사로 보기 어렵고, 정치적인 요소가 지나치게 강조된 경우 역시 낙하산 인사로 규정되어 언론 등에서 비판을 받게 된다. 그렇다면 공공기관장 인사에서 나름대로 바람직한 인사는 어떠한 유형일까? 이를 위해서는 공공기관장의 낙하산 인사에 대한 개념과 범위를 명확히 할 필요가 있다. 특히, 지금까지 '낙하산 인사'에 대한 학문적 개념 정의가 거의 존재하지 않은 상황에서 이를 어떻게 처리할 것인가는 매우 중요한 문제라 할 수 있다. 본 연구에서는 공공기관

그림 4-1 공공기관장 낙하산 인사가 경영성과에 미친 영향 분석틀

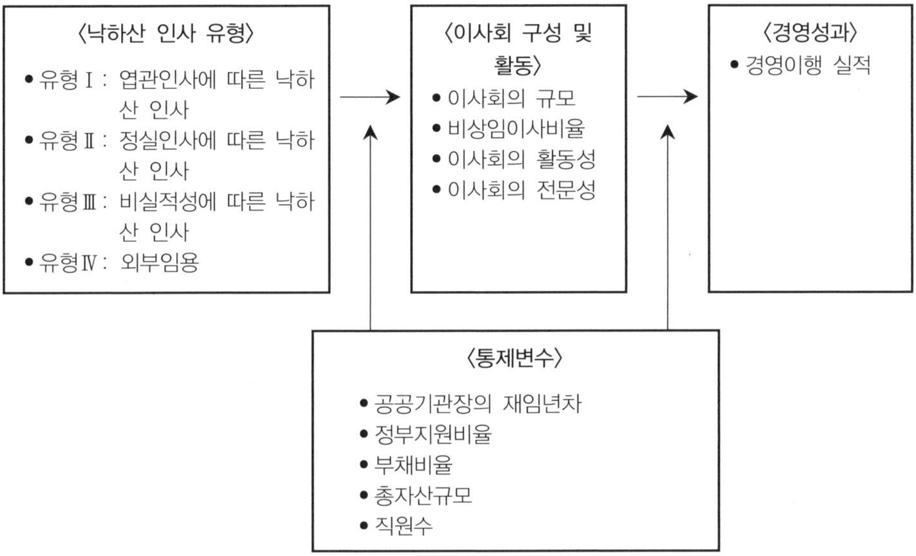

장에 대한 낙하산 인사 유형을 크게 네 가지로 구분하였다. 첫째, 정치적 요소에 기반한 엽관인사의 경우이다. 둘째, 이른바 학연, 지연, 혈연의 요소가 고려된 정실인사의 경우이다. 셋째, 해당 공공기관과 관련된 기관에서 근무한 경험이 전혀 없는 비실적인사의 경우이다. 넷째, 가장 광의의 개념으로서 내부 승진을 제외한 모든 외부임용의 경우이다.

공공기관 기관장을 비롯한 정부 고위직에 대한 인사의 기준은 실적요인과 실적외적인 요인으로 나눌 수 있고, 실적외적인 요인은 다시 정실성, 엽관성으로 구분할 수 있다. 본 연구에서는 <표 4-3>에 제시된 인사기준별 지표를 바탕으로 앞서 제시한 네 가지 낙하산 인사 유형의 존재 여부를 확인하였다.

첫째, 엽관인사에 따른 낙하산 인사의 여부에서는 임명권자인 대통령이 소속된 정당의 국회의원, 당료(黨僚) 또는 전문의원으로 일한 경험 여부를 통해 구분하였다. 둘째, 정실인사에 따른 낙하산 인사의 여부를 판단하기 위한 지표로는 대통령과의 동일 대학 출신 여부, 대통령과의 동향 여부, 대통령과 동일 회사 등 근무 여부, 대통령직 인수위원회 활동 여부 등을 설정하였다. 셋째, 비실적성의 낙하산

표 4-3 공공기관 기관장 인사의 기준 및 측정지표

임명기준		일반적 지표	본 연구에서 설정한 지표
실적 요인	실적성	자격과 능력 (학력, 전공, 경력, 교육훈련)	- 주요 경력, 직전 경력, 해당 공공기관 근무 여부, 관료출신의 경우 해당 공공기관 소속 부처 출신 여부
실적 외적 요인	정실성	학연, 지연, 혈연, 회사연	- 대통령과 동일 대학 출신 여부, 대통령과 동향 여부, 대통령과 동일 회사 근무 여부, 대통령직 인수위원회 활동 여부
	엽관성	정당관계	- 대통령 소속 정당의 국회의원, 당료, 전문위원 경험

인사의 경우는 실적 요소의 존재 여부를 통해 확인하였으며, 주요 경력과 직전 경력이 주요한 판단요소이다. 넷째, 외부임용을 낙하산 인사로 보는 경우는 해당 공공기관에서의 내부승진 여부에 따라 구분하였다. 본 연구에서는 이와 같이 낙하산 인사의 유형을 구분하고 그에 해당하는 관련 지표를 설정한 후 개별 공공기관장이 낙하산 인사 유형별 측정지표 가운데 하나의 지표라도 해당된다면 그 특성이 존재하는 것으로 처리하였다.

한편, 종속변수인 공공기관의 경영성과는 경영평가 점수로 하였다. 경영평가 점수는 기획재정부에서 매년 실시하고 있는 공기업·준정부기관 경영실적 평가 점수를 그대로 활용하였다. 공공기관장의 경영이행 실적은 크게 기관장 평가 점수와 기관 평가 점수로 구분된다. 그리고 각각의 평가 점수는 다시 리더십 및 책임경영 부문, 경영효율 부문, 주요 사업 부문으로 나뉜다. 본 글에서는 이중 기관평가 점수의 합계를 종속변수로 처리하였다.

본 글에서는 공공기관 이사회의 구성과 활동을 낙하산 인사가 경영성과로 이어지는 매개변수로 삼았다. 이를 통해 낙하산 인사가 경영성과에는 어떠한 영향을 미치는지, 그리고 공공기관 이사회의 구성과 활동이 어떻게 경영성과의 제고로 이어지는가를 검증할 수 있을 것으로 기대한다. 또한 낙하산 인사가 경영성과에 미치는 영향에서 공공기관 이사회가 매개변수로서 어느 정도 작용하고 있는지도 살펴볼 수 있을 것으로 본다. 본 연구에서는 공공기관 이사회의 구성과 관련하여 관련 변수를 이사회의 규모와 사외이사의 비율로 설정하였고, 역할수행과 관련된 변수를 이사회의 독립성, 이사회의 전문성, 이사회의 활동성으로 구분하였다. 공공기관 이

사회의 규모는 등기이사의 수를 적용하고자 한다. 그리고 사회이사의 비율은 등기이사에서 사외이사가 차지하는 비중(=사외이사수/등기이사수)을 의미한다. 이사회의 독립성은 비상임이사 중 중립인사의 비율로서 최근 5년 이내 전·현직 공무원과 정치인 경력이 없는 이사의 비율이다. 이사회의 전문성은 비상임이사의 주요 경력에서 해당 공공기관과 관련된 경력이 있는 비상임이사의 비율을 통해 살펴보았다. 그리고 이사회의 활동성은 이사회의 개최 횟수, 비상임이사의 이사회 참여율 등을 통해 측정하였다.

공공기관장 낙하산 인사가 경영성과에 미친 영향을 더욱 정교하게 분석하기 위해 공공기관장의 재임년차, 직원수, 정부지원비율, 부채비율을 통제변수로 설정하였다. 공공기관 직원수는 공기업의 규모를 통제하기 위한 변수로 설정하였고, 공공기관의 정부지원비율과 부채비율은 수익과 관련된 공공기관의 규모를 통제하기 위

표 4-4 변수의 측정방법

구 분	변수명	측정방법
독립 변수	엽관인사에 따른 낙하산 인사	대통령이 소속된 정당의 국회의원, 당료 또는 전문의원으로 일한 경험 여부
	정실인사에 따른 낙하산 인사	대통령과의 동일 대학 출신 여부, 대통령과의 동향 여부, 대통령과 동일 회사 등 근무 여부, 대통령직 인수위원회 활동 여부
	비실적성에 따른 낙하산 인사	주요 경력과 직전 경력을 통한 실적요소의 존재 여부
	외부임용	해당 공공기관에서의 내부승진 여부
종속 변수	경영성과	공공기관 경영평가단에서 실시한 평가 점수
매개 변수	이사회 규모	등기이사의 수
	비상임이사비율	비상임이사수/등기이사수 비율
	이사회의 활동성	의결건수, 원안통과비율, 참석률
	이사회의 전문성	비상임이사 중 관료비율, 정치인비율, 기업인비율, 교수·연구원비율, 전문가 및 사회단체 비율, 언론인·군인·문화예술인 비율
통제 변수	기관장 재임년차	기관장으로 임용된 후 재임한 년수
	정부지원비율	전체 예산에서 자체충당예산을 제외한 정부지원예산비율
	부채비율	총부채/총자산 비율
	직원수	현원의 직원수

한 변수로서 설정하였다. 통제변수 가운데 정부지원비율은 공공기관 전체 예산에서 자체충당예산을 제외한 정부지원예산의 비율을 의미하고, 부채비율은 총자산에서 총부채가 차지하는 비율을 통해 산출하고자 한다. 직원수는 상대적 크기로 측정하고자 하며, 총자산에서 차지하는 직원수를 의미한다.

2 자료 수집 및 분석방법

분석을 위해 공공기관장의 낙하산 인사의 유형을 구분하고, 공공기관 이사회의 규모, 비상임이사비율, 이사회의 활동성, 이사회의 전문성을 측정하며, 공공기관의 경영성과를 파악하였다. 첫째, 공공기관장의 낙하산 인사 유형을 구분하기 위해 각 기준에 해당하는 해당 지표의 존재 여부를 확인하였고, 공공기관장의 인구사회적 특성과 경력 관련 자료를 수집하였다. 이를 위해 조선일보, 중앙일보, 동아일보, 문화일보 등의 인명 데이터를 활용하였고, 부족한 자료는 해당 공공기관장이 임명될 당시 각종 언론에서 보도된 내용을 중심으로 수집하였다.

매개변수에 해당하는 공공기관장의 규모 및 비상임이사의 비율은 각 공공기관 홈페이지의 경영공시와 공공기관 경영정보공개시스템인 알리오(www.alio.go.kr)를 통해 수집하였다. 이사회의 활동성을 측정하기 위한 이사회 의결건수, 원안통과비율, 참석률은 각 공공기관 이사회 회의록 분석을 통해 수집하였다. 이사회의 전문성을 측정하기 위해서는 개별 이사의 경력 관련 자료를 수집해야 하므로 각종 언론사에서 제공하는 인명데이터와 언론보도 내용을 활용하였다.

종속변수에 해당하는 경영평가 점수는 기획재정부에서 매년 실시하고 있는 공공기관 평가 결과를 그대로 적용하였다. 통제변수에 해당하는 정부지원규모, 부채비율, 직원수에 대한 정보는 각 공공기관 홈페이지의 경영공시와 공공기관 경영정보공개시스템인 알리오를 통해 수집하였고, 문헌과 각종 언론매체에 보도된 자료를 보완적으로 활용하였다.

본 연구의 분석을 위한 시간적 범위는 2010년부터 2012년까지 3년 간으로 하고, 분석대상은 전체 66개 공공기관을 매년 입력하는 방식으로서 총 표본수는 198개가 된다. 통계적 처리의 방법은 t－검증, 상관관계분석, 그리고 회귀분석을 적용하였다.

분석을 위한 변수의 척도 구분에서 낙하산 인사 유형은 모두 명목척도에 해당하기 때문에 더미변수로 변환하여야 한다. 이를 위해 각 유형별로 낙하산 인사에 해당하는 경우는 1을, 해당하지 않은 경우는 0으로 처리하였다. 그리고 통제변수에 해당하는 재임년차, 공공기관 직원수는 비율척도로서 실제 자료를 그대로 적용하였다. 종속변수에 해당하는 경영이행 실적은 비율척도로서 해당 자료 그대로 입력하였다.

제 4 절 연구의 분석 결과

1 공공기관장의 낙하산 인사에 따른 경영성과

다양한 측면의 고려를 통해 이루어는 공공기관장에 대한 인사가 공공기관의 성과에 과연 어떠한 영향을 미칠 것인가? 이는 언론 및 시민사회로부터 낙하산 인사로 비난받고 있는 공공기관의 경우 이른바 낙하산 인사가 공공기관의 성과를 악화시키는가?라는 측면에서 나름대로 중요한 의미를 지닌다. 이 같은 연구문제를 해결하기 위해 본 연구에서는 공공기관장의 인사에 있어 낙하산 인사의 유형을 인사행정의 일반적 기준인 실적, 엽관, 정실을 중심으로 구분하였다. 그리고 다양한 유형의 낙하산 인사에 따른 경영성과의 차이를 분석하였다.

분석 결과에 따르면, 본 연구에서 구분한 낙하산 인사의 모든 유형에서 통계적으로 유의미한 수준에서 경영성과의 차이가 나타나지 않았다. 즉, 학연 · 지연 · 혈연으로 대표되는 정실인사의 요소가 포함된 경우와 포함되지 않은 경우, 정치적인 고려가 이루어진 경우와 고려되지 않은 경우, 경력 요소를 고려한 실적인사와 전문성이 포함되지 않은 비실적인사, 기관 내부에서 임용된 경우와 외부에서 임용된 경우 모두에서 경영성과에 있어 통계적 차이를 발견할 수 없었다. 이러한 결과는 공공기관장의 낙하산 인사 여부에 따른 경영성과의 차이가 크지 않음을 의미한다.

표 4-5 공공기관장의 낙하산 인사에 따른 경영성과 차이

구 분	임용유형	N	평 균	표준편차	t	df	p
정실임용 여부	정실임용	79	78.84	10.491	.458	94.64	.648
	비정실임용	52	77.87	12.696			
엽관임용 여부	엽관임용	27	78.19	11.322	-.136	129	.892
	비엽관임용	104	78.53	11.448			
실적유형	실적임용	89	77.69	12.132	-1.222	100.39	.225
	비실적임용	42	80.08	9.525			
임용유형	외부임용	119	78.08	11.649	-1.697	16.74	.108
	내부임용	12	82.22	7.601			

2 공공기관장 인사에 따른 이사회의 구성과 활동

공공기관장에 대한 인사가 이사회에 미친 영향을 살펴보기 위해 공공기관장 인사의 유형에 따른 이사회 구성 및 활동성의 차이를 분석하였다. 어떠한 사람으로 공공기관 이사회를 구성할 것인가는 기관장의 중요한 역할 가운데 하나이다. 이러한 측면에서 공공기관장이 어떠한 경력배경을 가진 사람이냐에 따라 공공기관 이사회의 구성과 그에 따른 활동성은 차이가 있을 것으로 예상된다. 이에 따라 실시한 공공기관장의 낙하산 인사 여부에 따른 이사회의 구성과 활동성의 차이를 분석한 결과는 다음과 같다.

첫째, 공공기관장의 정실인사의 여부에 따른 차이에서는 이사회의 활동성 지표 중 '원안통과비율'에서 통계적으로 유의미한 차이를 보였는데 공공기관장 인사에서 정실적 요소가 포함된 경우가 그렇지 않은 경우보다 이사회의 원안가결비율이 높았다. 그리고 이사회의 구성에 있어서는 모든 지표에서 통계적으로 유의미한 차이를 보이지 않았다. 이는 공공기관 이사회의 구성에 있어 정실요소가 포함된 기관장과 그렇지 않은 기관장 간에 차이가 없음을 의미한다.

둘째, 인사에서 정치적 요소가 고려된 기관장과 고려되지 않은 기관장 간의 이사회 구성 및 이사회의 활동성에 있어서는 이사회의 구성에서 통계적인 차이가 나타났다. 엽관적 요소가 고려되어 임용된 기관장이 구성한 이사회의 경우 관료 출

신, 정치인 출신, 기타 출신의 비율이 높았고, 인사에서 엽관적 요소가 고려되지 않은 기관장이 구성한 이사회의 경우는 기업인 출신이사의 비율이 높았다.

셋째, 공공기관장의 실적임용 여부에 따른 이사회의 구성에서는 정치인 출신 이사의 비율에서 유의미한 차이를 보였다. 실적 요소가 고려되어 임용된 기관장이 구성한 이사회의 경우 실적 요소가 고려되지 않은 기관장이 구성한 이사회에 비해 정치인 출신 이사의 비율이 낮았다.

넷째, 공공기관 내부에서 임용된 기관장과 외부에서 충원된 기관장 간의 이사회 구성에서는 관료 출신, 정치인 출신, 기업인 출신 비상임이사의 비율에서 일정한 차이를 보였다. 내부에서 임용된 기관장의 경우 정치인 출신과 기업인 출신 이

표 4-6 공공기관장의 정실임용 여부에 따른 이사회의 구성과 활동성

구 분		임용유형	N	평 균	표준편차	t	df	p
비상임이사 비율		정실임용	115	60.22	11.824	-.757	178	.450
		비정실임용	65	61.76	14.976			
이사회 활동성	의결건수	정실임용	115	31.64	12.123	1.423	178	.157
		비정실임용	65	28.98	11.904			
	원안통과 비율	정실임용	115	89.88	7.6726	2.835	178	.005
		비정실임용	65	86.03	10.444			
	출석률	정실임용	112	92.80	5.8768	-1.651	175	.101
		비정실임용	65	94.26	5.2292			
이사회 구성	관료 비율	정실임용	114	26.97	21.623	-1.564	180	.120
		비정실임용	68	32.35	23.798			
	정치인 비율	정실임용	114	13.80	16.397	1.069	180	.287
		비정실임용	68	11.26	13.832			
	기업인 비율	정실임용	114	18.71	24.259	.611	180	.542
		비정실임용	68	16.44	24.104			
	교수 비율	정실임용	114	22.10	20.255	-.533	180	.595
		비정실임용	68	23.78	21.081			
	사회단체 비율	정실임용	114	11.16	14.822	1.277	180	.203
		비정실임용	68	8.28	14.510			
	기타 비율	정실임용	114	5.94	13.645	.583	180	.561
		비정실임용	68	4.87	8.256			

표 4-7 공공기관장의 엽관임용 여부에 따른 이사회의 구성과 활동성

구 분		임용유형	N	평 균	표준편차	t	df	p
비상임이사 비율		엽관임용	42	59.66	12.093	-.633	178	.528
		비엽관임용	138	61.12	13.325			
이사회 활동성	의결건수	엽관임용	42	29.31	10.710	-.841	178	.401
		비엽관임용	138	31.10	12.472			
	원안통과 비율	엽관임용	42	87.98	10.213	-.421	178	.674
		비엽관임용	138	88.65	8.551			
	출석률	엽관임용	42	92.94	5.993	-.383	175	.703
		비엽관임용	135	93.46	5.591			
이사회 구성	관료 비율	엽관임용	42	35.10	21.457	2.022	180	.045
		비엽관임용	140	27.15	22.616			
	정치인 비율	엽관임용	42	17.41	17.947	2.196	180	.029
		비엽관임용	140	11.48	14.477			
	기업인 비율	엽관임용	42	8.620	14.398	-2.884	180	.004
		비엽관임용	140	20.63	25.794			
	교수 비율	엽관임용	42	24.31	21.163	.571	180	.569
		비엽관임용	140	22.25	20.383			
	사회단체 비율	엽관임용	42	7.82	16.180	-1.136	180	.257
		비엽관임용	140	10.76	14.261			
	기타 비율	엽관임용	42	10.02	17.270	2.835	180	.005
		비엽관임용	140	4.20	9.418			

표 4-8 공공기관장의 실적임용 여부에 따른 이사회의 구성과 활동성

구 분		임용유형	N	평균	표준편차	t	df	p
비상임이사 비율		실적임용	118	61.76	13.772	1.399	178	.163
		비실적임용	62	58.91	11.357			
이사회 활동성	의결건수	실적임용	118	29.87	11.912	-1.244	178	.215
		비실적임용	62	32.23	12.341			
	원안통과 비율	실적임용	118	88.67	8.567	.370	178	.712
		비실적임용	62	88.15	9.671			
	출석률	실적임용	116	93.06	5.936	-.902	175	.368
		비실적임용	61	93.87	5.150			

이사회 구성	관료 비율	실적임용	121	28.62	22.735	−.304	180	.762
		비실적임용	61	29.70	22.339			
	정치인 비율	실적임용	121	10.89	14.147	−2.432	180	.016
		비실적임용	61	16.73	17.357			
	기업인 비율	실적임용	121	19.67	24.641	1.425	180	.156
		비실적임용	61	14.28	22.951			
	교수 비율	실적임용	121	21.75	18.957	−.901	180	.369
		비실적임용	61	24.66	23.376			
	사회단체 비율	실적임용	121	10.23	14.385	.187	180	.852
		비실적임용	61	9.80	15.516			
	기타 비율	실적임용	121	4.99	10.433	−.883	180	.378
		비실적임용	61	6.64	14.422			

표 4-9 공공기관장의 내·외부임용 여부에 따른 이사회의 구성과 활동성

구 분		임용유형	N	평 균	표준편차	t	df	p
비상임이사 비율		외부임용	164	60.95	13.442	.555	178	.580
		내부임용	16	59.05	7.682			
이사회 활동성	의결건수	외부임용	164	30.26	12.143	−1.503	178	.135
		내부임용	16	35.00	10.814			
	원안통과 비율	외부임용	164	88.48	9.029	−.069	178	.945
		내부임용	16	88.64	8.251			
	출석률	외부임용	161	93.22	5.680	−.878	175	.381
		내부임용	16	94.53	5.674			
이사회 구성	관료 비율	외부임용	166	31.09	22.300	4.260	180	.000
		내부임용	16	7.06	10.105			
	정치인 비율	외부임용	166	12.13	15.266	−2.025	180	.044
		내부임용	16	20.28	16.441			
	기업인 비율	외부임용	166	15.19	22.018	−5.127	180	.000
		내부임용	16	45.56	28.510			
	교수 비율	외부임용	166	23.49	20.815	1.630	180	.105
		내부임용	16	14.77	15.614			
	사회단체 비율	외부임용	166	10.26	15.046	.527	180	.599
		내부임용	16	8.22	11.163			
	기타 비율	외부임용	166	5.68	12.259	.515	180	.607
		내부임용	16	4.07	7.393			

사의 구성 비율이 높았고, 외부에서 임용된 기관장의 경우는 관료출신 이사의 구성 비율이 높았다.

이러한 결과는 공공기관장의 인사특성에 따라 공공기관 이사회의 구성에서 일정한 차이가 있음을 의미한다. 정치적인 배경을 가진 기관장의 경우 관료와 정치인 출신을 이사회에 많이 포함시켰고, 실적 요소가 고려된 기관장의 경우는 정치인 출신 이사를 상대적으로 선호하지 않았다. 또한 내부에서 임용된 기관장은 정치인 출신을 이사에 많이 포함시킨 반면, 외부에서 임용된 기관장은 관료출신을 선호하는 것으로 드러났다.

3 공공기관 이사회와 경영성과

공공기관 '이사회의 구성' 및 '활동성'과 '경영성과' 간의 관계를 살펴보았다. 이사회의 구성에 있어서는 비상임이사비율과 경영성과 간에 부(-)의 상관관계에 있는 것으로 나타났다. 그리고 '이사회의 활동성'과 '경영성과' 간의 관계에서는 이사회에서 다룬 의결건수가 많을수록 경영성과가 높은 것으로 나타나 두 변수 간에는 통계적으로 유의미한 정(+)의 관계를 보였다. 이사회의 전문성을 의미하는 비상임이사의 구성에 있어서는 관료출신 이사의 비율이 높을수록 정치인 출신과 기업인 출신 이사의 비율이 낮았으며, 정치인 출신 이사의 비율이 높을수록 관료출신과 기업인 출신 이사의 비율이 낮았다. 기업인 출신 이사비율의 경우는 관료, 정치인, 교수, 사회단체 등 모든 타 경력배경 이사의 구성비율과 부(-)의 관계를 보였다. 그리고 교수출신 이사비율과 사회단체 이사비율은 기업인 출신 이사비율과 역의 관계가 있었다.

한편, 본 연구에서 설정한 모든 변수 간의 상관관계 정도를 의미하는 상관계수는 0.3 이하로서 회귀분석에 있어 다중공선성의 문제는 거의 없음을 확인할 수 있다.

표 4-10 이사회의 구성 및 활동성과 경영성과 간의 상관관계

구 분	경영 성과	이사수	비상임 이사 비율	의결 건수	원안 통과 비율	출석률	관료 비율	정치인 비율	기업인 비율	교수 비율	사회 단체 비율
이사수	.199*										
비상임 이사비율	−.213*	−.267**									
의결건수	.274**	.090	−.190*								
원안통과 비율	.002	.118	−.184*	.173*							
출석률	.134	−.105	−.246**	.045	.050						
관료 비율	.023	.115	−.151*	−.058	.053	−.132					
정치인 비율	−.060	.064	−.154*	.039	.173*	.074	−.166*				
기업인 비율	.134	−.093	.051	.269**	.094	.138	−.341**	−.173*			
교수비율	−.032	.208**	−.204**	−.068	−.217**	−.012	.026	.030	−.406**		
사회단체 비율	.058	.006	.173*	−.227**	−.169*	−.235**	−.045	−.122	−.178*	.028	
기타 비율	.018	.018	−.052	−.056	.114	−.025	−.116	.039	−.176*	.023	−.088

* $p < 0.05$, ** $p < 0.01$

4 공공기관의 규모와 경영성과

낙하산 인사 및 이사회의 활동이 경영성과에 미친 영향을 분석하기 위해 통제변수로 설정한 공공기관의 인적·재정적 규모와 경영성과 간의 관계를 살펴보았다. 분석 결과에 의하면 정부지원비율, 부채비율, 총자산, 직원수 등 모든 통제변수는 경영성과와 유의미한 수준의 상관관계를 형성하고 있지 않았다. 또한 상관계수 역시 0.2 이하로서 통제변수로서 다중공선성의 문제는 없는 것으로 나타났다.

표 4-11 공공기관의 인적·재정적 규모와 경영성과 간의 상관관계

구 분	경영성과	정부지원비율	부채비율	총자산
정부지원비율	.030			
부채비율	.111	.354**		
총자산	.135	-.097	.046	
직원수	.130	-.001	.023	.485**

* $p < 0.05$, ** $p < 0.01$

5 낙하산 인사와 이사회의 구성 및 활동이 경영성과에 미친 영향

공공기관장의 낙하산 인사가 경영성과에 어떠한 영향을 미쳤는가를 살펴보기 위해 낙하산 인사의 유형을 정실임용, 엽관임용, 비실적임용, 외부임용으로 구분하였다. 그리고 이러한 낙하산 인사의 유형을 독립변수로 하고, 경영성과를 종속변수로 하여 회귀분석을 실시하였다. 그 결과, 회귀분석의 설명력을 의미하는 R^2는 0.19로서 19% 정도의 설명력을 지닌 가운데 모든 인사 유형, 즉 낙하산 인사의 유형은 경영성과에 통계적으로 유의미한 영향을 미치지 않은 것으로 드러났다.

본 연구의 주요한 연구 주제인 낙하산 인사가 경영성과에 미치는 영향에 있어

표 4-12 공공기관장의 낙하산 인사가 경영성과에 미친 영향

구 분		비표준화 계수		표준화 계수	t	유의확률
		B	표준오차	베타		
(상수)		76.256	6.680		11.416	.000
임용 유형	정실임용	-1.474	2.417	-.060	-.610	.543
	엽관임용	-1.556	3.689	-.051	-.422	.674
	실적임용	-1.605	3.375	-.061	-.476	.635
	외부임용	-4.138	4.209	-.098	-.983	.328
통제 변수	재임년차	1.841	.908	.205	2.028	.045
	정부지원비율	.001	.005	.026	.244	.808
	부채비율	.032	.029	.117	1.125	.263
	총자산	1.360E-8	.000	.033	.294	.769
	직원수	.000	.000	.134	1.216	.227

이사회가 보완제적 기구로서 작용할 수 있는가를 분석하기 위해 이사회의 구성과 활동성을 포함시켜 회귀분석을 실시하였다. 그 결과, R^2는 0.27로서 27% 정도의 설명력을 지닌 가운데 기관장 인사의 유형, 즉 모든 낙하산 인사의 유형은 경영성과에 유의미한 영향을 미치지 않았다. 이러한 결과는 낙하산 인사의 폐단으로 지적되어 온 공공기관의 부실화가 통계적으로 증명되지 않음을 의미하며, 공공기관 부실화의 근본 원인에 대한 보다 체계적인 접근이 필요함을 보여준다.

한편, 이사회의 구성과 활동성이 경영성과에 미친 영향에서는 이사수, 의결건

표 4-13 공공기관장의 낙하산 인사와 이사회의 구성 및 활동성이 경영성과에 미친 영향

구 분		비표준화 계수		표준화 계수	t	유의확률
		B	표준오차	베타		
(상수)		-6.493	32.636		-.199	.843
임용 유형	정실	.876	2.456	.040	.357	.722
	엽관	-3.176	3.626	-.120	-.876	.384
	실적	-.572	3.268	-.025	-.175	.861
	외부임용	-5.046	4.364	-.137	-1.156	.251
이사회 구성	이사수	1.987	.586	.468	3.389	.001
	비상임이사비율	.121	.107	.151	1.132	.261
이사회 활동성	의결건수	.276	.130	.281	2.126	.036
	원안통과비율	-.164	.134	-.138	-1.220	.226
	출석률	.601	.237	.283	2.538	.013
이사회 전문성	관료비율	.081	.071	.170	1.149	.254
	정치인비율	.017	.083	.026	.205	.838
	기업인비율	.076	.076	.179	1.000	.320
	교수비율	.009	.072	.017	.128	.899
	사회단체비율	.172	.090	.231	1.924	.058
	기타 비율	.202	.112	.238	1.800	.076
통제 변수	재임년차	.370	.893	.045	.414	.680
	정부지원비율	-.003	.006	-.073	-.531	.597
	부채비율	.059	.031	.238	1.860	.066
	총자산	-4.677E-8	.000	-.131	-1.049	.297
	직원수	-3.671E-5	.000	-.017	-.134	.894

수, 출석률이 경영성과에 유의미한 영향을 미치는 것으로 분석되었다. 즉, 이사회의 규모가 클수록, 의결건수가 많을수록, 이사의 출석률이 높을수록 경영성과가 높다는 것이다. 그러므로 공공기관 이사회의 구성과 활동성 강화는 경영성과 제고에 있어 매우 중요한 의미를 지닌다. 그러므로 정부는 이사회의 규모를 더욱 확대할 필요가 있고, 이사들의 적극적 참여를 유도할 수 있는 자율성 강화와 책임성 확보를 위한 법적·제도적 장치를 강화해야 할 것이다.

이상의 분석 결과에 나타난 바와 같이 공공기관의 낙하산 인사는 경영성과에 영향을 미치지 않았고, 이사회의 구성과 활동은 경영성과 제고에 영향을 미치는 것으로 나타났다. 공공기관장의 낙하산 인사가 경영성과에 미치는 영향에 있어 이사회가 보완제적 기능을 수행하는가를 분석한 결과, 낙하산 인사 그 자체가 경영성과에 영향을 미치지 않았기 때문에 이 같은 논리 구조가 원천적으로 성립되지 않았다. 또한 이사회의 매개변수적 효과를 검증하기 위한 분석에서도 이사회의 효과는 거의 없는 것으로 나타났다.

따라서 낙하산 인사와 경영성과 간의 관계에 있어 이사회의 구성과 활동성은 매개변수로서 보완제적 기능을 수행하는 것이 아니라 독립변수로서 경영성과에 직접적인 영향을 미침을 확인하였다.

제 5 절 결 론

정부기관이나 국가에 대하여 공법상 의무를 담당하는 법인단체인 공공기관의 기관장에 대한 인사는 '낙하산 인사'라는 정치적 폐단 속에서 지속적으로 이루어져 왔고, 그 문제점이 지적되어 왔다. 대통령에 의해 이루어지는 공공기관장 인사에 있어 정치적 요소를 완벽히 배제하기란 쉽지 않을 뿐만 아니라 일정한 정무적 기능을 수행하는 공공기관장의 역할을 두고 볼 때 정치적 요소를 배제하는 것 역시 바람직한 인사로 보기 어려울 것이다.

이에, 본 글에서는 공공기관장의 낙하산 인사가 경영성과에는 어떠한 영향을 미치며, 이러한 영향에 있어 이사회가 어떠한 기능을 수행하는가를 살펴보았다. 분석 결과, 정실임용, 엽관임용, 비실적임용, 외부임용으로 대표되는 낙하산 인사에 따른 경영성과의 차이는 거의 없는 것으로 분석되었다. 또한 낙하산 인사가 경영성과에 미친 영향 역시 통계적으로 유의미하지 않은 것으로 드러났다. 그러므로 낙하산 인사 그 자체가 공공기관의 경영성과를 악화시키지 않는다고 볼 수 있다. 본 연구는 낙하산 인사가 경영성과에 영향을 미친다는 가정 하에 그 문제를 완화하기 위한 제도적 장치로서 이사회가 기능할 수 있는가를 검증하고자 하였다. 그러나 '낙하산 인사' 그 자체가 경영성과에 영향을 미치지 않음으로써 연구 문제의 논리적 구조에 문제가 발생하게 되었다.

한편, 이사회의 구성과 활동성은 공공기관의 경영성과에 영향을 미치는 것으로 나타났다. 이사회의 규모가 클수록, 그리고 이사회의 활동성이 높을수록 경영성과가 높은 것으로 분석되었다. 그러므로 공공기관 이사회는 공공기관의 경영성과에서 매우 중요한 독립변수로서 작용하고 있음을 확인할 수 있었다. 또한 공공기관장의 인사유형에 따라 비상임이사의 구성에 있어 차이를 보였다. 정치적 요소가 고려된 기관장은 관료출신과 정치인 출신을, 공공기관 외부에서 임용된 기관장은 관료출신을 비상임이사에 더욱 많이 임용하는 등 기관장의 인사 특성에 따라 이사회의 구성에 일정한 차이가 나타났다.

이러한 결과는 공공기관의 경영성과를 제고하기 위해서는 이사회의 구성과 활동성을 강화해야 하며, 이를 위해서는 공공기관장의 영향으로부터 이사회의 독립성과 자율성을 보장할 수 있는 제도적 장치를 마련해야 함을 의미한다.

본 글은 낙하산 인사의 유형을 엽관, 정실, 비실적 등을 중심으로 나누었고, 그 유무를 주요 경력과 출신배경 등 통계적 자료에 근거하여 구분하였다. 그러므로 해당 기관장이 임용됨에 있어 어떠한 요소가 더욱 강하게 작용하였는가를 구분할 수 없는 한계가 있으며, 후속연구에서는 사례연구 등 보완적인 연구가 필요할 것으로 판단된다.

〈참고문헌〉

고재학(2008). 공공기관 낙하산 인사에 관한 엽관주의적 해석: 정치적통제와 언론의제 분석을 중심으로. 『한국정책연구』, 8(2): 103-126.

곽채기(1999). 공기업 경영혁신과 정부-기업 관계의 재구조화 방안: 정부투자기관의 기업지배구조를 중심으로. 『한국사회와 행정연구』, 10(2): 319-337.

______(2005). 공기업과 정부산하기관의 기관유형 분류체계 개편 방안. 『공기업논총』, 16(1): 81-100.

권민정 · 윤성식(1999). 정부투자기관 규모와 특성에 따른 경영평가 결과의 차별화에 관한 분석. 『한국행정학보』, 33(1): 47-62.

김병섭 · 박상희(2010). 공공기관 임원의 정치적 임명에 관한 연구: 법제도 및 대통령의 영향을 중심으로. 『한국행정학보』, 44(2): 85-109.

김연진(2002). 정부산하기관 임원충원에 관한 연구. 서울대학교 행정대학원 석사학위논문.

김준기(2001). 공기업 경영평가제도의 성과와 향후 과제. 『한국행정연구』, 10(1): 97-123.

김판석(2003). 정부산하기관의 실태와 관리효율화 방안 연구. 『한국사회와 행정연구』, 13(4): 43-70.

김헌(2007). 정부투자기관 관리제도에 변화에 따른 사장 임용유형별 경영성과 차이 분석: 낙하산 인사를 중심으로. 『한국행정학회 학술대회 발표논문집』. 759-783.

나바다(2010). 공공기관 성과에 대한 지배구조의 영향 분석. 성균관대학교 국정관리대학원 석사학위논문.

박종일(2006). 외부감사인 선임과 이사회 특성. 『산업과 경영』, 18(2).

박종춘(2012). 공공기관의 내부 지배구조가 경영효율성에 미치는 영향에 관한 연구. 경남대학교 박사학위논문.

박홍엽(2009). 공공기관 임원인사 실태 및 개선방안. 『한국인사행정학회보』, 8(1): 55-92.

송희준(2002). 정부산하기관의 현황 분석 및 운영 개선 방안. 『정책분석평가학회보』, 12(2): 267-287.

신영길(2011). 공기업 지배구조와 이사회 운영이 경영성과에 미치는 영향. 서울대학교 행정대학원 석사학위논문.

안용식(1993). 정부투자기관 임원의 사회적 배경에 관한 비교 연구. 『사회과학논집』, 24: 79-101.

안용식 · 박종두(1990). 정부투자기관의 임원 및 집행간부의 사회적 배경에 관한 연구. 『사회과학논집』, 21: 107-130.

원구환(2007). 제3섹터 지방공기업의 출자지분 및 이사회구조 분석. 『한국정책과학학회보』, 10(1).

유승원(2009). 공기업의 지배규조와 경영성과: CEO와 내부감사인을 중심으로. 『한국개발연구』, 31(1): 71-103.

윤태식(2010). 공기업 이사회의 특성과 경영성과 간의 관계 분석. 서울대학교 행정대학원 석사학위논문.

윤호진(2010). 공기업 기관장 특성과 경영평가의 관계. 인천대학교 박사학위논문.

이명석(1997). 정부투자기관 임원의 충원에 관한 연구. 『한국행정학보』, 31(3): 295-311.

_____(2001). 정부투자기관임원의 정치적 임용과 경영실적. 『한국행정학보』, 35(4): 139-156.

이상철 · 박병식(2004). 정부산하기관 경영평가시스템의 효율적 구축방안. 『한국사회와 행정연구』, 15(1): 27-49.

이수철(1997). 정부산하단체의 관리 · 운영의 현황과 문제점. 『한국행정학회 학술대회 발표논문집』. 565-582.

이승우(2008). CEO 특성에 따른 공기업 경영평가의 타당성 연구. 호남대학교 박사학위논문

이주선(1998). 공기업의 민영화와 구조개혁. 『공기업논총』, 10(1): 103-133.

이창길 · 최성락(2009). 정부산하기관 경영평가에서의 후광효과(Halo Effect)에 관한 연구. 『한국행정학보』, 43(3): 151-172.

이창원(2009). 이명박 정부 공공기관 선진화의 추진성과와 문제점. 『한국조직학회보』, 6(2): 153-177.

임학순(1994). 준정부조직의 성장과 기능에 관한 연구. 서울대학교 행정대학원 박사논문.

진종순(2010). 공공기관 이사회 정원의 결정요인. 『한국공공관리학회보』, 24(2): 99-124.

최진현 · 이희섭(2012). 공공기관의 지배구조와 조직특성이 대리인비용에 미치는 영향. 『국제회계연구』, 42: 75-92.

Allison, G & Halperin, M. H.(1972). *Bureaucratic Politics: A Paradigm and Some Policy Implications*. Washington D.C.: The Brookings Institution.

Dargie, C.(1998). The Role of Public Sector Chief Executives. *Public Administration*, Vol.76 Spring.

Jones, L. P.(1975). *Public Enterprise and Economic Development: The Korean Case. Seoul: Korea Development Instit.*

OECD(2011). *Balancing Competitive and Non-Competitive Priorities of State-owned Enterprises.*

제 5 장

공공기관 경영실적평가제도: 문제점과 과제

이정철 · 이정욱(연세대학교 행정학과)

제1절 서 론

공공기관 경영실적평가제도(이하 '경영평가제도')는 공공기관의 자율경영 및 책임경영체계를 확립하고, 기관의 경영합리화와 투명성을 제고함으로써 궁극적으로는 대국민 서비스 증진에 기여하는 것을 목적으로 하는 제도이다(김주찬 · 이민창, 2014: 3; 국회예산정책처, 2015: 70). 또한 경영평가제도는 공공기관의 이전년도 경영실적을 평가하고, 평가 결과를 임원이나 직원 등 조직구성원들의 성과급과 연계함으로써 기관 간 경쟁을 유도하고 지속적인 경영혁신을 추진하는 데 목적을 두고 있다.

그동안 우리나라 공공기관의 경우, 과잉 및 중복 투자, 임금의 과다 지급 및 과도한 복리후생 등의 방만경영, 생산성 저하 등 많은 문제점들을 노정하고 있었다. 이를 개선하고자 정부에서는 2007년 4월에 「공공기관의 운영에 관한 법률」(이하 '공운법')을 제정하여 공공기관 경영평가를 위한 기틀을 마련하였다. 경영평가제도는 인위적으로라도 공공기관들 간에 시장에 준하는 경쟁 환경을 조성하는 역할을 수행하였고, 이와 함께 정부의 정책 수용성을 높일 수 있는 정책수단으로써 기능하였다(이원희 · 라영재, 2015: 327). 경영평가제도는 또한 1984년 정부투자기관 경영실적평가제도의 마련 이후 약 30여 년 간 지속적으로 개정・발전을 거듭해오면서 IMF, 세계은행 등 국제기구로부터도 모범적인 경영평가제도 성공사례로 인정받고 있다. 동남아, 중남미 등 다수의 발전도상국가에서 우리나라의 경영평가제도를 벤치마킹하고 있다는 사실은 이러한 제도의 긍정적인 측면을 대변하는 부분이라고 할 수 있다(이원희・라영재, 2015: 2).

그러나 경영실적평가제도가 공공기관의 경영효율화 및 책임경영체제 확립 등 제도 본래의 목적에 부합하기에는 여전히 개선이 요구되는 다양한 문제점들이 존재하고 있는 것 또한 사실이다. 특히, 공공기관의 경우, 국방분야 등 전략적 고려의 필요성, 민간 자본 부족이나 시장경제 실패에 대한 보완, 국가경제발전의 촉진 등 공익 추구의 목적을 갖는 동시에 수익 창출이라는 기업으로서의 성격을 갖기 때문에 명확한 목표설정 하에 정량적이고 객관적으로 경영성과를 평가하는 것이 난해한 측면이 존재한다. 기관에 따라서는 민간부문과 같이 수요와 공급이라는 시장원리나 기업성만을 추구하기 곤란한 경우 또한 다수 존재하고, 더 나아가서는 조직의 특성으로 인해 수익성이 거의 없거나 공공성과 기업성이 대립하는 경우도 존재한다(전주현, 2013: 2). 또한 경영평가제도 운영상의 문제점으로는 평가에 따른 업무부담, 평가체계 및 평가지표의 표준화에 따른 획일성, 계량지표 및 경영성과의 비중 확대에 따른 계량지표와 비계량지표의 조화 문제, 평가과정의 전문성 부족, 평가 결과의 제한적 활용 문제 등을 제시할 수 있다. 이러한 측면에서 정부가 효과적인 경영평가제도 운영을 위해서 어떠한 평가체계를 구축・운영할 것인가가 아주 중요한 과제가 된다.

이에, 본 절에서는 경영평가제도의 합리적인 개선 방안 마련을 위한 논의를 전개하였다. 제2절에서는 경영평가제도에 대한 기존의 연구 및 문헌들을 바탕으로 경영평가제도의 의의와 '평가에 대한 관리' 측면에서 경영평가제도의 효과적인 운영을 위해 요구되는 주요 평가내용들을 정리하였다. 이러한 평가내용들을 중심으로 제3절에서는 현행 공공기관 경영실적평가제도에 대한 문제점 및 쟁점사항들을 종합적으로 정리하였고, 마지막으로 제4절에서는 경영평가제도의 효과적인 운영방안에 대하여 논의하였다.

제 2 절 공공기관 경영실적평가제도의 의의와 관리 필요성

1 경영평가제도의 필요성

경영평가제도의 핵심은 공공기관의 운영과 관련하여 정부의 사전적인 간섭을 최소화하여 경영진에게 자율성을 보장하는 대신 경영성과에 대한 사후적인 평가를 실시함으로써 책임경영을 보다 확립하는 것이다. 이러한 경영평가제도가 지니는 의의는 다음과 같다(박석희, 2009: 1547-1548; 성명재 외, 2009: 280-282; 기획재정부, 2012: 88-89; 전주현, 2013: 20-22).

첫째, 경영평가제도는 정부와 공공기관 간의 사전적인 성과계약을 체결하도록 하여 관계의 재정립을 유도한다. 성과계약 과정을 통해서 정부와 공공기관은 각각의 역할을 명확하게 정의하고 명문화함으로써 공공기관 운영에 대한 정부의 사전적인 경영개입 문제를 최소화할 수 있고, 정부와 공공기관 관계에 있어서 '탈정치화'를 기대할 수 있다(성명재 외, 2009: 280).

둘째, 공공기관 경영혁신을 위한 경쟁원리를 도입함으로써 공공기관 경영진들에게 기업가 정신과 창의성을 발휘할 수 있는 제도적 여건 마련에 기여한다(기획재정부, 2012: 88). 공공기관의 경영성과를 제고하기 위해서는 공공기관의 운영에 있어서 기업가 정신과 창의성이 효과적으로 발현될 수 있는 경영체계 및 여건 조성이 강조된다(전주현, 2013: 21). 또한 공공기관의 경영개선을 위해서는 민간부문에서 시장에 의해 평가가 이루어지는 것과 같이 경영자율권을 보장하되 경영성과에 대해서는 사후적으로 책임을 묻는 방식의 성과평가제도가 요구된다(박석희, 2009: 1548). 이러한 측면에서 경영평가제도는 경영성과에 대한 사후적인 평가를 실시함으로써 책임경영체계의 기반을 제공해 줄 수 있다. 또한 경영평가제도는 경영진들로 하여금 경영효율성을 제고하기 위한 노력을 유도하고, 조직구성원들이 조직의 목표달성에 대한 동기부여와 책임의식을 제고하는 데 기여할 수 있다(기획재정부, 2012: 88). 즉, 목표달성 정도와 성과급을 연계하여 조직구성원들에게 성과급을 차등지급함에 따라 기관 내부 조직구성원들 간의 상호 경쟁, 조직 차원에서의 공공기관 간 경쟁 분위기를 조성하여 공공기관의 생산성 저하, 비효율성 문제 등을 개선할 수 있다. 따라서 정부와 공공기관은 상호 간의 협의를 통해 합리적인 평가방법을 설계하고 성과측정에 효과적인 평가지표를 개발함으로써 체계적으로 성과평가제도를 운영하는 것이 중요하다(성명재 외, 2009: 281).

셋째, 경영평가제도는 공공기관 운영에 대한 대리인 문제를 통제하는 데 기여할 수 있다. 공공기관은 정부와 공공기관 간의 주인–대리인 관계로 인하여 위험회피, 자기목적 추구, 동기유발요인의 상실 등 도덕적 해이, 즉 대리인 문제를 유발할 수 있다. 이를 효과적으로 통제하고 공공기관의 성과를 개선하기 위해서는 공공기관별로 명확한 경영목표를 설정하고 이에 대하여 사후적인 평가를 실시함으로써 해당 성과와 성과급을 연계해 차등적으로 인센티브를 지급하는 것이 필요하다(박석희, 2009: 1548). 경영평가제도는 공공기관의 최고경영자가 경영목표를 명확하게 설정하고, 목표설정과정에서 기관의 기업성과 공익성을 조화시킬 수 있도록 유도하여 공공기관이 지닐 수 있는 대리인 문제를 효과적으로 통제할 수 있다(전주현, 2013: 21). 또한 성과목표를 명확하게 설정하고, 이를 정보시스템과 연계함으로써 공공기관이 가진 역량과 주요 자원을 핵심 사업에 집중시켜 효율성을 제고할 수 있고, 성과지표 개발 및 성과측정과정을 통해서 사회후생 극대화와 같은 모호한 개념이 측정가능한 평가지표로 전환되어 대리인 문제 해소에 기여할 수 있게 된다(성명재 외, 2009: 281).

넷째, 경영평가제도는 공공기관들로 하여금 평가 결과를 통한 환류 및 경영개선 등 관리순환(management cycle)과정을 구축하는 데 기여할 수 있다(성명재 외, 2009: 282; 전주현, 2013: 22). 이러한 과정을 통해서 공공기관은 경영 현안에 대한 진단을 내리고, 개선방안을 도출할 수 있다. 즉, 평가 결과를 통해 조직이 당면하고 있는 이슈나 조직목표 추진과정에서 나타난 문제점들을 포착하여 수정·보완할 수 있고, 공공기관의 관리역량 향상을 위한 지침을 제공해 줄 수 있다. 나아가, 공공기관 스스로 우수한 제도나 관리시스템에 대해 벤치마킹하려는 노력을 촉진시킬 수 있다(기획재정부, 2012: 88).

마지막으로, 경영평가제도는 공공기관의 투명성 제고에 기여할 수 있다. 경영평가제도는 경영평가를 통해 공공기관 경영실태를 분석하고, 평가 결과에 대해 국회와 대통령이 보고받도록 규정하고 있다. 또한 경영공시나 언론보도를 통해 국민들도 이러한 결과를 제공받을 수 있도록 함으로써 공공기관의 경영성과에 대한 공개성 및 경영활동에 대한 투명성을 제고하는 데 기여한다(박석희, 2009: 1548; 성명재 외, 2009: 282; 기획재정부, 2012: 89).

2 경영평가제도의 관리

공공기관은 그 설립목적과 상관없이 일반적으로 고비용, 저효율이라는 문제점을 갖는다고 비판받는데, 이러한 비효율성은 근본적으로 공공기관이 지닌 지배구조 및 시장구조적 특성으로 인해 발생한다고 볼 수 있다(유은철, 2013: 9). 공공기관은 지배구조적 측면에서 재산권 및 소유 주체에 대해 명확하게 정의내리는 데 제한적이고, 시장구조 측면에서는 경쟁자가 존재하지 않는 독점적인 구조 하에 운영된다는 특징을 지니기 때문이다(조택・송선하, 2010: 87). 또한 공공기관은 지배구조상 일반국민들로부터의 위임에 기초하여 공공기관의 소유와 경영・관리, 통제 등에 대한 권한이 정부에 집중되어 있으며, 최종적으로 국민과의 관계에 있어 복대리인의 구조를 갖는다는 특징을 지닌다(김준기, 2005: 56; 권영주, 2010: 17). 민간부문과 달리 공적 소유권 제도의 특성상 공공기관의 소유와 경영, 통제에 대한 담당 주체가 분리되어 운영될 수밖에 없는 특징은 공공기관의 통제와 감독을 어렵게 만드는 문제의 원인으로 작용한다(이상철, 2007: 281). 소유권이 분명하지 않은 가운데 다단계의 계층 구조를 이룬 복대리인 관계로 인하여 비효율성, 방만경영, 자기목적추구 또는 지대추구행동이 공공기관의 문제점으로 지속적으로 발생하고 있으며, 이는 공공기관 경영에 대한 효과적인 통제가 요구됨을 시사한다. 경영평가제도는 이러한 측면에서 공공기관 경영에 대한 사전적, 직접적 통제보다는 공공기관의 자율성을 확보하고, 경영성과에 대해 책임을 묻고자 하는 간접적이고 사후적인 통제수단으로서 등장하였다고 할 수 있다(권영주, 2010: 17; 유은철, 2013: 9). 경영평가제도와 같이 공공부문에서의 평가는 일반적으로 행정의 효율성과 책임성을 제고함으로써 궁극적으로는 행정성과 향상에 기여할 수 있다(유승현, 2008: 96). 민간부문과 비교하여 공공부문에서의 사업 또는 정책성과에 대한 면밀한 평가는 책임성 측면에서 그 중요성이 강조되고, 공공기관에 대한 평가 역시 이러한 측면에서 주인인 국민들이 대리인인 공공기관에게 책임을 물을 수 있는 근거로 작용할 수 있기 때문에 공공기관 성과에 대한 정확한 평가문제는 지속적으로 중요한 이슈로 다루어져 왔다(이선우 · 임현정, 2012: 357). 예를 들어, 벤(Behn, 2003)은 공공부문에서의 성과측정 및 성과평가를 통해서 공공관리자는 ① 업무에 대한 평가(evaluate), ② 예산의 편성(budget), ③ 조직구성원들에 대한 통제(control), ④ 동기부여(motivate), ⑤ 조직이 잘하고 있다는 것에 대한 홍보(promote), ⑥ 성과에 대한 보상(celebrate), ⑦ 조직목표 달성을 위한 학습(learn) 등의 목적을 달성할 수 있고, 이를 통해 최종적으로는 조직의 성과개선(improve)에 기여할 수 있다고 설명하였다(Behn, 2003; 이광희 외, 2006: 17; 유승현 · 김주희, 2016: 30). 즉, 성과평가의 과정은 성과측정과 진단, 점검, 피드백을 통해서 목표의 명확화, 프로세스의 개선, 그리고 궁극적으로는 성과향상을 유도하는 효과를 지닌다(유은철, 2013: 10).

정리하면 경영실적평가제도는 공공기관의 경영성과에 대한 평가를 통해 경영의 자율성과 책임성 제고를 통한 책임경영체계 확립, 피드백과 환류과정을 통한 경영개선 및 조직의 학습 유도, 조직구성원들의 동기부여 제고, 조직이 당면한 문제의 수정 · 보완 및 향후 목표의 명확화 등에 기여할 수 있다. 또한 성과평가의 결과는 재정적 · 인적 · 물적 측면에서 한정된 자원의 효율적인 배분, 경영관리체계의 개선, 조직과 개인의 성과에 대한 공정한 보상, 인사관리상의 기준, 조직학습을 위한 교육훈련, 국민의 신뢰성 확보 등에 활용될 수 있다(이창길, 2016: 89). 그리고 목표설정 및 성과의 측정, 평가, 환류 등 성과평가체계의 구축을 통한 선순환적 관리과정을 통해서 조직구성원들 간의 조직의 비전과 목표달성에 대한 공유와 공감대 형성, 의사소통 및 참여의 활성화, 동기부여와 책임성 제고 등의 긍정적 변화를 기대할 수 있다. 즉, 경영실적평가제도는 관리자를 중심으로 조직구성원들이 주어진 환경 하에서 성과를 얼마나 창출하고, 조직의 목표를 어느 정도 달성하였는지 측정 · 평가하여, 그 결과를 금전적 또는 인사상의 인센티브와 연계하여 보상하는 제도라고 할 수 있으며(유은철, 2013: 11), 이를 통해 조직구성원들의 동기부여를 제고하고, 환류과정을 통해 기관의 경영개선을 유도한다는 측면에서 그 중요성이 강조된다(김용우, 2006: 404-405). 이에 따라 공공기관의 비효율성, 대리인 문제 등 공공기관이 지닌 문제점들을 효과적으로 관리 · 통제하고 효율성을 제고하기 위해서 경영평가제도를 어떻게 하면 성공적으로 운영할 수 있을 것인가 하는 문제가

그림 5-1 평가체계와 효과적 성과평가의 요건

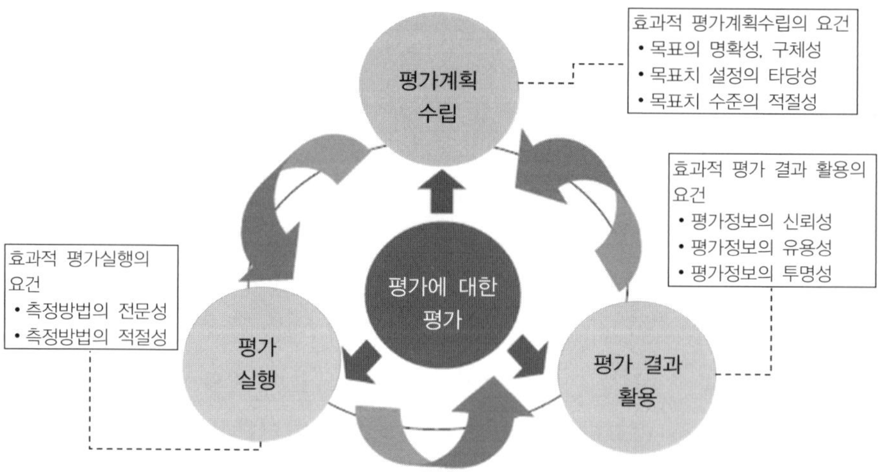

중요한 문제로 강조된다고 할 수 있다.

이러한 측면에서 효과적인 성과평가체계를 구축하기 위해 경영평가제도를 구성하고 있는 주요 요인들을 살펴보면 [그림 5-1]과 같이 평가계획의 수립, 평가의 실행, 평가 결과 활용 등으로 구분할 수 있으며, 각 단계에서 중점적으로 관리되어야 할 요건들을 정리하면 다음과 같다(국무조정실, 2007: 24-31). 먼저, 평가계획의 수립단계에서는 목표를 얼마나 명확하고 구체적으로 설정하였는가, 목표치를 얼마나 적절하고 타당성 있게 설정하였는가 등을 의미하는 목표의 명확성과 구체성, 타당성 및 적절성 등이 강조된다. 기관의 핵심사업이 조직목표로서 명확하고 구체적으로 제시될 때에 조직구성원들이 쉽게 이해할 수 있고 기관 내 의사소통 문제를 예방할 수 있으며 목표달성 수준에 대한 정확한 측정이 가능하다. 또한 목표치 설정에 있어서 타당성과 적절성이 확보되어야만 업무성과에 대한 조직과 개인의 책임을 명확하게 규정하고, 측정한 결과로 사업의 성공 여부를 판단하는 것이 가능하다. 둘째로, 평가의 실행단계에서는 성과에 대한 측정 및 평가방법의 전문성과 적절성이 담보되어야 한다. 평가를 받는 공공기관의 입장에서는 평가의 공정성과 공평성 확보가 가장 직접적인 관심사항이라고 할 수 있다(곽채기, 2010: 30). 따라서 평가과정이 얼마나 전문적이고, 타당성과 적절성 있게 이루어졌는가는 평가과정과 결과에 대한 신뢰성 및 유용성에 영향을 미칠 수 있기 때문에 그 중요성이 강조된다. 또한 평가 결과는 기관의 경영개선뿐만 아니라 조직구성원들의 성과급이나 인사상의 보상과도 연계되기 때문에 평가 결과의 공정성 확보 측면에서도 그 중요성이 강조된다. 마지막으로, 평가 결과의 활용단계에서는 이러한 과정을 바탕으로 적시성 있고 신뢰할 수 있는 평가 결과를 도출하는 것이 강조된다. 투명성 확보 또한 경영평가제도의 성공적 운영을 위한 필수 요건 중 하나로서, 이는 평가의 공정성과 공평성 및 수용성을 확보하기 위해서 필수적으로 담보되어야 하는 요건이라고 할 수 있다(곽채기, 2010: 31). 이러한 투명성은 이해관계자들의 참여 보장, 공개성 확보 등을 통해 제고될 수 있으며, 평가 결과에 대한 정보를 일반에 공개함으로써 국민의 알 권리와 접근성 등 민주성과 정책의 효율성 제고에 기여할 수 있다(홍재환 외, 2008: 2).

또한 공공기관은 지배구조의 특성상 [그림 5-2]와 같이 정부, 공공기관의 경영진 및 직원, 공공기관의 고객(일반국민 등) 등 다양한 이해관계자들의 요구와 역할기대가 상호작용하고 있다(곽채기, 2010: 27). 따라서 행위자 또는 이해관계자의 관점에서 경영평가제도의 필요성과 정당성의 논거를 살펴볼 필요성이 제기된다(장지인 외, 2013: 28).

그림 5-2 공공기관 지배구조상의 특징과 이해관계자별 역할

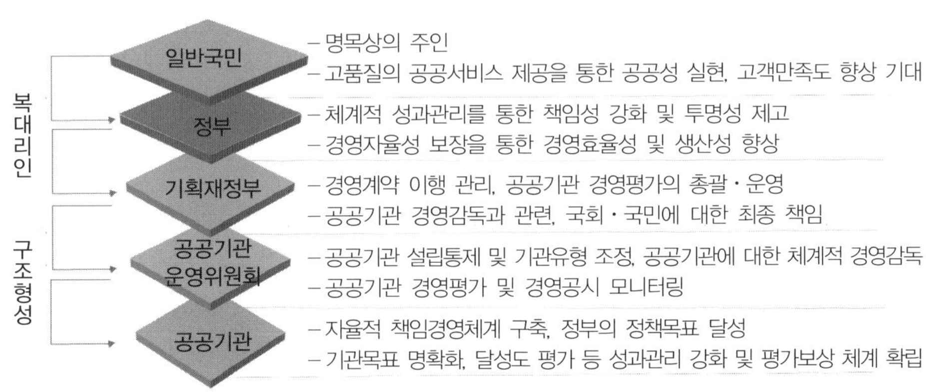

먼저, 일반국민들은 명목상의 주인에 해당된다고 할 수 있지만, 공공기관의 주인으로서 공공기관이 높은 수준의 경영효율성과 생산성을 지니고, 고품질의 공공서비스를 제공하기를 기대한다. 이를 실현하기 위해서는 경영참여와 경영감시 활동 등이 효과적으로 이루어질 수 있도록 제도적 장치를 구비하여 공공기관 경영의 투명성을 확보하는 것이 강조된다(곽채기, 2010: 27).

두 번째로, 정부 또한 공공기관의 소유·지배자로서 공공기관의 경영효율성과 생산성 제고를 강조하는 동시에 정부가 추구하는 정책목표를 공공기관이 성공적으로 실현하기를 기대한다. 이를 위하여 담당 주무부처인 기획재정부에서는 경영평가편람을 작성·배포함으로써 정부의 공공기관에 대한 정책목표를 명확하게 설정하고, 효과적으로 전달하는 역할을 수행한다. 또한 경영실적평가에 대한 인센티브 연계 등을 통해 공공기관 경영효율성 제고와 공공기관 임직원들의 경영책임성 확보 노력을 촉진한다(곽채기, 2010: 28; 장지인 외, 2013: 31).

세 번째로, 공공기관운영위원회 등 경영평가기관은 체계적이고 공정한 경영실적평가를 통해 공공기관의 경영실태와 경영성과에 대한 정확하고 전문적인 경영정보를 생산·제공하고, 이를 다양한 이해관계자들에게 공개함으로써 공공기관의 경영효율성과 투명성을 제고하는 것을 기대한다고 볼 수 있다. 공공기관은 그 지배구조상의 특징으로 인하여 공공기관의 주인이라고 할 수 있는 국민과 그 대리인인 공공기관 간의 관계, 또는 공공기관 내의 경영진과 직원 간의 관계 등에서 정보의 비대칭성, 이해관계의 불일치 등으로 도덕적 해이, 역선택의 문제와 같은 대리인 문제가 발생할 수 있다(장지인 외, 2013: 29). 이러한 문제를 효과적으로 통제하고 해소하기 위해서 공공기관 경영실적평가의 책임기관이자 평가주체라고 할 수 있는 경영평가위원회 및 평가단의 역할이 특히 강조된다고 할 수 있다.

마지막으로, 공공기관 경영과 직접적으로 관계되는 공공기관의 경영진과 직원들은 공공기관 경영의 자율성을 보장받으며, 금전적·비금전적인 보상을 최대한 확보하는 것을 기대한다고 볼 수 있다(곽채기, 2010: 28). 이러한 측면에서 공공기관 경영평가제도는 공공기관의 경영자율성을 최대한으로 보장하는 동시에, 경영실적평가 결과를 금전적·비금전적 인센티브와 연계함으로써 공공기관 임직원들의 보상기대에 부응하고 동기부여하는 한편, 경영의 효율성과 책임성을 제고하는 제도적 장치로서 기능한다고 볼 수 있다(장지인 외, 2013: 31).

표 5-1 경영평가제도에 대한 운영단계 및 수행주체별 진단지표

단 계	진단기준	세부 내용
평가계획 수립	평가계획의 명확성 · 합리성	평가대상기관의 선정기준이 명확한가? 평가대상기관의 조직 및 사업의 특성이 고려되었는가? 평가지표가 명확하고 적절하게 설계되었는가?
평가실행	평가인력의 전문성	평가위원의 전문성이 확보되었는가?
	평가절차의 적절성 · 타당성	평가일정 등 평가절차의 타당성이 확보되었는가?
평가 결과 활용	평가 결과의 활용성	(기관 내부) 평가 결과정보의 신뢰성과 유용성이 확보되었는가? (기관 외부) 평가 결과정보가 투명성을 확보하고 있는가?

이와 같이 공공기관의 운영을 둘러싼 여러 이해관계자들이 공공기관의 경영활동과 관련하여 각자 다양한 요구와 역할 기대를 갖는 만큼 경영평가제도는 그 운영과정에 있어서 자율경영, 책임경영이라는 경영이념과 다양한 이해관계자들의 요구를 균형 있게 종합적으로 달성하는 것이 중요하게 강조된다(장지인 외, 2013: 31). 이러한 측면에서 앞서 논의한 성과관리의 관점과 경영실적평가제도에 대한 이해관계자 관점을 접목한 결과, 경영평가제도를 진단하기 위한 주요 지표는 <표 5-1>과 같이 제시될 수 있다.

제 3 절 공공기관 경영실적평가제도의 주요 문제점

우리나라의 공공기관 경영실적평가제도는 공공기관의 국민경제적인 성과와 경영효율성을 제고하기 위한 가장 핵심적인 관리수단으로 활용되어 왔다(장지인 외, 2013: 33). 그러나 경영실적평가제도가 기관의 경영효율화를 유도하고, 책임경영체제를 확립하는 데 기여하기 위하여 그동안 지속적인 수정 · 보완을 통해 제도적 개선 노력이 이루어져 왔음에도 불구하고, 현재까지도 일부 문제점들을 노정하고 있는 것이 사실이다. 예를 들어, 평가대상기관의 분류 및 선정, 평가방법과 조직업무상의 연계성 및 타당성, 경영평가단 구성 및 운영상의 전문성과 신뢰성, 지표체계의 적절성, 그리고 평가 결과에 대한 활용 등과 관련된 문제점들은 경영실적평가제

도가 성공적으로 운영되기 위해 요구되는 대표적인 개선과제들로 지적되고 있다(남기습, 2012; 라영재・윤태범, 2013; 민병찬, 2014; 김철, 2015).

따라서 본 절에서는 이러한 공공기관 경영실적평가제도 운영상에 나타나는 문제점들을 살펴보기 위하여 공공기관 경영실적평가제도에 대한 문제점과 개선방안에 대하여 논의하였던 기존의 연구들을 종합・정리하였다. 이러한 분석을 통해 도출된 문제점들은 공공기관운영위원회의 평가계획단계, 경영실적평가단의 평가수행단계, 피감독기관인 공공기관의 평가 결과 활용단계 등 세 가지 단계별로 구분하여 제시되었다.

1 평가계획단계

1) 평가대상기관의 선정기준이 명확한가?

경영평가제도는 공공기관의 지정 및 평가대상의 선정 측면에서 일부 예외가 존재함에 따라 공정성 측면에서 문제점으로 지적되고 있다. 현행 공운법 하에서 공공기관은 공기업과 준정부기관, 기타공공기관으로 구분되며, 공기업과 준정부기관의 경우, 직원 정원이 50명 이상인가를 기준으로 지정된다. 이 중 상대적으로 시장성이 강한 기관은 공기업으로 분류되며, 시장성보다는 공공성이 보다 강조되는 기관의 경우 준정부기관으로 분류된다(국회예산정책처, 2014: 26). 또한 공기업은 '시장형 공기업'과 '준시장형 공기업'으로 다시 구분된다. 자산규모가 2조 원 이상이고 총수입액 중 자체수입액의 비중이 85% 이상일 경우에는 '시장형 공기업'으로 분류되고, 50% 이상 85% 미만 수준에 속할 경우 '준시장형 공기업'으로 구분된다. 또한 준정부기관은 「국가재정법」에 따라 기금을 직접 관리하거나 기금 관리의 위탁업무를 수행하는 경우 '기금관리형 준정부기관'과 '위탁집행형 준정부기관'으로 분류된다. 마지막으로, 공공기관들 가운데 공기업과 준정부기관에 해당하지 않는 그 외의 기관들의 경우에는 '기타공공기관'으로 분류된다(윤상우, 2013: 8).

공공기관 경영실적평가의 대상은 공운법상의 공공기관 유형 구분에 따라 공기업과 준정부기관에 한정된다. 평가대상이 되는 공기업과 준정부기관들은 공공기관의 규모 및 기능 등을 고려하여 '공기업Ⅰ', '공기업Ⅱ', '기금관리형 준정부기관',

표 5-2 공운법상의 공공기관 분류 내용

<table>
<tr><th colspan="3">유형분류기준</th><th colspan="2">분 류</th><th>경영평가</th></tr>
<tr><td rowspan="5">직원 50명 이상</td><td rowspan="2">자체수입비율 50% 이상인 기관 중 기획재정부 장관이 지정</td><td>자산규모 2조 원 이상, 자체수입비율 85% 이상</td><td rowspan="2">공기업</td><td>공기업 I</td><td rowspan="4">대상</td></tr>
<tr><td>시장형 공기업이 아닌 공기업</td><td>공기업 II</td></tr>
<tr><td rowspan="2">공기업이 아닌 공공기관 중 기획재정부 장관이 지정</td><td>「국가재정법」에 따라 기금관리 또는 기금관리 위탁</td><td rowspan="2">준정부 기관</td><td>기금관리형</td></tr>
<tr><td>기금관리형 준정부기관이 아닌 준정부기관</td><td>위탁집행형</td></tr>
<tr><td>공기업 · 준정부 기관 미지정</td><td>–</td><td rowspan="2">기타 공공기관</td><td>(a)</td><td rowspan="2">미대상</td></tr>
<tr><td>직원 50명 미만</td><td>–</td><td>–</td><td>(b)</td></tr>
</table>

자료: 민병찬(2014: 28).

'위탁집행형 준정부기관', '강소형 기관'의 5개 유형으로 구분된다(박정수, 2014: 316). 한편, 기타공공기관의 경우, '공운법'상에 경영공시, 고객만족도조사 등과 같은 기본적인 사항에 대해서만 규율되어 있고, 관리체계의 핵심적인 내용이라고 할 수 있는 경영관리 및 감독 등에 대해서는 개별 기관의 설치근거법 등에 근거하여 운영되고 있다. 즉, 기타공공기관으로 지정된 기관들의 경우에는 공공기관 경영실적평가의 대상에 포함되지 않는 것이다.

그러나 <표 5-2>의 (a)와 같은 사례들을 살펴보면, 기관의 직원이 50명 이상이고 자산규모나 기관업무의 중요도 측면에서도 다른 공기업이나 준정부기관들과 비교하여 큰 차이가 없음에도 불구하고 다른 법률에 의한 책임운영체계 확립, 기관운영에 대한 자율성 부여 필요 등을 이유로 기타공공기관으로 분류되어 있는 경우가 존재한다(민병찬, 2014: 29; 국회예산정책처, 2015: 87). 이러한 기관들이 (b)의 경우처럼 50명 미만의 직원을 둔 소규모기관들과 동일하게 공공기관 경영실적평가의 제외대상이 되는 것은 평가의 공정성 측면에서 문제가 제기될 수 있다. 2017년 9월 기획재정부가 지정한 330개의 공공기관 중 공기업(시장형, 준시장형)과 준정부기관(기금관리형, 위탁집행형)의 수는 123개로, 전체의 37%를 차지한다. 그리고 나머지 63%의 공공기관은 '기타공공기관'으로 지정되었다. 예를 들어, 강원랜드의 경우, 3조 원대의 자산규모를 가지고 있음에도 불구하고 기타공공기관으로 분류되어 있어, 공운법상 직원 정원이 40여 명 수준인 다른 기타공공기관과 동일한 관리체계를 적용받고 있다. 경우에 따라서는 일부 기타공공기관에 대해 기획재정부에서 추가적인 관리체계를 운용하고 있으나, 공공기관 운영과 관련된 기본법이라고 할 수 있는 공운법에서는 이를 강제하고 있지는 않다(김재환 · 박인환, 2017: 3).

그림 5-3 분야별 기타공공기관 수 변화

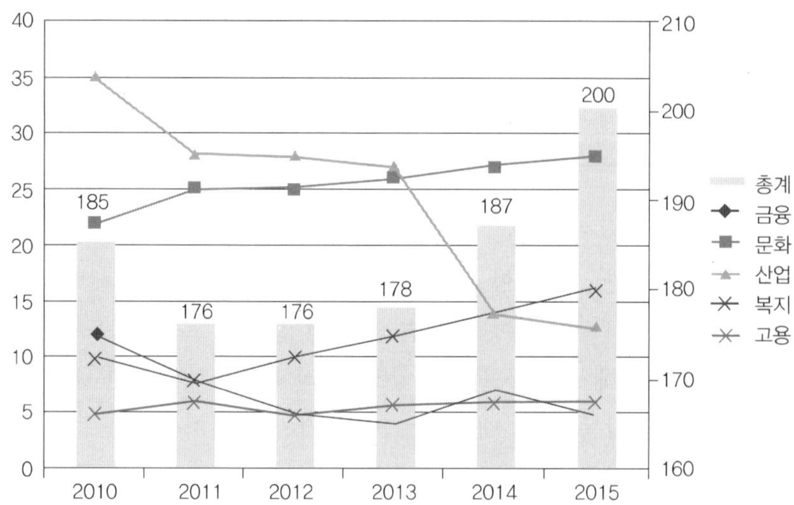

자료: 이원희(2015: 12).

그리고 이러한 기타공공기관의 수는 2012년 이후 지속적으로 증가하고 있으며, [그림 5-3]과 같이 특히 문화 및 복지 분야에서 기타공공기관의 수가 증가하는 추세를 나타내고 있다. 기타공공기관으로 분류되어 있던 기관들이 공기업이나 준정부기관으로 재분류되는 사례들도 존재하지만, [그림 5-3]과 같이 여전히 기타공공기관으로 분류되는 기관의 수가 많기 때문에 해당 기관들의 사업 적정성 등을 실질적으로 평가하는 데에 제한적이라고 할 수 있다. 또한 공기업과 준정부기관은 기관사업의 공공성과 기업성을 고려하여 지정 및 분류되고 있으나, 기타공공기관의 경우에는 규모가 크지 않은 가운데 기관별 특성이 다양하게 구성되어 있어 업무수행에 대한 효과적인 모니터링에 한계가 존재한다(이원희, 2015: 12).

2) 평가대상기관의 조직 및 사업의 특성이 고려되었는가?

경영평가제도는 평가유형 구분 및 공공기관 특성 반영 측면에서 한계를 지니는 것으로 지적되고 있다. 공공기관 평가유형은 앞서 논의한 바와 같이 공운법에 따라 공기업의 경우 공기업Ⅰ과 공기업Ⅱ로 구분되며, 준정부기관의 경우 기금관리형, 위탁집행형, 강소형 등으로 구분되어 총 5개 유형으로 구분된다. 이 중 '공기업Ⅰ'에는 사회기반시설(SOC)의 계획과 건설, 관리 등과 관련된 업무들을 주로 수행하는 대규모 기관들이 포함되고, '공기업Ⅱ'에는 특정 분야의 산업을 진흥시키기 위한 목적의 업무를 수행하는 기관, SOC 업무와 관련된 중소형 규모의 기관, 자회사 등이 포함된다. 그리고 '준정부기관'에 대해서는 '기금관리' 유형과 '위탁집행' 유형으로 구분되는데, '기금관리형 준정부기관'으로 지정된 기관들 가운데 정원이 500명 미만이고 자산규모가 1조 원 미만인 기관, '위탁집행형 준정부기관' 가운데에서도 정원이 500명 미만인 기관에 대해서는 '강소형 기관'으로 별도의 구분이 이루어지고 있다(기획재정부, 2013: 7).

이러한 구분을 통해서 현재 기관평가는 공기업Ⅰ, 공기업Ⅱ, 기금관리형 준정부기관, 위탁집행형 준정부기관, 강소형 기관 등 5개 유형으로 평가가 이루어지고 있는데, 같은 평가유형 내에서도 상이한 특성을 가진 기관들이 일부 혼재해 있는 사례들이 존재하여 문제점으로 제기되고 있다(민병찬, 2014: 35). 일례로, 공기업Ⅱ의 유형을 살펴보면, 같은 평가유형 내에서도 기관의 규모와 업무 특성이 상이한 기관들이 존재함에도 불구하고 동일한 평가기준에 의해 평가를 받는 사례들이 존재한다. 예를 들어, 항만업무를 담당하는 기관(인천항만공사 등), 감정평가 업무를 담당하는 기관(한국감정원), 에너지 관련 업무를 담당하는 기관(발전자회사) 등 자산이나 인력규모, 업무상의 특징 측면에서 상당한 차이가 존재함에도 불구하고 동일한 평가지표를 근거로 경쟁하는 문제가 발생하고 있다(민병찬, 2014: 35－37). 평가유형의 적절성에 대한 문제의식은 공공기관의 경영평가 담당자를 대상으로 한 심층면접 결과에서도 나타나는데, 경영평가 담당자들은 대부분 현행 평가유형 구분이 적절하지 않거나 불리하다고 인식하고 있었다(김주찬 · 이민창, 2014: 38). 기관의 규모나 업무상의 특성 측면에서 상이한 기관들이 동일한 평가유형 내에서 그 차이점이 고려되지 않은 채 동일선상에서 경쟁하고 평가받는 환경에 놓일 경우 이는 평가의 타당성 측면에서 문제가 제기될 수 있으며, 따라서 기관의 규모나 특성을 고려하여 평가유형을 세분화하는 방법 등을 검토할 필요성이 있다.

3) 평가지표가 명확하고 적절하게 설계되었는가?

경영평가제도의 평가지표 설계와 관련된 이슈는 비계량지표 평가의 적절성, 계량·비계량 지표의 조화 등이다. 먼저, 비계량지표 평가의 경우, 해당 평가에 대한 신뢰성이나 객관성이 부족하다는 지적이 지속적으로 제기되어 왔다(박미정, 2010: 46). 정부 또한 이러한 한계를 보완하기 위하여 비계량지표에 대한 평가기준을 구체화하는 등 비계량지표 평가의 신뢰도를 제고하기 위한 노력을 전개해 왔으나, 실제 평가보고서를 살펴보면, 비계량지표의 평가와 관련하여 일부 모호하거나 주관적인 표현들이 발견되는 사례들이 보고되고 있다. 이러한 현상은 특히 과거의 리더십 관련 범주에서 자주 발견되었는데, 리더십 범주의 특성상 평가기준을 구체화하기 쉽지 않고, 이를 객관적으로 평가하기 힘든 측면이 존재하기 때문인 것으로 예상해볼 수 있다(박미정, 2010: 14). 그러나 이러한 지표들의 경우 비슷한 수준의 노력을 했음에도 불구하고 평가가 확연히 엇갈리는 경우, 그 평가 근거에 대하여 명확히 제시하기 어렵다는 문제점을 갖는다. 이러한 모호한 기준에 의하여 평가가 이루어질 경우 경영평가에 대한 낮은 신뢰도로 직결될 수 있으며, 실질적인 경영개선 실적을 파악하기 어렵다는 데에 한계가 존재한다(박정수, 2013: 28).

이러한 측면에서 경영평가에서는 비계량지표를 통해 계량화할 수 없는 기관 및 업무상의 특성을 고려하는 한편, 보다 객관적이고 구체적인 수치를 통해 경영실적을 평가할 수 있는 계량지표의 활용이 강조된다. 따라서 평가의 타당성을 확보하기 위해서는 계량지표와 비계량지표를 적절하게 활용하는 것이 중요한데, 각 지표들의 비중은 경영평가제도의 도입 이후 계속하여 변화하여 왔다. 특히, 계량지표와 비계량지표의 비중은 <표 5-3>과 같이 계량지표가 보다 더 강조되는 양상으로 변화하여 왔다. 구체적으로 살펴보면 공기업과 위탁집행형 준정부기관의 경우 2013년부터 2015년까지 계량지표와 비계량지표 간의 가중치 비중이 55 : 45에서 65 : 35로 변화하였다. 기금관리형 준정부기관의 경우에도 2013년부터 2015년까지 비교해보면 52 : 48에서 65 : 35로 변화하여 계량지표의 가중치가 보다 증가하는 것을 살펴볼 수 있다. 이와 비교하여 강소형 기관의 경우 계량 대 비계량 지표의 가

표 5-3 계량 대 비계량 지표의 가중치 변화 추이

구 분	2013년		2014년		2015년		2016년		2017년	
	계량	비계량	계량	비계량	계량	비계량	계량	비계량	계량	비계량
공기업 Ⅰ·Ⅱ	55	45	65	35	65	35	60	40	55	45
위탁집행형 준정부기관	55	45	65	35	65	35	60	40	55	45
기금관리형 준정부기관	52	48	65	35	65	35	60	40	55	45
강소형 기관	45	10	45	15 (20)	45	15 (20)	45	15 (20)	55	45

주: (　)은 강소형 기관 중 중·장기계획 비제출기관의 비계량지표 비율을 의미함.

중치가 과거 45 : 10에서 최근에는 45 : 15 또는 45 : 20의 비중으로 변화하는 등 비계량지표의 가중치가 상대적으로 증가하는 것을 살펴볼 수 있다. 한편, 2017년을 기준으로 살펴보았을 때에는 모든 기관들이 55 : 45의 비중으로 동일하게 적용된 것을 살펴볼 수 있다.

계량적 평가는 공공기관에 대한 평가를 수행하는 데 있어서 평가자 개인의 자의적 판단을 방지함으로써 평가에 대한 객관성을 확보하고, 피평가기관의 보고서 작성에 대한 부담을 완화할 수 있다는 장점을 지닌다(민병찬, 2014: 43). 그러나 한편으로는 계량지표가 기관의 주요 사업에 대한 대표성을 충분히 지닐 수 있는가에 대해서는 경우에 따라 논란이 존재할 수 있으며, 계량지표를 통한 성과측정 노력에도 불구하고 업무의 특성상 계량화하는 데 제한적인 성과가 많은 경우 해당 성과를 정확하게 측정하기 곤란하다는 문제점 등이 발생할 수 있다. 또한 업무 성과의 내용이 공공성으로 측정되어야 할 가치나 성과를 포함하고 있거나 효율성 측면을 측정하기 위해 요구되는 정보가 충분히 제공되지 않을 경우 계량지표의 활용은 한계를 갖는다(민병찬, 2014: 43). 나아가, 일각에서는 상대적으로 높은 비중의 계량지표 구성과 이러한 계량지표들을 통해 측정할 수 있는 내용들이 보수관리, 기관장 경영계약, 임원성과계약 등 수익성·상업성의 강조와 관련이 있다는 점에서 공공기관이 가져야 할 공공성에 대한 고려가 상대적으로 소홀해질 수 있다는 우려 또한 제기되고 있다(김철, 2015: 24).

이와는 반대로, 비계량적·정성적 평가는 기관 고유의 특성이나 사업의 특수성 등 계량지표만으로는 측정하기 곤란한 측면들을 반영할 수 있다는 점에서 그 유용

성을 살펴볼 수 있다. 그러나 이와 동시에, 평가의 수행과정에서 평가자의 편견이나 주관이 개입될 수 있는 가능성이 존재하고, 계량적 평가와 비교하였을 때에 상대적으로 평가측정의 타당성과 신뢰성을 확보하는 데 제한적인 측면이 존재한다는 한계를 지닌다(김주찬 · 이민창, 2014: 18). 이러한 점을 고려해 볼 때 평가의 객관성 측면에서 기관들이 가지고 있는 특수성과 사업의 다양성을 충분히 반영할 수 있는 계량지표를 개발하여 적용하는 것이 이상적이라고 할 수 있지만, 현실적으로 불가능한 상황에서 계량지표를 보완할 수 있는 비계량지표를 활용할 필요가 있다(민병찬, 2014: 45). 결국, 계량지표와 비계량지표의 가중치는 기관의 특성과 사업을 고려하여 조화를 이루는 것이 강조되는데, 경영평가 담당자에 대한 심층면접 결과에 따르면 일반적으로 강소형 기관은 계량지표를 선호하였으며, 비계량지표를 선호하는 경우는 대부분 공기업인 것으로 나타났다(김주찬 · 이민창, 2014: 66). 이러한 측면에서 살펴볼 때 기관의 평가유형 중 공기업Ⅰ, Ⅱ와 기금관리형 · 위탁집행형 준정부기관의 경우에는 기관이 가진 특수성과 다양한 사업성격이 평가과정에서 보다 적실성 있게 반영될 수 있도록 비계량지표의 활용성을 보다 더 고려하고, 강소형 기관의 경우 비계량지표와 비교하여 성과측정이 보다 용이한 계량지표의 활용 정도를 확대하는 방향으로 설계함으로써 강소형 기관의 경영평가에 대한 부담을 완화시키는 방안 등을 검토해 볼 수 있다(김주찬 · 이민창, 2014: 67).

2 평가실행단계

1) 평가위원의 전문성이 확보되었는가?

경영평가제도는 평가실행단계에서 실제 평가주체인 평가위원들의 전문성 측면에서 한계를 갖는 것으로 지적되고 있다. 일례로, 2014년 공공기관 경영평가 담당자들을 대상으로 한 심층면접 결과에 따르면 일부 기관에서 평가위원의 평가가 피평가기관의 현실에 적합하지 않으며, 모호하거나 일관적이지 않은 경우가 존재한다는 의견이 제기되었고, 동일한 사안에 대하여 평가위원별로 상반된 의견이 나왔다는 사례 등이 보고되었다(김주찬 · 이민창, 2014: 55-56; 민병찬, 2014: 25).

국회입법조사처(2016)에 따르면, 2012년부터 2016년까지 기관평가를 기준으로 살펴보았을 때 공공기관 경영평가단에 참여한 인원은 연간 160여 명 수준인 것으로 나타났고, 이 가운데 경영평가단에 새로 유입되는 신규인원의 비율은 매년 40~50% 정도인 것으로 나타났다. 그러나 2014년의 경우, 156명의 평가단 중 122명이 신규로 평가에 참여하여 신규인원비율이 78%를 나타냈다. <표 5-4>와 같이 공공기관 경영평가단에 대해서는 평가위원을 대상으로 한 사전로비나 포획 가능성 등의 문제를 방지하기 위하여 평가위원의 주기적인 교체가 이루어지고 있다.

표 5-4 경영평가단 신규인원비율

	2012	2013	2014	2015	2016
해당 년도 경영평가단 참여위원(a)	149명	159명	156명	162명	161명
전년도 경영평가단 참여위원(b)	100명	96명	34명	74명	102명
신규인원(c)	49명	63명	122명	88명	59명
신규인원비율(c/a)	33%	40%	78%	54%	37%

자료: 국회입법조사처(2016).

그러나 2014년과 같이 80% 가까운 규모로 평가위원이 교체될 경우 일부 유형의 평가의 경우 평가경험이 전무한 인원들로만 구성되어 평가가 이루어질 수 있다는 문제점이 발생할 수 있다(국회예산정책처, 2015: 85). 실제로 2014년 평가위원 156명 중 이전 3년(2010~2012년) 동안 경영평가에 참여한 경험이 있는 위원 수는 50명으로 32.1%에 불과하였다(민병찬, 2014: 22). 또한 최근 2017년에는 119개의 평가대상기관(공기업 30개, 준정부기관 89개)에 대하여 109명의 평가위원이 평가에 참여한 것으로 보고되었다. 이는 이전년도와 비교하여 평가단의 규모가 약 33% 감축된 결과로, 급격한 인원축소로 인해 평가의 전문성뿐만 아니라 업무량 측면에서도 평가위원들의 부담을 가중시키는 요인으로 지적되었다(박순애, 2017: 27). 평가단 구성 측면에서도 특정 분야의 편중문제가 지적되고 있다. 예를 들어, 평가위원 대부분(109명 중 73명, 67%)이 학계 출신이고, 주로 행정학 · 경영학 전공자에 편중(약 50%)되어 있기 때문에 현업에 대한 이해가 부족하고, 전문성을 기대하는 데 한계가 존재하는 것으로 지적되었다(조임곤, 2017: 15).

그리고 평가기간과 관련하여 공운법에 따르면 경영실적평가는 매년 3월 20일까지 기관장의 경영계획서 이행실적보고서와 공공기관의 경영실적보고서 제출이 이루어져야 하고, 이로부터 3개월 후인 6월 20일까지 국회 및 대통령에게 경영실적 평가 결과가 보고될 수 있도록 운영되고 있다(노광표, 2014: 18). 즉, 3개월 동안 경영실적평가단은 경영실적보고서에 대한 내용 숙지, 기관에 대한 현장 실사, 평가보고서 작성 및 제출 등의 과정을 모두 마무리해야 하기 때문에, 기관의 세부평가지표 관련 정보나 기관별 이슈 및 현안에 대한 이해가 충분히 이루어지지 않은 상황에서 평가를 수행할 수밖에 없고 평가 결과의 불일치 또는 모순 사례 등에 대해 검증·조정할 시간 또한 부족하다는 비판이 제기되고 있다(국회예산정책처, 2010: 76; 민병찬, 2014: 23; 노광표, 2014: 18).

그리고 경영평가단은 현행 제도 하에서 비상설기구의 성격을 갖기 때문에 당해 연도의 평가가 종료되는 시점에서 경영평가단 또한 자연스럽게 해체가 이루어진다. 이로 인하여 평가위원 개인이나 경영평가단 차원에서의 평가역량 축적이 용이하지 않은 실정이다(김주찬·이민창, 2014: 69; 국회예산정책처, 2015: 80). 실제로 '공공기관 경영평가 담당자들에 대한 심층면접' 결과, 대부분의 기관에서 평가경험이 없는 평가위원들이 기관 전반에 대한 이해도가 부족한 상황에서 기관실사를 수행하여 평가수검에 어려웠던 경험을 토로하였다(김주찬·이민창, 2014: 74). 또한 면접대상 13개 기관 중 10개 기관이 평가경험이 있거나 기관이해도가 높은 평가위원을 선호하였다(민병찬, 2014: 23).

경영평가단의 이러한 잦은 교체 및 짧은 활동 주기는 평가위원들의 전문성이나 책임성 제고를 저해하는 요소로 작용할 수 있다. 그러나 한편으로는 평가의 전문성 때문에 특정 평가위원을 오랜 기간 동안 임명할 경우, 평가단의 권한이 공공기관의 평가등급이나 성과급 결정에 미칠 수 있는 영향력이 큰 만큼 공공기관과 평가단 양자 간 유착 가능성의 위험이 존재한다(조임곤, 2017: 15). 또한 경영평가가 일부 위원 주도로 운영될 수도 있기 때문에 신규평가위원의 적절한 구성 비율에 대한 연구가 요구된다(국회예산정책처, 2013). 그리고 평가위원들의 전문성을 제고하기 위한 측면에서 평가위원들을 대상으로 한 교육 및 실습을 강화하고, 평가위원들 간의 편차 발생을 최소화하기 위한 목적으로 실무적인 평가교육지침의 개발·제공 방법 등이 고려될 수 있다(민병찬, 2014: 26). 특히, 평가위원의 객관성 확보를 위해 평가단의 구성에서 신·구 평가위원의 비중이 일정 수준 균형을 유지할 수 있도록 추진하고, 평가위원 개인 및 평가단 차원에서의 평가역량 축적, 평가과정 및 결과에 대한 전문성과 책임성, 안정성 및 일관성 확보 등에 기여할 수 있도록 임기제 운영과 같은 방안 등이 검토될 수 있다(김주찬 · 이민창, 2014: 70). 그리고 공공기관 평가에 대한 전문성과 중립성을 보다 제고하는 동시에 투명성과 책임성을 강화하는 차원에서 별도의 평가전담기구의 도입 방안 또한 고려될 수 있다(민병찬, 2014: 26; 노광표, 2014: 17).

2) 평가일정 등 평가절차의 타당성이 확보되었는가?

경영실적평가는 1년 단위로 매년 수행되기 때문에 공공기관이 중 · 장기적 목표보다는 단기적 목표와 성과에만 치중하고, 인력 및 예산이 낭비되는 경향이 문제로 제기된다(국회예산정책처, 2015: 83). 공공기관의 입장에서는 1년 단위의 경영평가가 이루어지는 제도 하에서 중 · 장기적 성과 창출을 위해 투자할 경우 평가 결과에 부정적인 영향을 미칠 수 있을 것으로 판단할 수 있기 때문이다(국회예산정책처, 2010: 77; 국회예산정책처, 2015: 87). 그리고 매년 경영평가를 실시하고 그에 따른 급여, 인사 등의 조치를 하므로 기관들은 기존 제도의 성숙이나 정착보다는 새로운 제도의 도입이나 타 기관과의 차별성을 보여주려는 노력에 치중하게 되어 경영평가의 목적이 흐려지고, 기관의 비전 제시에도 한계가 있다는 지적도 있다(홍길표 외, 2015: 168).

또한 현행 평가체계 하에서 피평가대상인 공공기관들은 매년 보고서 작성(1~2월), 기획재정부에 보고서 제출(3월 중), 기획재정부의 평가실시(3~6월), 기획재정부의 평가 결과 발표 및 수정(6~8월) 등의 과정을 반복하고 있다(신완선, 2014: 60). 경영상의 자율권 보장과 결과중심의 평가를 통하여 공공기관의 책임경영체계 확립, 경영효율화를 유도하는 것이 제도의 본래 목적임에도 불구하고 실제 현실에서는 기관 간 경쟁심화, 성과급이나 인사 고과 등에 대한 평가 결과의 반영 등으로 인해 각 기관들이 주어진 일정 동안 성과지표를 달성하는 데에만 주력하는 현상이 발생하고 있다(남기습, 2012: 72).

실제로 이오 · 유승현(2010)에 의하면, 경영평가를 위해 공공기관에서 투입하는 경영평가 담당 인원은 조사 당시 약 3.73명, 지표별 담당 인원은 약 22.49명이었으며, 평가예산에 대해서는 평균적으로 약 8,111만 원 정도 소요되는 것으로 나타났다.

이와 같이 경영평가를 준비·수행하기 위해 상당한 인력과 재정적 자원이 투입됨에도 불구하고, 공공기관 관계자들의 경영평가 결과에 대한 동의 정도는 100점 만점을 기준으로 52.6점에 불과한 것으로 나타나 경영평가제도의 개선 필요성을 제기하였다(이오·유승현, 2010: 83). 또한 김주찬·이민창(2014)에 의하면, 경영평가의 대상이 되는 공공기관들이 경영평가를 준비하는 기간은 평균적으로 약 4개월(전년도 12월~금년 3월)이 소요되며 자료 수집, 보고서 작성 등 준비기간 동안의 과다한 업무에 대하여 상당한 업무 스트레스를 느끼는 것으로 나타났다. 매년 경영계획의 수립 이후, 연초에 기관별로 중점 사업들을 착수해야 하는 시점임에도 불구하고 경영평가 담당자들은 평가보고서의 작성 등 평가준비에만 매진할 수밖에 없는 현실이다(남기습, 2012: 72). 그리고 관계자들과의 면담 결과, 경영평가는 다른 성과평가와의 중복 문제 등이 존재하여 보고서 분량을 축소하거나 작성의 간소화 등을 희망하는 의견 또한 존재하였다(민병찬, 2014: 65). 관계자들은 경영평가의 준비과정에 투입되는 인력과 비용이 상당하고, 보기 좋은 보고서를 작성하기 위해 불필요한 자원들이 투입되는 측면이 존재하기 때문에 경영평가의 간소화 방안으로서 경영평가양식의 개발, 매뉴얼화 등의 필요성을 제기하였다(김주찬·이민창, 2014: 72).

평가일정 및 평가주기와 관련하여 이러한 한계가 제기됨에도 불구하고, 한편으로는 공공기관 경영평가제도를 통해 공공기관의 책임성 제고와 경영효율화가 지속적으로 이루어지고 있다는 측면에서 제도의 순기능 또한 충분히 고려할 필요성이 있다(민병찬, 2014: 60). 외국의 경우에도 평가주기와 관련하여, 캐나다 등 경영실적평가를 매년 수행하는 사례가 존재하는 한편, 프랑스 등과 같이 3~5년의 중·장기 관점에서 평가를 실시하는 사례나 영국 등과 같이 공공기관이나 감독부처의 특성에 따라 평가주기를 자율적으로 운용하는 사례 등 다양한 예들이 존재한다(국회예산정책처, 2010: 77). 따라서 경영평가제도의 평가주기상의 한계를 보완하기 위해서는 다른 국가들이 운영하고 있는 다양한 사례들의 장·단점을 분석하고, 우리나라의 맥락과 특성을 고려하여 가장 효과적인 운영방법이 무엇인지 검토할 필요성이 있다(민병찬, 2014: 60). 이러한 측면에서 계량부문은 1년 단위로, 비계량부문은 2~3년 주기로 평가를 실시함으로써 기관의 단기적 성과달성 중심의 운영을 보완하는 방법 등이 고려될 수 있다(박정수, 2013: 53).

3 평가 결과 활용단계

1) 평가 결과정보의 신뢰성과 유용성이 확보되었는가?

결과의 활용단계에서 경영실적평가 결과는 실질적으로 조직의 운영 및 경영 개선을 위한 중요한 평가정보로서 신뢰받고 있는가에 대해서는 여전히 의문이 제기되고 있다. 이오・유승현(2010)에 의하면, 공공기관 내 경영평가 관계자들이 느끼는 경영평가 결과의 객관성 및 공정성은 100점 만점 기준 51.6점인 것으로 나타났고, 평가 결과정보의 유용성에 대해서도 100점 만점을 기준으로 54.9점에 그치는 것으로 나타났다. 기획재정부(2014)의 공공기관 경영평가제도에 대한 수용도 및 활용도 조사 결과 보고서에서도, 공공기관 담당자들의 경영평가 수용도 및 활용도에 대한 종합지수는 65.1점으로 이전년도에 비해 1.1점 하락하였으며, 경영평가 수용도에 대한 체감 만족도와 요소별 만족도는 각각 63.1점, 67.2점으로 이전년도에 비교하여 모두 하락한 것으로 나타났다. 특히, 경영평가편람, 평가단 활동, 평가절차 및 진행과정, 평가 결과의 활용 등 경영평가의 단계별 만족도를 포괄하는 요소 만족도는 각 단계별로 만족도 결과를 세분화하여도 이전년도와 비교하여 모두 하락한 것으로 나타났다. 경영평가 결과의 활용에 대한 만족도 역시 70.2점으로 0.6점 하락한 것으로 보고되었다. 이러한 응답의 이유로는 평가단의 전문성 및 업무에 대한 이해도 부족, 촉박한 업무 일정 등 다양한 문제점들이 제기되었지만, 특히 결과의 활용과 관련하여서는 평가의 객관성・공정성 부족, 기관운영에 반영하기보다는 참고사항 정도의 활용성 등이 한계로 지적되었다(기획재정부, 2014: 40). 또한 라영재・윤태범(2013)에 따르면, 현행 경영평가제도가 공공기관의 경영자율성 제고에 기여하고 있는가에 대하여 공공기관 직원들을 대상으로 설문조사를 실시한 결과 긍정적인 응답은 22%에 불과한 것으로 나타났으며, 경영자율성을 침해하는 주요 원인으로는 평가지표(70.6%), 평가 결과의 활용(26.3%)상의 한계를 지적하는 순으로 나타났다. 이러한 결과는 경영평가제도가 공공기관의 운영에 대해 갖는 의의와 긍정적 측면에도 불구하고 평가 결과의 활용 측면에 있어서는 평가 결과정보에 대한 공정성과 공평성, 수용성 등의 한계로 인해 평가 결과의 신뢰성을 충분히 확보하는 데 제한적임을 시사한다. 예를 들어, 공공기관은 연말에 경영평가지침을 전달

받으면 이에 맞추어 경영평가실적보고서 준비를 시작하게 되는데, 일각에서는 정성적 평가와 같이 평가자의 주관이 개입될 수 있는 평가의 경우 경영실적보고서의 내용 및 외양에 의해 평가점수가 변화할 가능성이 존재한다고 지적한다(김주찬 · 이민창, 2014: 72). 이로 인해 공공기관에서는 보다 많은 인력과 자원을 경영실적보고서의 준비를 위해 투입할 수밖에 없으며, 이는 평가전담부서나 담당 전문인력을 배치할 여유가 있는 대규모 기관에 상대적으로 유리하게 작용하여 평가방법의 공정성 등의 측면에서 저해요인이 될 수 있다(이오 · 유승현, 2010: 93). 또한 평가지표체계 등 경영평가에 대한 구체적인 지침이라고 할 수 있는 편람의 내용 수정이 너무 빈번하여 신뢰성 확보를 저해한다는 지적이 존재한다(조임곤, 2017: 15). 일례로, 2016년 편람 작성 당시에는 편람이 최종 확정된 이후에도 네 차례 더 수정이 이루어지기도 하였다.

실제로 경영평가를 통한 평가 결과가 기관운영에 도움이 되었는지 공공기관 관계자들을 대상으로 인터뷰 조사를 실시한 결과, 경영평가제도의 긍정적 영향력을 인정하면서도 평가 결과의 효과성 또는 기관 차원에서의 활용도에 대해서는 의문을 제기하는 응답 또한 존재하였다(김주찬 · 이민창, 2014: 76). 경영평가 결과를 기관의 운영에 활용하기에는 발표시기가 너무 늦어 이를 반영할 시간적 여유가 없다는 점을 지적하는 의견이나 기관의 특성이나 현실에 비추어 볼 때 적용하기 어려운 측면이 존재한다는 의견들 또한 존재하였다(김주찬 · 이민창, 2014: 76). 한편, 경영실적평가제도는 경영평가를 통해 해당 기관의 성과를 향후 어떻게 개선해 나가도록 할 것인지 컨설팅을 제공하는 기능까지 활용단계에서 포함한다. 김주찬 · 이민창(2014)에 따르면, 공공기관 관계자들은 이러한 컨설팅 기능이 유용하였다는 답변도 존재하는 반면, 일각에서는 이에 대해 회의적인 반응 또한 존재하는 것으로 나타났다. 컨설팅 기능에 대해 부정적인 의견의 원인으로는 컨설팅이 실제 가시적인 개선을 가져다주지 못했다는 의견이나 컨설팅 내용이 너무 모호하거나 기관현실에 부합하지 않는 측면이 존재한다는 의견 등이 제시되었다. 또한 평가일정상 3월부터 6월까지의 한정된 기간 동안 경영실적보고서에 대한 검토, 현장실사 등의 평가과정이 이루어지는 것도 평가자와 피평가자 모두에게 부담을 주는 상황인데, 컨설팅 기능까지 확대되는 것은 현실적으로 무리인 측면이 있다는 지적도 존재하였다(남기습, 2012: 71).

또한 '지표설정-보고서제출-현장실사-결과발표-컨설팅'과 같은 평가절차의 적정성에 대한 면접조사 결과에서 공공기관 관계자들은 전체적인 프로세스에 대하여 대체로 만족하였으나, ① 지표설정과정에서의 참여와 의견반영, ② 평가위원에게 사전설명기회의 부여, ③ 결과발표의 시점 등에 대해서는 한계점으로 지적하였다(김주찬 · 이민창, 2014: 74). 특히, 평가 결과의 활용 측면에서 평가 결과 발표의 시점 문제를 살펴보면, 평가 결과가 6월 말에 나오면 7월이나 8월이 되어서야 보고서를 통해 결과 확인이 가능하기 때문에 지적사항에 대한 개선이나 컨설팅 기능을 기대하는 것이 현실적으로 불가능하다는 한계를 지닌다. 이와 같이 평가 결과에 대한 환류가 효과적으로 이루어지지 않을 경우, 평가 결과정보를 통해서 조직의 학습이나 기관경영개선을 기대할 수 없게 되고, 궁극적으로는 선순환적 관리체계를 확립하는 데 제한적으로 작용할 수밖에 없다(라영재 · 윤태범, 2013: 191). 따라서 평가 결과정보의 활용도를 제고하기 위하여 경영평가 결과의 발표시점을 조정하는 방안 등이 검토될 수 있다(김주찬 · 이민창, 2014: 74).

그리고 공운법에 따라 공공기관은 평가 결과에서 제시된 지적사항을 통해 문제점을 개선하고 평가 결과를 승진 · 전보 등 인사와 연계하는 한편, 기관 내부의 성과급 차등 지급을 위해 활용할 수 있다. 그러나 이러한 활용 형태는 평가 결과에 대한 부수적 활용에 머무른다는 한계점을 지닌다. 평가 결과를 활용하는 주된 목적은 평가 및 진단과정을 통해 공공기관의 경영개선 정보를 제공하는 데 있다(김철 외, 2014: 41). 그리고 공공기관 경영평가를 통해 궁극적으로 달성하려는 목적은 보다 양질의 공공서비스를 국민들에게 제공하는 것이기 때문에 단순히 평가 결과를 인센티브와 연계하여 제공하는 것에 머무르는 것이 아니라 경영개선정보를 제공하여 향후 조직의 성과 개선을 유도하는 체계의 확립이 강조된다(국회예산정책처, 2015: 80). 이러한 측면에서 이미 진행된 사업에 대한 사후적인 평가에서 나아가 해당 기관이 향후 보다 높은 수준의 공공서비스를 제공할 수 있도록 유도하고 조정하는 컨설팅 기능이 더욱 강조될 필요성이 있다(박미정, 2010: 28; 국회예산정책처, 2015: 80; 민병찬, 2015: 61). 그러나 앞서 논의한 바와 같이 현행 경영평가제도 하에서의 평가 결과에 대한 활용 형태는 성과우수 · 부진기관에 대한 조치, 성과급이나 인사와의 연계를 통한 인센티브 지급 등에 국한됨에 따라 경영개선을 효과적으로 유도하기보다는, 기관 간 경쟁체제를 형성시켜 서열화하고, 이들 기관을 통제하는 데 초점을 두고 있다는 지적이 제기된다(김철, 2015: 17; 국회예산정책처, 2015: 84-85). 경영평가를 통한 컨설팅 기능은 2012년에 최고 규모로 실시되었으나, 2013년과 2014년에는 별도의 컨설팅이 이루어지지 않음에 따라 현재 제한적인 수준에서 이루어져 오는 것을 살펴볼 수 있다(김철, 2015: 75).

그리고 경영실적평가에 있어서 정부정책에 대한 이행실적을 포함시키도록 강제하는 것은 공공기관이 지니는 공익성, 사회적 파급성 등을 고려해 볼 때 불가피한 측면이 존재한다. 그러나 정부정책 이행실적에 대한 평가가 경영평가 전체에 과도하게 영향을 미칠 경우 기관의 자율경영 측면에서의 자율성을 침해할 수 있다는 우려가 제기될 수 있다(박미정, 2010: 11). 정부정책 이행실적이 지나치게 강조될 경우, 공공기관은 기관의 고유 목적사업보다 정부정책의 이행에 보다 많은 비중을 두고 경영방침을 내릴 수 있기 때문이다. 정부정책은 경우에 따라서 공공기관의 경쟁력 강화에 기여하는 정책들도 존재하지만, 각 공공기관이 지닌 특수성은 고려하지 않은 채 정부정책의 신속한 이행만을 일률적으로 강조하는 부작용을 초래할 수 있으므로 이에 대한 주의가 요구된다(박미정, 2010: 21). 김주찬・이민창(2014)에 따르면, 실제 공공기관 관계자들을 대상으로 한 인터뷰 조사에서도 정부정책의 이행실적을 평가하는 것은 기관의 자율경영 측면에서 상충하는 측면이 존재하는 것으로 보고되었다. 실무자들은 공공성 측면에서 다양한 정부시책이 필요하다는 점에 대해서는 이해하지만, 실제 기관현장에 일률적으로 적용하기 어려운 측면이 존재함을 호소하였다. 이러한 정부정책 이행과 관련하여 대부분의 기관들이 어려움을 호소하였지만, 그 가운데에서도 특히 기관규모가 상대적으로 작은 기관일수록 그 부담감이 가중되는 것으로 보고되었다(김주찬・이민창, 2014: 77).

2) 평가 결과정보가 투명성을 확보하고 있는가?

공운법 제11조에 따라 공공기관에는 경영자료 공시의 의무가 있으며, 실제로 각 기관 인터넷 사이트나, 기획재정부 알리오(www.alio.go.kr)를 통해 경영공시사항을 열람할 수 있도록 운영되고 있다(설홍균・최원석, 2011: 427). '알리오 시스템'은 공공기관들의 각종 경영정보를 통합공개하는 시스템으로, 공공기관의 경영현황과 관련된 정보들을 일반국민들에게 투명하게 공개함으로써 국민들에 의한 상시감독 시스템을 마련하려는 목적으로 구축된 경영공시 시스템이다. 알리오 시스템에 공시되는 주요 경영정보는 직원평균보수, 임직원수, 임원연봉, 복리후생비, 업무추진비, 신규채용현황, 부채정보 등이고, 2017년 11월 기준 353개 공공기관(본부기관 330개, 부설기관 23개)에서 알리오 시스템을 통해 40개 항목, 120여 개 경영정보를 공개하고 있다. 경영정보 공개 의무와 함께 국민에게 직접 서비스를 제공하는 공공기관의 경우, 해당 서비스를 이용한 국민을 대상으로 연 1회 이상 고객만족도 조사를 실시하도록 되어 있다. 기획재정부 장관은 각 공공기관이 실시한 고객만족도 조사 결과를 종합하여 공표하고 있다.

알리오 시스템에 공시되는 주요 경영정보는 공공기관들의 경영혁신이나 방만경영 등의 정도를 판단하는 데 있어 기준으로 작용할 수 있는 중요한 정보들이라고 할 수 있다. 따라서 주요 경영공시 자료들이 신뢰성을 갖지 못할 경우 공공기관의 경영개선을 기대하기 어려운 것은 물론이고 정책방향 자체가 왜곡될 수 있다는 문제가 발생할 수 있다. 또한 기획재정부를 비롯하여 정부기관에 대한 신뢰에 부정적인 영향을 미칠 수 있다는 우려가 제기되고 있다.

그러나 공공기관들의 수많은 각종 경영정보들이 오류 없이 올바로 공시되고 있는지 등 알리오 시스템의 게시·공시에 대한 관리·감독은 2014년 기준 기획재정부 공공정책국 평가분석과에서 사무관 1명만이 담당하고 있다. 또한 현재까지도 알리오 시스템의 공시정보에 대한 품질관리는 기본적으로 정보를 공시하는 기관에서 자율적으로 관리하도록 운영되고 있다(허경선, 2011: 138). 공시정보의 입력 완료 후 입력된 정보의 오류 확인 및 품질검사를 위해 규정되어 있는 절차는 별도로 존재하지 않으며 정보의 정확성과 품질관리를 위해 마련된 제도적 장치로는 현재 공시정보의 담당자를 명시하는 것과, 불성실 공시가 발견된 경우 벌점을 부과하고 사후조치를 취하는 방법이 전부이다(허지연, 2016: 9).

이러한 한계로 인하여, 2014년 국정감사 과정에서 '2013년도 경영공시 자료'를 확인한 결과, 공운법에 따라 경영정보에 대한 통합 공시대상으로 지정되어 있는 304개 공공기관 가운데 95.7%에 해당하는 291개 기관들이 불성실기관으로 지정된 것으로 나타난 사례 등이 존재하였다.[1] 이러한 결과는 공기업 등 공공기관들이 방만경영 행태를 축소하고 경영혁신 요구를 회피하고자 허위자료를 게시할 수 있다

1) 강동원 의원실 보도자료(2014.9.4). "공공기관, 알리오 시스템 허위자료 게시."

는 국민들의 우려를 야기할 수 있으며, 공공기관은 물론 정부의 투명성과 신뢰성을 저하시킬 수 있다는 측면에서 체계적인 관리의 필요성을 시사한다.

그리고 현재 이루어지고 있는 경영공시는 공급자 중심적이고, 고객맞춤형 정보 제공에 미흡하다는 지적이 존재한다(한국조세재정연구원, 2013: 3). 예를 들어, 요약본 형태의 경영공시는 공공기관의 경영현황을 살펴보고자 하는 국민들이나 전문가들이 공공기관의 운영 실태를 파악하는 데 제한적으로 작용하고, 국회의원들도 공공기관의 경영실태를 파악하기 위해 관리부처인 기획재정부나 해당 기관에 개별적으로 요청해야만 자료를 제공받는 것이 현재까지도 지속되고 있는 실정이다(한국조세재정연구원, 2013: 3; 김철, 2014: 6). 또한 5년 단위의 시계열 자료를 구축하는 방법으로 운영되기 때문에 과거 자료에 대해서는 접근할 수 없고, 특히 임원현황 공시의 경우 해당 공시일을 기준으로 최신 자료들만 조회가 가능한 점 등 과거에 부임하였던 임원에 대한 정보에는 제한적이라는 한계가 존재한다. 그리고 공공기관 경영진에 대한 낙하산 인사 문제 등을 고려해볼 때, 경영공시 시스템을 통해서 전·현직 임원들의 재임기간을 국민들이 파악하는 데 용이하지 않고, 주요 경력 또한 자의적으로 올라온 경우가 있어 수요자 입장에서 알고 싶어하는 정보보다 기관에서 알리고 싶은 정보만 편의적으로 제공한다는 지적 또한 존재한다(김철, 2014: 6).

그리고 최근 공공기관 운영에 대한 투명성이 강조되는 추세에 따라 재무제표 정보는 더욱 그 중요성이 강조된다고 할 수 있다. 국민들은 재무제표를 통해 경영정보를 습득하고 공공기관 간 또는 공공기관과 다른 사기업과 비교할 수 있다(설홍균·최원석, 2011: 428). 그러나 현재 경영공시 하에서는 공공기관의 공공성과 기업성이 다양한 사업 분야에 혼재되어 있음에도 불구하고 이를 단일한 통합재무제표로 산출하여 공시하고 있기 때문에 국민들이 기업 간 재무제표를 비교하는 데 난해한 측면이 존재한다(설홍균·최원석, 2011: 428; 김지영, 2016: 18). 그리고 단일한 통합재무제표를 산출 공시하는 것은 재무상태표상 부채비율이나 손익계산서상의 당기순이익을 조작할 가능성이 존재하기 때문에 이러한 부작용을 방지하고 국민들의 알 권리를 충족하기 위해서 현재 회계기준에 있어서 보다 구체적인 분류기준을 마련하는 방안 등이 요구된다(설홍균·최원석, 2011: 428).

제4절 결 론

본 절에서는 공공기관 경영실적평가제도의 합리적 운영방안 마련을 위해 이에 대한 선행연구 및 문헌들을 바탕으로 경영실적평가제도 운영상의 문제점들을 종합・분석하였다. 지속적인 개선・발전과정을 통해서 현행 평가체계는 과거에 비해 많은 개선점을 이루었지만 경영평가의 계획, 실행, 활용에 있어서 보완이 요구되는 이슈들이 여전히 존재하는 것으로 나타났다. 특히, 기관이나 사업의 특수성을 반영하고 중・장기적인 성과까지도 제대로 반영할 수 있는 평가지표의 개발 문제, 평가단의 전문성 및 역량 문제, 평가 결과에 대한 적극적인 활용과 투명성 제고 문제 등이 경영평가제도가 향후 보완되어야 할 주요 한계점으로 논의되었다. 이러한 논의를 통해 도출된 시사점은 다음과 같다.

첫째, 경영평가제도의 효과적인 운영을 위해서는 기관이나 업무상의 특수성을 고려한 지표 개발이 요구된다. 경영평가제도가 공공기관의 자율경영체제를 확립하고 경영성과에 대한 책임성을 확보함으로써 공공기관의 경영개선을 유도하기 위해 필수적인 제도라는 점은 자명한 사실이다. 그러나 현행 제도 하에서는 각각의 공공기관들이 가지고 있는 다양한 설립목적과 사업수행상의 특수성 등을 효과적으로 반영하지 못하고 일률적인 평가가 이루어지고 있다는 데에 한계가 존재한다(박미정, 2010: 48). 또한 평가유형의 구분에 있어서 기관이 수행하는 기능이나 설립목적을 고려하지 않고, 상이한 기관들을 동일한 평가유형 내에서 평가함에 따라 평가결과에 대한 타당성, 공정성 문제가 제기되고 있다(민병찬, 2014: 35). 이러한 한계를 보완하기 위해서 각 기관 고유의 설립목적과 사업의 특수성, 핵심 업무 및 업무수행 체계 등을 반영한 평가지표의 개발이 강조되고, 공공기관들 간의 서로 다른 특성이나 인적・물적 규모와 같은 요인들이 평가 결과에 영향을 미치지 않도록 이를 합리적으로 통제할 수 있는 방안의 마련이 요구된다.

둘째, 평가의 방법 측면에서 평가지표의 합리화와 평가주기의 조정 방안 등이 고려될 필요성이 있다. 먼저, 평가지표와 관련하여 비계량지표의 활용은 기관의 경영실적을 명확하게 측정하기 어렵고 평가자의 주관이 개입될 수 있다는 한계가 존재하지만, 동시에 계량지표 평가에서는 반영하기 어려운 업무상의 특성, 기관의 특징 등을 고려할 수 있다는 이점을 지닌다. 비계량지표에 대한 신뢰성 문제가 지속적으로 제기됨에 따라 상대적으로 계량지표의 비중이 더 높은 상황이지만(박미정, 2010: 46), 계량지표 비중만을 무조건적으로 확대하기보다는 비계량지표 평가방식을 개선함으로써 계량지표가 지닐 수 있는 평가의 한계를 비계량지표의 활용을 통해 보완하는 등 두 지표를 활용하는 데 있어 균형과 조화가 강조된다(남기습, 2012: 92). 이러한 측면에서 피평가기관과 경영평가단을 대상으로 비계량지표의 평가의도를 명확히 전달하는 방법 등의 방안이 고려될 수 있다. 평가방법과 관련하여서는 평가지표뿐만 아니라 평가주기의 제한으로 인해 발생하는 부작용을 효과적으로 통제하는 것 또한 강조된다. 매년 제한된 일정 속에서 평가의 준비와 수행, 결과보고 관련 업무들을 수행해야 함에 따라 피평가기관 등에 가중되는 업무 부담이 문제점으로 지적되고 있는 현실이다. 따라서 이를 개선하기 위해서는 평가주기를 현행과 같이 1년으로 유지하면서도 동시에 중·장기적 성과를 반영할 수 있는 성과지표를 개발하거나 보완하는 방안 등이 고려될 수 있다. 또한 피평가기관들의 평가비용을 절감하고 평가부담을 완화하기 위하여 계량지표 평가의 경우 정부의 전자통합평가시스템과 같이 공공기관 경영평가에 대한 전자평가시스템 도입 등의 방안 등을 검토해볼 수 있다(민병찬, 2014: 63-64).

셋째, 경영평가단의 구성 및 운영과 관련하여 평가위원들의 전문성과 역량을 제고하기 위한 개선 노력이 요구된다. 경영평가단은 공공기관의 경영실적에 대한 실질적인 평가주체로서, 경영평가단의 구성과 활동방향에 따라 평가 결과에 대한 신뢰성에 영향을 미친다는 점에서 그 중요성이 강조된다. 그러나 현재 경영평가단의 운영을 살펴보면 평가위원의 높은 교체율 등으로 인하여 평가의 노하우나 기관에 대한 기본적인 이해도가 축적되지 못하고 전문성과 신뢰성 측면에서 우려가 제기되고 있다(김주찬·이민창, 2014: 19). 따라서 이러한 한계를 보완하기 위해서는 경영평가단의 구성 및 운영과 관련된 명확한 지침이 제공되어야 하고, 전문성을 지닌 각계각층의 인사가 경영평가단으로 참여할 수 있어야 한다. 또한 경영평가단을 구성하는 데 있어서 평가위원의 임기를 일정 기간 보장하거나 전년도 평가위원의 비율을 일정 비율 이상 유지하도록 설정하는 방안 등이 평가단의 전문성을 제고하기 위한 방안으로 고려될 수 있다(박미정, 2010: 42). 경영평가단의 상설조직화와 같은 방안 또한 경영평가단의 전문성을 제고하기 위한 노력 차원에서 검토될 수 있다(남기습, 2012: 92).

마지막으로, 평가 결과의 적극적인 활용을 통해 기관의 경영개선을 유도할 수 있는 방안을 마련하는 것이 강조된다. 제한된 일정 내에 평가업무를 마쳐야 하는 경영평가단이 컨설팅 기능까지 수행하는 데에는 무리인 측면이 존재할 수 있으므로 컨설팅 담당의 전문위원들을 추가하여 평가 결과의 환류를 촉진하는 방안 등이 고려될 수 있다. 또한 많은 노력과 비용, 시간을 투입해서 산출되는 경영평가 결과가 성과급 지급, 인사상 조치 등에 국한되어 활용된다면, 본래 취지인 대국민서비스의 품질 제고보다 정부의 공공기관 통제방편에 머무를 수 있다는 한계가 존재한다. 따라서 지적사항 개선노력에 대한 평가비중을 높이는 등 평가 결과가 해당 기관의 공공서비스 기능 향상과 경영개선에 도움이 될 수 있도록 평가 결과를 다양하게 활용할 수 있는 제도적 보완이 요구된다(기획재정부, 2013: 51). 또한 경영공시 시스템인 알리오의 경우 일방적인 정보 제공보다는 양방향성을 확보하고, 평가 결과의 정확성을 제고하기 위한 노력이 요구된다. 이러한 예로써, 정부 차원에서 매뉴얼 등을 제공함으로써 공시자료 작성기준을 보다 명료하게 전달하면 기관 공시 담당자들이 이러한 기준에 맞추어 자료를 작성하는 방법이나, 지속적으로 활용하는 사용자 그룹을 이용자 패널로 구성하여 정기적으로 의견을 수렴하는 등 주요 사용자들이 어떠한 목적으로 경영정보를 필요로 하고 어떻게 활용하는지 파악하려는 노력이 요구된다(김철, 2014: 7).

경영평가제도는 공공기관의 책임경영체계를 확립하고 결과중심의 실적평가를 통해서 성과경영을 지향하고 있다는 점에서 성공적으로 활용될 경우에는 공공기관의 경영효율성과 책임성을 제고하고 도덕적 해이나 방만경영 등의 문제를 효과적으로 차단할 수 있는 제도라는 측면에서 그 의의를 평가할 수 있다(국회예산정책처, 2008). 다만, 경영평가제도가 본래의 목적에 부합하여 효과적으로 활용되기 위해서는 평가대상인 공공기관의 경영자율성을 보장하고, 경영책임성을 제고함으로써, 업무수행에 대한 평가가 성과지향적으로 이루어지는 것이 강조된다. 이러한 노력들을 통해서 공공기관 경영평가의 운영이 공공기관의 공공서비스 제공 수준 향상 등 국가 전체적인 차원에서 실효성 있게 작동하고 있는지에 대해 면밀한 분석이 요구되는 시점이라고 할 수 있으며, 보다 피평가기관들의 수용성과 활용도를 제고하기 위해서 평가계획수립과 평가수행과정에서의 신뢰성과 타당성, 적절성을 제고하는 것이 요구된다.

〈참고문헌〉

감사원(2013). 『공기업 재무 및 사업구조 관리 실태 감사결과보고서』.

곽채기(2010). 공공기관 경영평가의 평가와 발전방향. 『한국조세연구원 KIPF 공공기관 동향』, 2: 22-53.

국무조정실(2007). 『성과지표 개발 · 관리 매뉴얼』

국회예산정책처(2008). 『공공기관 경영평가제도 평가』.

______(2010). 『2010 공공기관 현황분석 Ⅰ』.

______(2014). 『2013 회계연도 공공기관 결산 평가』.

______(2015). 『2014 회계연도 공공기관 결산 평가』.

국회입법조사처(2016). 『공기업 · 준정부기관 경영평가단 관리 강화방안 보고서』.

권영주(2010). 공기업 개혁정책의 성과에 관한 연구: 지배구조 개선을 중심으로, 영남대학교 일반대학원 행정학과 박사학위논문.

기획재정부(2012). 『공공기관 선진화 백서』.

______(2013). 『공공기관 경영평가 제도개선』.

______(2014). 『공공기관 경영평가 제도에 대한 수용도 및 활용도 조사 결과 보고서』.

김용우(2006). 『공기업원론』. 서울: 형설출판사.

김주찬 · 이민창(2014). 『공공기관 경영실적평가의 효과성에 대한 직무담당자의 인식조사』. 국회예산정책처.

김준기(2005). 공기업 지배구조에 대한 평가와 개선방안: 정부투자기관 이사회를 중심으로. 『공기업 논총』, 16(1): 55-72.

김재환 · 박인환 (2017). 공공기관 지정제도의 쟁점과 개선방안. 『이슈와 논점』, 제1256호. 국회입법조사처.

김지영(2016). 공공기관의 특성이 BTD에 미치는 영향: 유형, 대리인 비용 및 지배구조를 중심으로. 서울과학기술대학교 석사학위논문.

김철(2014). 공공기관의 정보공객 확대방안 비판: 정부3.0 혁신을 중심으로. 『사회공공연구소 이슈페이퍼』. 1-13.

______(2015). 공공기관 경영평가의 비판적 검토: 제도 개선 및 평가지표 메타평가를 중심으로. 『사회공공연구원 연구보고서』.

김철 · 나백주 · 김동근 · 김태훈(2014). 국립대병원 경영평가 도입의 쟁점: 경영평가의 전면재검토와 대안 평가 방향. 『사회공공연구소 연구보고서』.

남기습(2012). 공공기관 경영실적평가제도의 운영 실태 및 합리적 개선 방안 연구: 2010년도 안전보건공단 평가사례를 중심으로, 중앙대학교 행정대학원 석사학위논문.
노광표(2014). 공공기관 개혁과 노동조합. 『한국노동사회연구소 이슈페이퍼』. 1-21.
라영재 · 윤태범(2013). 『공공기관 경영평가제도 분석과 새로운 모형 개발』. 한국조세재정연구원.
민병찬(2014). 『공공기관 경영실적평가의 문제점과 개선과제』. 국회예산정책처.
박미정(2010). 『공공기관 경영실적평가제도의 현황과 과제』. 국회입법조사처.
박석희(2009). 공공기관 경영평가제도의 최근 쟁점과 과제. 『한국행정학회 동계학술발표논문집』. 1547-1564.
박순애(2017). 경영평가 패러다임의 변화와 도전 과제. 『공공기관 경영평가제도 개편을 위한 공개토론회 자료집』. 23-38. 한국조세재정연구원.
박정수(2013). 『공공기관 경영평가제도 중 · 장기 발전전략 연구: 공공기관 경영평가제도 개선』. 한국행정학회.
______(2014). 공공기관 경영평가분석: 자율과 책임의 균형. 『2014 공공기관 국가정책』, 14(1): 301-328.
설홍균 · 최홍균(2011). 법인세법상 구분경리제도를 활용한 공공기관 회계처리 개선방안. 『조세연구』, 11(1): 415-444.
성명재 외(2009). 공공기관 선진화를 위한 정책과제. 『한국조세연구원 보고서』.
신완선(2014). 공공기관의 성과중심 평가제도에 대한 고찰. 『한국과학기술기획평가원 KISTEP InI』, 3(1): 50-61.
유승현(2008). 정부기관 평가활용의 현황과 과제: 책임운영기관평가 사례를 중심으로. 『한국정책학회보』, 17(3): 95-129.
유승현 · 김주희(2016). 『재정성과목표관리제도의 실효성 제고 방안』. 감사연구원.
유은철(2013). 공공기관 경영효율화를 위한 조직관리 특성 연구: 2011년도 공기업 · 준정부기관의 조직관리 특성과 경영실적평가 결과와의 관계에 대한 실증적 분석을 중심으로. 단국대학교 일반대학원 행정학과 박사학위논문.
윤상우(2013). 『공공기관 지정제도의 문제점과 개선과제』. 국회예산정책처.
이광희 외(2006). 『정책평가와 성과관리』. 서울: 대영문화사.
이상철(2007). 『한국 공기업의 이해』. 서울: 대영문화사.
이선우 · 임현정(2012). 경찰 성과에 영향을 미치는 요인에 대한 연구. 『한국행정학보』, 46(3): 357-378.
이오 · 유승현(2010). 『공공기관 경영평가제도의 문제점 및 개선방안 연구: '08년 경영실적평가제도를 중심으로』. 감사연구원.
이원희(2015). 『공공기관 관리제도 현황 및 개선방안 연구』. 한국조세재정연구원.
이원희 · 라영재(2015). 『공공기관 경영평가 30년, 회고와 전망』. 한국조세재정연구원.

이창길(2016). 공공기관의 성과관리를 위한 평가제도. 『한국행정연구원 KIFA포럼』, 7(8): 88－93.

장지인 · 곽채기 · 신완선 · 오철호(2013). 『공공기관 경영평가제도의 변천과정 연구(Ⅱ)』. 한국조세재정연구원.

전주현(2013). 공기업 경영성과와 경영평가 결과 간의 관계에 관한 연구. 경기대학교 일반대학원 행정학과 박사학위논문.

조임곤(2017). 공공기관 경영실적평가제도 개편 방향. 『공공기관 경영평가제도 개편을 위한 공개토론회 자료집』. 3－19. 한국조세재정연구원.

조택 · 송선하(2010). 경영평가제도가 준정부기관 경영효율성에 미치는 영향에 관한 연구, 『한국거버넌스학회보』, 17(3): 85－106.

한국조세재정연구원(2013). 정보공개 및 공유제도와 공공기관 경영정보 공개시스템(ALIO)의 발전방향. 『KIPF공공기관 뉴스레터』, 2013년 11월호.

허경선(2011). 공공기관 통합공시제도의 현황과 발전 방향. 『2011 공공기관과 국가정책』. 117－150. 한국조세연구원.

허지연(2016). 공공기관 어떻게 관리하나. 『바른사회시민회의 보고서』.

홍길표 · 김완희 · 이근주 · 이삼열 · 정도진(2015). 공공기관 경영실적 개선방안 연구. 『공공기관연구원 보고서』.

홍재환 · 윤종설 · 배재현 · 박근수(2008). 정책투명성 진단모형 개선 및 가이드 개발. 『국민권익위원회 보고서』.

Behn, R. D.(2003). Why measure performance? Different purposes require different measures. *Public Administration Review*, 63(5): 586－606.

제6장 공공요금 규제 하의 공기업 성과지표*

홍순만(연세대학교 행정학과)

제1절 서 론

우리나라 공공기관에 대한 경영평가제도는 「공공기관의 운영에 관한 법률」(이하 '공운법')이 시행된 2007년에 크게 변화하여, 공공기관의 운영을 효율화하고 투명성을 제고하기 위해 매년 시행되고 있다. 2016년 현재 공운법에 따라 공기업 및 준정부기관으로 지정된 약 119개 기관이 기획재정부의 주관 하에 공공기관 경영평가단의 평가를 받고 있다. 이러한 경영평가제도는 공공기관의 투명성, 효율성 및 주요 사업의 성과를 개선하는 데 큰 기여를 해왔다는 평가를 받고 있다. 그러나 이러한 긍정적 기여에도 불구하고 한편으로는 경영평가제도가 피평가기관의 특성을 충분히 반영하여 설계되지 못한 점을 지적하는 목소리가 존재하는 것도 사실이다(오건호, 2010).

본 연구에서는 평가를 받는 공공기관의 다양한 특성 중에서도 공공요금 규제를 받고 있는 기관들의 특성을 살펴보고, 이러한 특성이 경영평가제도와 성과지표에 대해 갖는 의미를 생각해보고자 한다. 공운법상의 공공기관 중에서 일부는 국민들에게 부과하는 공공요금이 총괄원가 수준으로 규제(rate-of-return regulation)되

* 본 원고는 문우사에서 출판예정인 『공공부문의 성과측정과 관리』에 게재 예정인 글입니다.

고 있다. 총괄원가란 공공기관이 지출한 회계상 비용에 적정투자보수라고 불리는 일종의 적정이윤을 더하여 계산된다. 정부는 한국전력공사, 한국수자원공사, 한국철도공사, 한국도로공사, 한국가스공사 등 대형 공기업들이 국민들에게 부과하는 서비스의 요금 수준을 이 총괄원가 수준으로 규제하고 있다. 공운법상 공공기관들 중에서도 그 규모가 큰 대형 공기업들이 주로 공공요금 규제를 받고 있어, 이러한 정부의 요금규제가 기관의 의사결정에 어떠한 영향을 미치는지 이해하는 것은 중요하다.

공공요금이 총괄원가 수준으로 유지될 경우, 규제를 받는 공공기관은 고정설비에 필요 이상의 투자를 집행할 소지가 있다. 총괄원가를 구성하는 항목 중 적정이윤은 공공기관의 설비투자금액의 일정비율로 계산이 된다. 이는 설비투자금액이 클수록 공공기관이 높은 기회비용을 부담하는 것으로 간주하여 적정이윤도 높은 수준으로 보장해주는 것이다. 이러한 제도 하에서 공공요금의 규제를 받는 기관들은 고정설비에 투자를 할 경우 그 비용을 공공요금 인상으로 보전받을 수 있기 때문에, 정부의 규제가 피규제기관의 투자의사결정을 왜곡할 수 있는 것이다. 따라서 공공요금 규제를 받는 공기업에 대한 경영평가제도를 설계하고 지표를 선정할 때에는 이러한 잠재적 왜곡현상을 고려할 필요가 있다.

본 연구에서는 먼저, 우리나라 공공요금 규제 제도에 대해서 간략히 살펴보고, 이러한 규제가 공공기관의 투자의사결정을 왜곡할 수 있음을 이론적으로 보여주고자 한다. 이어서 수자원공사의 댐용수 사업 사례를 통해 공공요금 규제가 경영실적에 미칠 수 있는 효과에 대해서 보다 심도 있게 살펴본다. 마지막으로, 공공요금의 규제를 받는 기관들에 대한 경영평가지표가 갖추어야 할 특성에 대해서 살펴보고 정책적 함의를 도출하기로 한다.

제 2 절 공공요금 규제 제도의 이해

1 공공요금 규제의 법체계

현재 중앙정부에서 관리하는 공공요금에 대한 규제는 「물가안정에 관한 법률」에 근거하여 이루어지고 있다. 동 법률 제4조 제5항에서는 공공요금의 산정원칙, 산정기간, 산정방법 등을 대통령령으로 정하도록 하고 있으며, 「물가안정에 관한 법률 시행령」 제6조에서는 공공요금은 총괄원가 수준으로 결정한다고 규정하고 있다. 동 시행령에서는 총괄원가를 적정원가와 적정투자보수의 합으로 결정한다고

그림 6-1 중앙 공공요금 산정 관련 법체계

「물가안정에 관한 법률」 (제4조 제5항)	기획재정부 장관과 협의 대상 공공요금은 산정원칙, 산정기간, 산정방법 등을 대통령령으로 정하도록 함
↓	
「물가안정에 관한 법률 시행령」 (제6조 제1항~제5항)	① 공공요금은 총괄원가 수준으로 결정 ② 총괄원가는 적정원가와 적정투자 보수의 합으로 결정 ③ 기간은 1회계연도로 하되, 안정성·물가변동 등을 반영하여 신축적 조정 ④ 세부 산정기준은 기획재정부 장관이 정함 ⑤ 각 주무부장관은 개별 공공요금 산정기준을 정함
↓	
공공요금 산정기준 (기획재정부 훈령)	① 총괄원가 = 적정원가 + 적정투자보수 * 적정원가 영업비용의 합계에서 영업외비용(단, 지급이자 제외)과 서비스제공과 관련하여 발생한 법인세를 더하고 영업외수익을 차감한 금액 * 적정투자보수: 공공서비스를 생산·공급하기 위하여 직접 공여하고 있는 진실하고 유효한 자산에 대한 적정보수 ② 개별 공공요금 산정기준은 공공요금 산정규정이 정하는 바에 의해 각 소관부처장관이 작성
↓	

전기요금 산정기준	천연가스 공급가격 산정기준	수돗물 요금 산정기준	철도운임 산정기준	고속도로 통행요금 산정기준

자료: 기획재정부.

하며, 세부 산정기준은 기획재정부 장관이 정하도록 위임하고 있다.

[그림 6-1]은 우리나라 중앙정부에서 관리하는 공공요금 규제의 법체계를 정리한 것이다. [그림 6-1]에서 보듯이 「물가안정에 관한 법률」 및 「물가안정에 관한 법률 시행령」의 위임을 받은 기획재정부 장관은 '공공요금 산정기준'을 기획재정부 훈령으로 발표하여 공공요금을 규제하고 있다. 공공요금 산정기준에 따르면, 공공사업의 소관부처는 개별 사업의 특성을 감안하여 구체적 사항을 개별 공공요금 산정규정(예를 들어, 전기요금 산정기준, 수돗물 요금 산정기준, 철도운임 산정기준 등)에 명시할 수는 있지만, 공공요금이 총괄원가를 보상하는 수준으로 결정되어야 한다는 원칙은 지킬 것을 규정하고 있다(공공요금 산정기준의 '공공요금 산정의 기본원칙' 참조).

2 총괄원가의 산정

공공요금 산정기준은 총괄원가의 산정방식을 비교적 상세하게 규정하고 있다. 공공요금 산정기준에서 규정한 총괄원가의 구성내역을 간략히 요약하면 [그림 6-2]와 같다. 총괄원가는 기관이 실제 지출한 손익계산서상 비용인 적정원가에 기

그림 6-2 공공요금 산정기준에서 규정된 총괄원가

총괄원가

||

적정원가

- 영업비용 + 영업외비용 − 영업외수익 + 법인세비용
  ☞ 단, 재무활동과 관련된 수익비용은 고려하지 않는다.
  (적정투자보수에서 고려하기 때문)

\+

적정 투자보수

- 요금기저 × 적정투자보수율
- 요금기저는 평균순가동설비자산액(감가상각누계액 등 차감), 평균무형자산액, 운전자금 및 일정분의 건설 중인 자산의 합계
- 적정투자보수율은 기관의 가중평균 자본비용(WACC: weighted average cost of capital)으로 정함

회비용 개념인 적정투자보수를 가산하여 산정한다. 적정투자보수는 다시 요금기저에 적정투자보수율을 곱하여 계산되는데, 각 항목의 산출방법은 공공사업별로 다소간 차이가 존재한다.

총괄원가 중 적정투자보수를 구성하는 요금기저와 적정투자보수율의 실무상 계산은 다소 복잡할 수 있으나, 그 개념은 비교적 단순하다. 요금기저는 공공기관이 규제사업을 영위하기 위하여 투자한 자산 금액이고, 적정투자보수율은 기관의 가중평균자본비용으로 정리할 수 있다.

제 3 절 이론적 논의

1 Averch & Johnson 효과

공공요금이 총괄원가로 규제될 경우, 피규제기관의 선택이 왜곡될 수 있다는 주장은 일찍이 1960년대부터 있어 왔다. 그 중 대표적인 연구로 에버치와 존슨(Averch & Johnson, 1962)의 연구를 꼽을 수 있다. Averch & Johnson(1962)은 공공요금의 규제를 받는 기관이 노동(L)과 자본(K)의 두 가지 생산요소를 이용하여 Q 단위의 공공서비스를 생산하는 상황을 가정한다. 그리고 이 Q 단위의 서비스는 단위당 가격 P에 판매가 되는데, 이 P는 독점시장을 가정하여 Q의 함수로 가정하였다. 이때 기관은 다음과 같이 이윤 π을 극대화하고자 노동과 자본을 최적 수준으로 고용(또는 투자)하고자 한다(단, 아래 수식에서 w와 r은 각각 노동과 자본의 두 생산요소의 가격을 나타낸다).

$$(1) \quad \max_{L,K} \underbrace{\pi}_{\text{이윤}} = \underbrace{P(Q)\times Q(L,K)}_{\text{총수입}} - \underbrace{wL}_{\text{노동비용}} - \underbrace{rK}_{\text{자본비용}}$$

이 기관의 공공요금은 총괄원가 수준으로 규제되고 있다고 가정하여, 다음의 제약조건이 성립한다. 수식 (2)와 수식 (1)을 비교하면 Averch & Johnson(1962)의 자본비용에 대한 가정이 이윤을 계산할 때와 규제를 적용할 때 상이함을 알 수 있다. 수식 (1)에 나타난 이 기관의 이윤은 자본비용 r을 사용하여 계산하였는데, 총괄원가 규제는 이 자본비용 r보다 높은 s라는 비율을 통해 규제하고 있다. 즉, Averch & Johnson(1962)은 규제당국이 공공요금을 총괄원가 수준으로 규제함에 있어 자본에 대한 적정투자보수율을 실제 기관의 자본비용 r보다 높은 수준으로 허용해준다고 가정한다($s>r$을 가정).

(2) $$P(Q) \times Q(L,K) = \overbrace{wL}^{\text{적정원가}} + \overbrace{sK}^{\text{적정투자보수}}$$

수식 (2)는 앞서 [그림 6-2]에서 설명한 우리나라 공공요금 산정에 사용되는 총괄원가와 비교하여 설명할 수 있다. 수식 (2)에서 노동과 관련된 비용, 즉 임금(wL)이 공공요금 산정기준상 적정원가에 대응되는 개념이고, 자본과 관련된 비용(sK)은 앞서 언급한 적정투자보수에 해당하는 금액이다.[1]

Averch & Johnson(1962)은 수식 (2)의 제약조건 하에 수식 (1)의 경제적 이윤을 극대화하는 조건을 쿤-터커 정리(Kuhn-Tucker Theorem)를 통하여 도출한다. 이해의 편의를 위하여, 공공사업을 영위하는 기관이 공공요금에 대한 규제를 받지 않을 경우(Case 1)와 받을 경우(Case 2) 각각에 대해서 기관의 이윤극대화를 노동 및 자본의 고용(또는 투자)량은 <표 6-1>과 같이 결정된다.

표 6-1 Averch & Johnson(1962)의 분석 결과

	(Case 1) 공공요금에 대한 규제가 없을 경우	(Case 2) 공공요금이 총괄원가로 규제될 경우(단, $s>r$ 가정)
이윤극대화 조건	$\frac{MP_k}{MP_L} = \frac{r}{w}$	$\frac{MP_k}{MP_L} = \frac{r-\Delta(s-r)}{w}$ 단, $\Delta > 0$

1) 참고로, Averch & Johnson(1962: 1054)은 분석의 편의를 위하여 감가상각비용을 고려하지 않았다.

그림 6-3 Averch & Johnson(1962)의 분석 결과

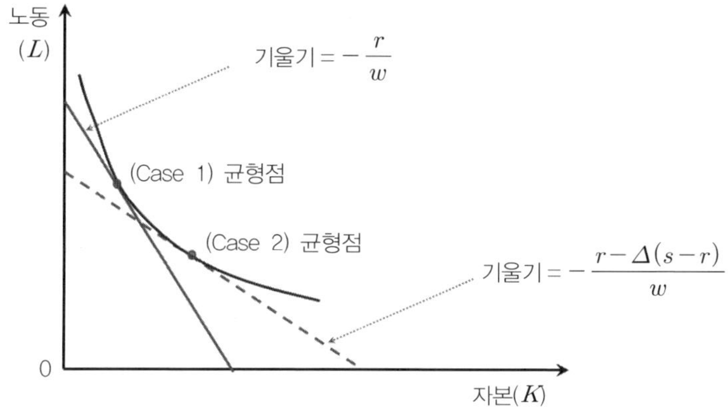

<표 6-1>에서 MP는 한계생산(marginal product)의 약자로 생산요소인 자본(K) 또는 노동(L)을 한 단위 추가 투입할 때 증가하는 공공서비스의 산출량이다. 즉, 공공요금에 대한 규제가 없을 경우(Case 1), 기관은 이윤극대화를 위하여 각 생산요소가 창출하는 가치의 비율이 각 생산요소의 투입비용의 비율과 일치하는 선에서 노동과 자본을 투입할 것이라는 뜻이다. 반면에, Averch & Johnson(1962)에 따르면, 공공요금이 총괄원가로 규제될 경우(Case 2) 자본의 투입비용이 보다 저렴하게 되어 기업의 의사결정이 왜곡된다는 것이다. <표 6-1>에 정리된 (Case 1)과 (Case 2)의 이윤극대화 조건을 이해의 편의를 위하여 그래프상에 나타내면 [그림 6-3]과 같다.

Averch & Johnson(1962)의 결론을 요약하면 다음과 같다. Averch & Johnson(1962)은 먼저 규제당국이 자본에 대하여 실제 자본비용(r)보다 높은 수준의 적정투자보수율(s)을 보장해준다고 가정한다($s>r$의 가정). 이 가정 하에서 공공요금 규제를 받는 기관은 생산요소를 투입하여 경제적 이윤을 극대화하고자 하는 상황을 상정한다. 이 경우, 기관은 규제가 없었을 때에 비해 마치 자본 투자에 대한 비용이 상대적으로 더 저렴해진 것처럼 느껴 자본에 대한 필요 이상의 투자를 하게 된다는 것이다.

2 Averch & Johnson 모형의 현실 적용가능성

Averch & Johnson(1962)은 정부가 공공요금을 총괄원가 수준으로 규제할 때, 규제를 받는 기관이 왜 고정설비에 과도한 투자를 할 수 있는지 설명해준다. 그러나 이 이론을 국내 공기업에 그대로 적용하기에는 무리가 있다. Averch & Johnson (1962)은 규제당국이 자본에 대하여 실제 자본비용(r) 보다 높은 수준의 적정투자보수율(s)를 보장해준다고 가정하였는데, 우리나라의 공공요금 산정기준은 총괄원가 계산 시 사용되는 적정투자보수율을 기관의 실제 자본비용 수준으로 규정하고 있기 때문이다(즉, 공공요금 산정기준에 따르면 $s = r$이 된다). Averch & Johnson (1962)의 가정이 성립하지 않기 때문에 그 결과도 적용될 수 없는 것이다.

그러나 본 연구는 적정투자보수율이 기관의 실제 자본비용 수준으로 산정되는 현재 국내 규정 하에서도 자본에 대한 과대투자가 발생한다고 주장하는데 그 이유는 다음과 같다. 적정투자보수율은 타인자본(차입금 등)의 비용과 자기자본(정부지분 등)의 비용을 가중평균하여 결정한다. 이때 현실에서는 타인자본비용보다 자기자본비용이 현저하게 더 높은 것이 일반적이다(Myers, 1984). 즉, 마이어스(Myers, 1984)의 자본조달 순위이론(pecking order theory)에 따르면 정보의 비대칭이 존재하는 상황에서, 자본이 필요한 기업은 가장 먼저 유휴자금을 이용하고, 그 다음 차입금 등 타인자본, 그리고 마지막으로 유상증자 등의 자기자본을 조달한다. 이를 바꾸어 말하면, 기업 입장에서 유휴자금이 가장 비용이 낮고, 타인자본이 그 다음이며, 마지막으로 자기자본이 가장 비용이 높다는 의미이다(Myers, 1984; Shyam-Sunder & Myers, 1999).

타인자본비용보다 자기자본비용이 현저하게 높다는 것은 마치 실제 자본비용(r)보다 높은 수준의 적정투자보수율(s)을 보장해준다는 Averch & Johnson(1962)의 가정이 성립하는 것과 같다. 즉, 적정투자보수율은 타인자본비용과 자기자본비용의 가중평균으로 결정되는데, 기관이 실제로 의사결정 시 고려하는 자본비용은 타인자본비용이기 때문이다. 이해를 돕기 위하여 먼저 적정투자보수율(WACC)을 타인자본비용과 자기자본비용의 가중평균으로 표현하면 다음과 같다.

그림 6-4 타인자본비용이 자기자본비용보다 낮을 경우

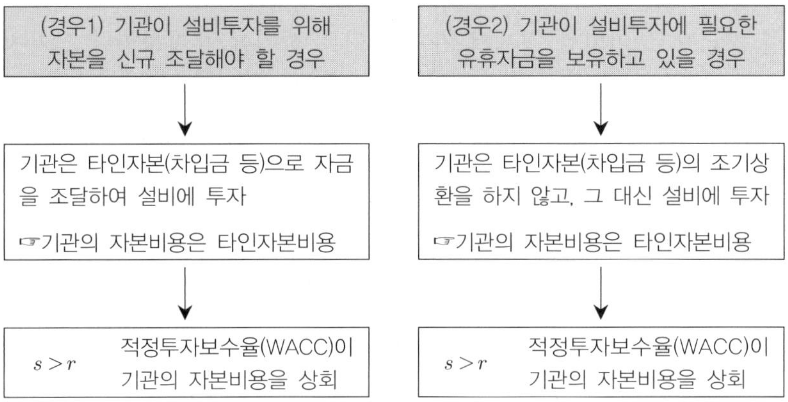

(3)
$$\mathrm{WACC} = \alpha \times \overbrace{r_{debt}}^{\text{타인자본비용}} + (1-\alpha) \times \overbrace{r_{equity}}^{\text{자기자본비용}}$$

이 가중평균자본비용(WACC)이 Averch & Johnson(1962) 모형에서 등장하는 적정투자보수율(s)이다. 반면, 모형의 자본비용(r)은 타인자본비용으로 보아야 하는데 그 이유를 설명하기 위하여 다음의 두 가지 경우를 생각해 보자.

- 첫째, 기관이 설비 투자를 위하여 자금을 신규로 조달해야 하는 상황이라고 가정하자. 이때 기관은 자기자본에 비하여 상대적으로 저렴한 타인자본을 통하여 자금을 조달할 것이고 기관의 자본비용(r)은 타인자본비용이 된다.
- 둘째, 기관이 설비 투자에 필요한 유휴자금을 보유하고 있다고 가정하고, 동시에 유휴자금을 통해 차입금을 조기상환할 수 있다고 가정한다. 이 경우에도 기관의 자본비용(r)은 타인자본비용이다. 유휴자금을 통하여 차입금(타인자본)을 조기상환할 수 있었음에도 불구하고, 그러하지 않고 설비 투자에 사용했기 때문에 자본의 기회비용은 타인자본비용이 되는 것이다.

지금까지의 논의를 요약한 결과는 [그림 6-4]와 같다. 두 가지 상황의 경우에 모두 적정투자보수율(s)이 자본비용(r)보다 높아야 한다는 Averch & Johnson(1962)

모형의 가정이 성립함을 보여주고 있다. 이해의 편의를 위하여, 지금까지의 주장을 요약하면 다음과 같다. 공공요금이 총괄원가로 규제를 받는 기관이 타인자본을 통해 조달한 자금으로 어떠한 경제적 가치도 없는 설비에 투자하였다고 가정해보자. 이 투자 설비가 설령 아무런 경제적 가치를 창출할 수 없다고 하더라도 기관 입장에서는 이득이 된다. 부채의 원금은 설비가 감가상각되며 그 비용이 총괄원가 중 적정원가에 포함되고, 부채의 이자는 총괄원가의 적정투자보수에서 고려되어 모두 공공요금으로 회수될 것이다. 이때 적정투자보수 계산 시 사용하는 적정투자보수율이 타인자본비용보다 더 크기 때문에 기관에게 이러한 의사결정은 이득이 된다. [그림 6-5]는 총괄원가에 따른 공공요금 규제가 피규제기관의 투자의사결정을 어떻게 바꿀 수 있는지에 대해 요약설명한 도표이다.

그림 6-5 공공요금 규제와 투자의사결정

구 분	기관의 의사결정
공공요금 규제를 받지 않는 경우	투자설비가 창출할 미래 경제적 가치가 부채의 가치를 초과할 경우 투자(그렇지 않을 경우 부채 상환 불가)
공공요금 규제를 받는 경우	투자설비가 미래 경제적 가치를 창출하지 못하는 경우에도 설비에 투자하는 것이 유리 • 부채 원금은 감가상각비로 총괄원가 중 '적정원가'에 포함되어 공공요금으로 회수됨(원금 상환 가능) • 부채의 이자는 총괄원가 중 '적정투자보수'로 회수됨(이자비용보다 더 높은 수준으로 회수되어 이자 상환하고도 이득) • 투자설비가 약간의 경제적 가치라도 창출한다면 위와 같은 과잉투자로 인한 이득이 더욱 클 수 있음

제 4 절 사례: 수자원공사 광역상수도 및 댐용수 사업

지금껏 공공요금이 총괄원가로 규제될 경우, 피규제기관은 공공요금 계산에서 고려되는 설비에 과도한 투자를 할 인센티브를 갖게 된다는 것을 설명하였다. 이러한 주장은 학계에서 이론적 널리 받아들여지고 있지만, 실증적으로 규명하는 것은 많은 어려움이 있다. 우리나라의 공공기관을 예로 들어 설명하면, 총괄원가 규제가 적용되는 전력, 수도, 가스, 철도 등의 서비스는 독점시장이라는 특성이 있다. 실증분석을 위해서는 총괄원가 규제를 받는 기관과 받지 않는 비교가능한 기관이 있어야 하는데, 그러한 사례를 관찰하기가 용이하지 않다.

본 연구에서는 공공기관의 투자의사결정이 왜곡되었는지에 대한 반증가능한 실증분석을 수행하지는 못하였다. 그 대신, 본 연구는 총괄원가의 규제를 받는 공공기관들이 규제사업에서 상당한 수준의 이익이 발생하고 있음을 보여주고, 이 높은 이익률이 앞서 설명한 설비 과잉투자의 부작용일 수 있음을 설명하고자 한다. 구체적으로 본 연구는 수자원공사와 광역상수도와 댐용수 사업을 살펴보았다.

1 원가에도 못 미치는 요금수준?

2016년 9월 19일, 국토교통부는 광역상수도와 댐용수 요금을 9월 23일부터 4.8% 인상한다고 밝혔다. 요금인상 배경에 대해서 정부는 단계적인 요금현실화가 필요하다고 설명하였다. 정부의 주장을 인용하면 다음과 같다.

> "최근 10년 간 물가는 27.5% 상승하였고, 각종 원자재 가격도 30.7% 오른 반면, 광역상수도와 댐용수 요금은 지난 10년 간 한차례 인상(2013년 1월, 4.9%)에 그쳐 생산원가의 84% 수준에 불과한 실정이다. 이번 인상으로 생산원가 대비 요금단가(요금현실화율)는 광역상수도의 경우 84.3%에서 88.3%로, 댐용수는 82.7%에서 86.7%로 높아진다."[2)]

2) 국토교통부 보도자료(2016.9.19).

즉, 정부는 현재 광역상수도와 댐용수 요금이 원가에도 크게 못 미치는 수준이라고 주장하고 있는 것이다. 수자원공사의 홈페이지에 공시된 수도요금 현실화율을 보면 2004년, 86.2%에서 2013년에는 77.8%로 꾸준히 하락하는 추세에 있다. 수도의 생산원가는 꾸준히 상승하고 있음에도 불구하고, 요금인상은 이루어지고 있지 않은 것이 원인으로 보인다.

수자원공사의 주장과 제시한 자료만 놓고 보면, 광역상수도와 댐용수 사업을 관리하는 수자원공사는 적자에 허덕이고 있을 것으로 예상된다. 정부의 주장을 확인하기 위하여 수자원공사의 2014년 주요 사업별 구분회계 손익계산서를 요약하여 제시하면 <표 6-2>와 같다. 본 정보는 2014년의 손익으로써 요금인상이 이루어지기 전에 발생한 내역이다.

그림 6-6 수돗물 요금 현실화율

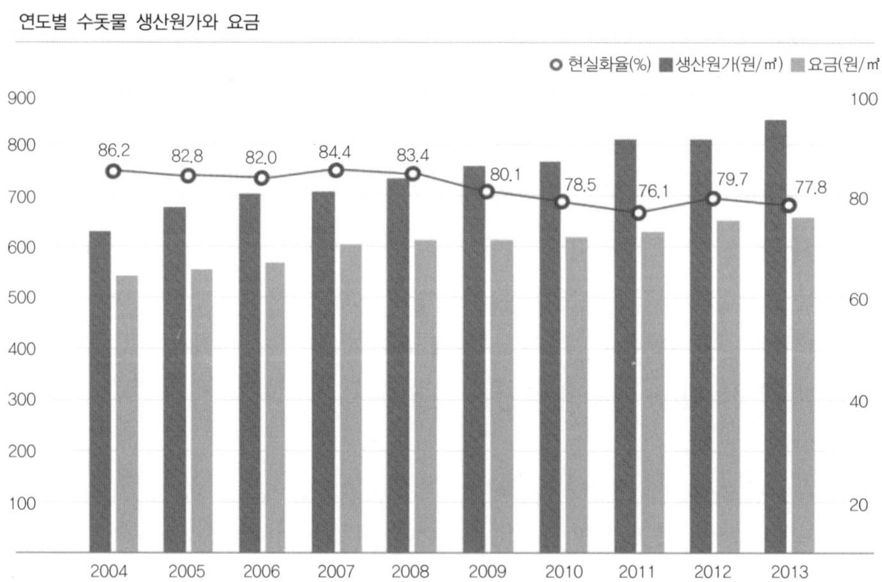

자료: 전국 평균 수도요금 기준. 수자원공사 홈페이지.[3)]

3) https://www.kwater.or.kr/info/sub01/sub04/pipe15Page.do?s_mid=91

<표 6-2>에서 보듯이, 2014년에 수자원공사의 규제사업에서는 모두 이익이 발생하였다. 그 중에서 광역상수도 사업에서는 약 225억 원, 댐용수 사업에서는 약 780억 원의 당기순이익이 각각 발생하였다. 당기순이익 규모보다 수익률은 더 놀랍다. 특히, 댐용수 사업에서는 2014년에 무려 42%의 영업이익률을 달성하였다. 반면에, 정부의 규제를 받지 않는 비규제사업의 실적은 매우 초라하다. 4대강 사업에서는 큰 손실이 발생하였고, 경인 아라뱃길과 단지사업의 영업이익률도 규제사업과 비교했을 때 상대적으로 매우 낮은 수준이다. 또 하나 참고할 점은 2014년 기준 댐용수 판매물량의 약 65%가 광역상수도 사업부문으로 판매된 내부거래라는 점이다. 수자원공사는 댐용수 사업에서 42%의 높은 영업이익을 얻으며 광역상수도 사업부문에 서비스를 공급하고 있다. 따라서 <표 6-2>에서 광역상수도 부문의 영업이익률은 4%에 불과하지만 내부거래를 고려한다면 그 이익률은 훨씬 높다고 보아야 한다.

표 6-2 수자원공사의 주요 사업별 손익(구분회계)

(단위: 백만 원)

구 분	규제사업				비규제사업		
	상수도		댐		4대강 사업	경인 아라뱃길	단지 사업
	광 역	지방위탁	댐용수	관리대행			
수익(매출액)	1,130,748	177,306	264,029	247,665	25,914	320,403	763,387
매출원가	1,024,504	138,417	142,394	156,506	29,818	291,861	714,105
판관비	57,409	13,243	10,643	15,923	-	7,906	15,968
영업이익	48,835	25,646	110,992	75,236	(3,904)	20,636	33,314
당기순이익	22,528	19,109	78,001	55,504	(2,777)	15,682	26,035
영업이익률	4%	14%	42%	30%	-15%	6%	4%

자료: 수자원공사의 2014년 손익계산서.

결론적으로, 요금이 원가에도 미치지 못하는 수준인 광역상수도와 댐용수 요금을 현실화할 필요가 있다는 정부의 주장은 그 의미를 정확하게 파악할 필요가 있다. 요금이 원가에도 못 미치는 상황에서 사업에서 큰 이익이 발생하는 이유는 이 '원가'가 적정이윤(적정투자보수)을 포함한 총괄원가이기 때문이다. 즉, 총괄원가에 따른 공공요금 규제제도는 공공기관이 고정자산에 대한 투자를 할 경우, 그 투자의 기회비용에 해당하는 수준의 적정이윤을 보장해주는 제도인 것이다.

수자원공사는 향후 수년 내 상당한 규모의 시설투자를 계획하고 있다. 2016년 국정감사에서 수자원공사는 "지금 물값 현실화율이 84% 수준인데, 이 상태는 재투자 재원이 너무 모자란다"며 "공사는 앞으로 노후관 교체, 관로 이중화 사업 등에 재투자 비용 3조 5천억 원을 예상하고 있다"고 밝혔다. 이러한 대규모의 시설투자 비용도 총괄원가규제 하에서는 모두 공공요금의 인상요인으로 작용할 것이다. 노후한 시설에 대한 재투자를 통해 공공서비스의 질을 개선하는 것은 필요하겠으나, 총괄원가 규제 하에서 공공기관의 투자의사결정이 왜곡되지 않도록 관리할 필요도 있겠다.

2 광역상수도와 댐용수 사업의 비교

<표 6-2>에서 요금이 총괄원가에 의해 규제되는 광역상수도와 댐용수 사업을 비교해보면, 댐용수 사업의 이익률이 큰 폭으로 더 높은 것을 알 수 있다. 이 두 사업의 이익률이 차이가 나는 원인을 분석하는 것은 본 연구의 범위를 벗어난다. 그러나 본 연구는 총괄원가에 따른 공공요금 규제방식이 두 사업에서 발생하는 이익률 차이의 일부를 설명할 수 있다고 주장한다. 즉, <표 6-2>에서 보듯이 광역상수도 사업은 4%의 영업이익률을 달성한 반면, 댐용수 사업은 42%의 이익률을 달성하였다. 그런데 전체 총괄원가에서 적정투자보수가 차지하는 비중을 보면 댐용수 사업이 월등히 높은 것을 알 수 있다. [그림 6-7]은 광역상수도와 댐용수 사업의 총괄원가 내역을 적정원가와 적정투자보수로 구분하여 나타낸 자료이다. 광역상수도 사업의 적정투자보수는 총괄원가의 약 13% 수준임에 반하여, 댐용수 사업의 적정투자보수는 총괄원가의 약 34%에 달한다.

본 연구는 지금껏 수자원공사의 사례를 살펴봄으로써 공공요금을 규제받고 있는 광역상수도와 댐용수 사업의 요금이 원가에 못 미침에도 불구하고, 기관은 두 사업에서 모두 상당한 이익을 얻고 있음을 확인하였다. 또한 댐용수 사업의 이익률이 광역상수도 사업에 비하여 높은데, 그 원인 중 하나로 총괄원가에서 적정투자보수의 비율을 제시하였다. 즉, 댐용수 사업에서 적정투자보수의 비율이 월등히 높게

그림 6-7 총괄원가의 구성내역

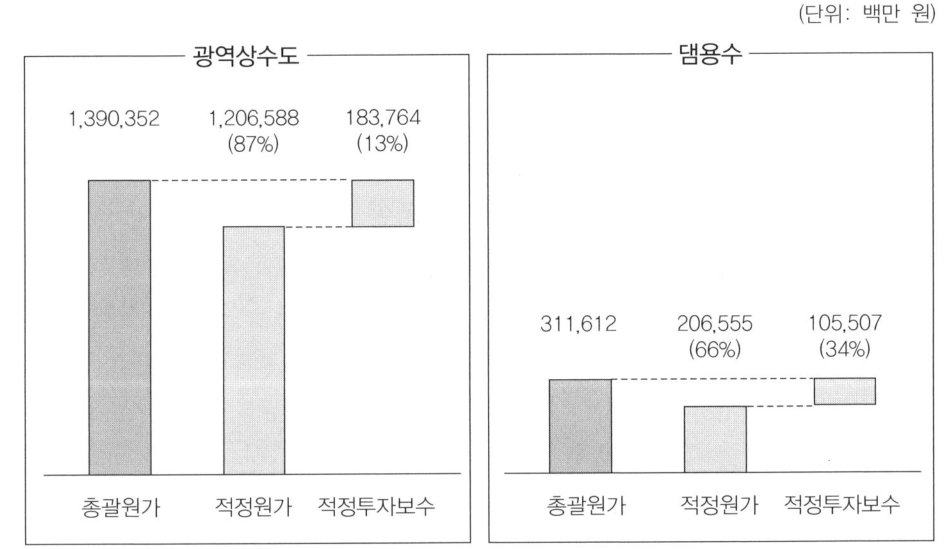

자료: 수자원공사의 2014년 손익계산서.

설정되어, 높은 이익률 달성이 보다 용이할 수 있다는 것이다.

제 5 절 총괄원가 규제와 공기업 성과지표

1 성과지표의 요건

지금까지 총괄원가로 요금이 규제되는 상황 하에서는 기관이 설비에 필요 이상의 투자를 집행하여 성과를 부풀릴 수 있음을 보았다. 이러한 왜곡된 투자의사결정 가능성은 성과지표의 적절한 설계를 통하여 보완할 수 있다. 즉, 성과지표는 피평가기관의 성과를 공정하게 평가하는 의미도 있지만, 기관의 의사결정을 올바른 방향으로 유도하는 의미도 있기 때문이다.

그림 6-8 총괄원가 규제 하에서 왜곡 가능성이 있는 항목들

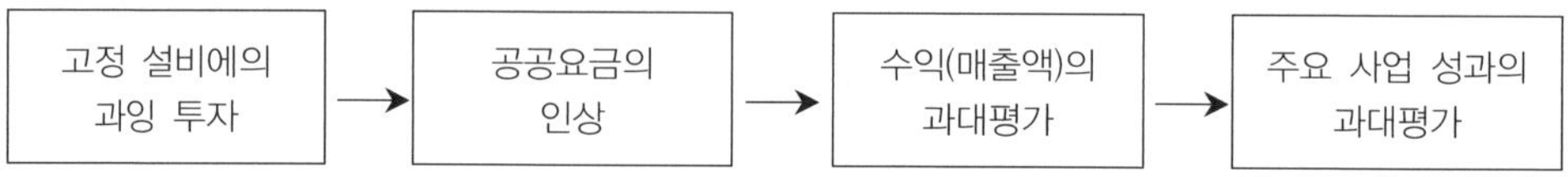

[그림 6-8]은 Averch & Johnson 효과가 발생할 경우, 왜곡 가능성이 높은 항목들을 정리한 것이다. 총괄원가 규제 하에서는 가장 먼저 고정 설비투자금액이 다소 부풀려질 가능성이 있고, 이어서 공공요금 인상으로 인하여 수익(매출액)이 과대평가 될 소지가 있다. 또한 총괄원가 규제 하의 적정투자보상율보다 차입이자율이 더 낮기 때문에 필요 이상으로 타인자본을 조달할 가능성이 있다. 이러한 상황 하에서는 다음의 네 가지 사항을 고려한 성과지표의 설계가 필요하다.

- 효율성 관점의 평가: 첫째, 단순 효과에 대한 실적보다는 제한된 자원 대비 효과, 즉 효율성에 대한 평가가 필요하다. 여기서 제한된 자원이라 함은 고정설비 투자금액을 의미한다.
- 비용절감에 대한 평가: 둘째, 수익 및 이익의 향상보다는 비용의 절감 측면에 대한 평가가 필요하다. [그림 6-8]에서 보듯이 공공요금 인상으로 인하여 수익(매출액)의 과대평가 가능성이 있으며 이 경우 기관의 수익 및 이익은 모두 기관의 성과를 올바르게 표현하지 못한다. 반면, 비용 절감 노력에 대한 평가는 (감가상각비를 제외한다면) 상대적으로 왜곡 가능성이 적어 기관의 노력을 공정하게 평가할 수 있는 방식이다. 구체적으로 공공서비스의 산출 단위당 비용을 평가하는 방식을 고려해 볼 수 있다.
- 부채비율에 대한 평가: 셋째, 고정설비에 대한 과대투자는 타인자본의 조달을 통하여 이루어질 것이므로 자기자본 대비 타인자본의 비율을 평가할 필요가 있다.
- 낮은 요금수준을 유도할 수 있는 평가: 넷째, 기관의 요금수준을 소비자 물가인상률 등 외생변수와 비교하여 평가함으로써 낮은 요금수준을 유도할 필요가 있다.

2 수자원공사의 경영관리 및 주요 사업 평가지표의 검토

총괄원가에 따라 요금이 규제되는 공공기관의 경우, 성과지표를 설계함에 있어 주의가 필요할 수 있음을 설명하였다. 그렇다면 과연 현재 기획재정부가 주관하는 경영평가의 지표들은 이러한 특성들을 만족하고 있는지를 검토해 보기로 한다. <표 6-3>은 『2015년도 공공기관 경영평가 편람』에서 발췌한 수자원공사의 2015년도 경영평가지표의 목록이다. 경영관리 및 주요 사업 분야의 계량평가지표들만을 요약하였다. <표 6-3>의 가장 우측 열에는 수자원공사의 평가지표들이 앞서 설명한 '네 가지 요건'을 충족하고 있는지 검토한 결과를 기재하였다.

검토 결과 2015년도 공공기관의 경영평가지표들은 전반적으로 기관의 왜곡된 투자의사결정을 방지할 수 있는 요건들을 갖춘 것으로 확인되었다. 먼저, 자본생산성지표는 '효율성에 대한 평가'를 강화해야 한다는 요건에 부합한다. 즉 기관의 총자산 대비 부가가치를 평가하여, 충분한 부가가치를 창출하지 못하는 고정설비에 대한 투자는 평가에 불리하게 작용하게 되어 있다. 또한 부채감축 달성도와 중・장기 재무관리 계획 이행실적은 부채감축을 유도하여 타인자본 조달을 통한 고정설비에의 투자 유인을 감소시킨다. 마지막으로, 계량관리 업무비는 '비용효율성에 대한 평가'에 부합하며, 매출액 대비 관리업무비로 평가가 이루어져 수익(매출액)이 부풀려질 경우 불이익을 받도록 설계되어 있다.

결론적으로, 현재의 경영평가지표들은 Averch & Johnson(1962)이 지적한 총괄원가 요금규제의 부작용을 완화할 수 있는 방향으로 설계된 것으로 판단된다. 앞서 언급한 네 가지 요건 중에서 낮은 요금수준을 유도하기 위한 취지의 계량평가지표는 비록 없지만 그 대신 효율성/비용절감/부채감축에 대한 평가가 이루어지고 있으므로, 경영평가제도는 본 연구에서 제기한 공공요금 규제의 부작용을 어느 정도 완화하는 효과가 있을 것으로 생각된다. 다만, 경영관리 분야와 달리 주요 사업 분야의 계량평가지표들은 공공기관의 왜곡된 투자의사결정 가능성을 고려하지 않고 설계가 된 것으로 생각된다. 따라서 주요 사업 부문의 경우 비계량평가에서 공공기관이 불요불급한 설비투자를 집행하는 것은 아닌지 검토하고 평가 결과에 반영할 필요가 있겠다.

표 6-3 수자원공사의 경영평가지표의 특성 검토

구 분	지 표	산 식	성과지표의 네 가지 요건 달성 여부
경영관리			
업무효율	노동생산성	$\frac{\text{부가가치}}{\text{평균인원}}$	–
	자본생산성	$\frac{\text{부가가치}}{\text{총자산}}$	효율성에 대한 평가
재무예산 관리 및 성과	감가상각비 차감전 영업이익 대 매출액	$\frac{\text{감가상각비 차감전 영업이익}}{\text{매출액}}$	–
	부채감축 달성도	$\frac{\text{부채감축실적}}{\text{부채감축계획}} \times 100$	부채비율에 대한 평가
	중·장기 재무관리 계획 이행실적	$\frac{\text{부채}}{\text{자기자본}}$	부채비율에 대한 평가
계량관리 업무비	계량관리 업무비	$\frac{\text{관리업무비}}{\text{매출액}}$	비용효율성에 대한 평가
주요 사업			
안전하고 풍부한 수자원 확보	댐 조류(藻類) 저감노력	연평균 클로로필a(Chl-a) 농도 × 각 댐 저수용량 비중	–
	홍수피해 저감노력	$\frac{\text{재해(침수)피해면적}}{\text{홍수기강우량}}$	–
깨끗하고 안전한 수돗물 공급	수도단수사고 예방노력	$\frac{\text{지자체 배수지 단수시간}}{\text{관로연장(km)}} \times \frac{\Sigma\text{(단수인구×단수시간)}}{\text{급수인구}}$	–
	먹는 물 품질 안전 제고노력	$\frac{\text{글로벌 수질기준 달성횟수}}{\text{먹는물 수질기준 검사횟수}}$	–
	상수도 공급 효율성	$\frac{\text{유수량}}{\text{용수생산량}}$	–

자료: 『2015년도 공공기관 경영평가 편람』.

제6절 결 론

본 연구는 요금 규제를 받는 공공기관의 특성을 살펴보고, 이러한 기관들을 평가할 때 사용되는 성과지표가 갖추어야 할 요건에 대해서 살펴보았다. 「물가안정에 관한 법률」 및 「물가안정에 관한 법률 시행령」에 따르면, 전력, 철도, 가스, 상수도 등 대형 공기업이 제공하는 서비스의 요금은 총괄원가 수준으로 규제되고 있다. 이 경우, 규제를 받는 공공기관은 이윤 극대화를 위하여 설비에 필요 이상의 과도한 투자를 하고, 그 결과 공공요금이 인상될 소지가 있음을 설명하였다. 관련된 실제 사례로 수자원공사의 사업별 손익을 검토하였다. 요금 현실화율이 80%대에 머문다는 정부의 주장에도 불구하고 수자원공사는 규제사업에서 상당한 수준의 이윤을 얻고 있으며 이러한 경향은 총괄원가에서 설비투자 금액의 비율이 높은 사업일수록 뚜렷하였다. 그 다음, 요금 규제를 받는 공공기관의 성과지표가 갖추어야 할 요건들에 대해서 살펴보고, ① 효율성 관점의 평가, ② 비용절감에 대한 평가, ③ 부채비율에 대한 평가, ④ 낮은 요금수준을 유도할 수 있는 평가라는 네 가지 기준을 제시하였다. 마지막으로, 『2015년도 공공기관 경영평가 편람』을 검토하여 수자원공사의 계량평가지표들을 검토한 결과, 전반적으로 이 네 가지 기준에 부합하였다. 현재의 경영평가제도는 Averch & Johnson(1962)이 지적한 총괄원가 요금규제의 부작용을 완화하는 데 어느 정도 기여하고 있는 것으로 판단된다.

〈참고문헌〉

오건호(2010). 『공공기관 대안평가틀 예비모델 개발 올바른 공공부문 혁신을 위한 공공기관 대안평가 토론회』.

Averch, H., & Johnson, L. L.(1962). Behavior of the firm under regulatory constraint. *The American Economic Review*, 1052-1069.

Myers, S. C.(1984). The capital structure puzzle. *Journal of Finance*, 39: 575-592.

Shyam-Sunder, L., Myers, S. C.(1999). Testing static tradeoff against pecking order models of capital structure. *Journal of Financial Economics*, 51: 219-244.

제 7 장 공공기관 경영 성공 및 실패사례

전미선(연세대학교 행정학과)

제 1 절 성공사례

1 이사회 개혁의 주도 – 한국국토정보공사

1) 추진배경

공공기관의 의사결정에 대한 효율성과 책임성을 확보하기 위한 조직 내부의 통제 구조로서 '이사회'는 중요한 의결기구라고 할 수 있다. 우리나라의 공공기관의 이사회의 임원과 관련한 관련 규정은 「공기업・준정부기관 경영 및 혁신에 관한 지침」, 「기타공공기관의 혁신에 관한 지침」, 「공공기관 임원 보수지침」, 「공기업・준정부기관의 인사운영에 관한 지침」 등이 있다(허경선, 2015). 그동안 공공기관의 이사회의 개혁은 정부 간섭을 줄이고 독립성과 전문성을 강화하는 방향으로 이행되어 왔다. OECD의 공기업 지배구조 가이드라인(2015)에서는 2005년의 가이드라인과 비교하여 이사회의 독립성과 책임성을 강화하는 내용이 추가적으로 강조되었다. 우리나라에서도 1999년 「정부투자관리기본법」 개정을 통해 당연직 이사를 폐지하였으며, 2007년에는 「공공기관의 운영에 관한 법률」의 제정 시에는 시장형 공기업과 자산규모 2조 원 이상의 준시장형 공기업에 대해 이사회 의장과 CEO를 분리하도록 하였다. 이러한 흐름의 연장선에서 한국국토정보공사는 당연직 이사의 폐지를 안건으로 상정한 뒤, 2014년 7월 주무부장관의 승인을 거쳐 개혁에 성공하였으며 구체적인 과정은 아래와 같이 살펴볼 수 있다.

2) 추진내용

한국국토정보공사는 1977년 7월 1일에 '(재)대한지적협회'에서 '대한지적공사'로 지적법에 의해 법인격을 부여받고 창립되었다. 그리고 당연직 이사는 1990년 10월 15일, 제5차 한국국토정보공사의 정관 개정 시에 당시의 주무부처 지적 과장이 당연직 이사로 이사회에 참여하게 되면서 도입하였다. 이후 2008년 3월 4일부터는 한국국토정보공사의 주무부가 행정안전부에서 국토해양부로 변경되었으며 담당 사업의 성격도 관리형에서 사업형으로 전환되었다. 이사회는 정기적으로 매월 1회(임시 이사회는 필요시 소집) 개최되었다. 그리고 이사회의 구성은 사장, 부사장, 상임이사 3명과 비상임이사 7명이며, 경영전반에 관한 사항을 심의 및 의결하는 역할을 하였다. 당연직 비상임이사는 일선 현장에서 일어나는 정책집행의 결과를 모니터링하여 그 결과가 주무부의 정책에 반영되도록 의견을 제시하는 기능을 하였다. 하지만, 실제 의사결정 시에는 정부 입장에 우호적인 태도를 형성하게 하거나 전문성 있는 이사진이 확보되는 데 걸림돌로 작용하기도 하였다.

2014년 공간정보 관련 3법(「국가공간정보 기본법」, 「공간정보의 구축 및 관리 등에 관한 법률」, 「공간정보산업 진흥법」)이 개정됨에 따라 '한국국토정보공사'로 사명이 변경되면서 새로운 계기가 발생하였다. 공간정보체계의 구축 지원 등으로 공적 기능이 확대되고 다양한 공간정보 사업이 포함됨에 따라 공사의 설립목적과 사업 범위 등을 반영한 조직의 목표가 형성된 것이다. 그 당시의 비상임이사의 구성은 당연직 이사를 포함하여 공무원 2명, 지적측량, 행정, 경영, 부동산 관련 전문가 각각 1명으로 총 6명으로 구성되었다. 한편, 이러한 변화에 따른 대상사업의 확대로 관련 전문가의 수요가 발생하였다. 이에, 기관장은 '제6회 이사회(2014.7.17)'의 안건으로 당연직 이사를 폐지하고 관련 전문가를 영입하는 안건을 상정하였으며, 이에 대한 심의가 이루어졌다.

당연직 이사의 폐지에 대한 의견은 찬반으로 나뉘어 팽팽하게 전개되었다. 폐지를 찬성하는 입장은 한국국토정보공사의 관련 사업 내용이나 목표에 적합한 전문가를 영입하여 경영의 효율성과 책임성을 향상시켜야 한다고 주장하였다. 이에 반해 반대 입장에서는 공사와 주무부 사이의 업무연계성이 약화됨에 따라 부작용이 발생할 수 있으며, 사업의 공공성이 쇠퇴되어 경영의 실질적 내용이 민영화의 수준으로 변화할 수 있다고 지적하였다. 처음 이사회에 관련 안건이 상정되고 나서 끝나지 않는 논쟁으로 보류상태로 차기 이사회에서 재상정하여 심의하기로 결론 내려졌다.

이에, 당시 기관장은 당연직 이사 폐지의 당위성을 주무부에 이해시키고자 이사 간담회를 소집하였다. 회의에서 기관장은 반대 의견에 있던 이사진들을 계속적으로 설득하였다. 주무부의 관심과 적극적인 지원이 필요함을 공감하면서 당연직 이사의 폐지에 관한 찬성 의견을 결론적으로 더 이끌어 내었다. 그리고 주무부장관의 승인을 거쳐 당연직 이사의 폐지는 '제16차 개정 일부 개정안(2014.7.28)'에 반영되어 시행됨으로써 마무리되었다. 이후, 당연직 비상임이사를 대신할 새로운 임원추천위원회가 구성되었다. 한국국토정보공사는 당시(2014년 10월) '한반도 통일을 대비한 북한 지적도면 디지털화 방안' 관련된 여러 활동을 수행하고자 하였다. 이에, 민간 전문가를 북한정보, 통일(시민사회)분야 전문가로 비상임이사를 임명했고, 공공기관 역사 최초로 다양한 분야의 전문가로 비상임이사 임원직을 구성하였다. 이러한 일련의 과정을 통해 당연직 비상임이사가 임명됨에 따른 독립성과 전문성의 문제를 개혁하고자 하고, 공공기관 경영효율화와 책임경영을 도모했다는 점에서 의의를 살펴볼 수 있었다.

2 최저가, 최우량 ex-OIL 판매체계 - 한국도로공사

1) 추진배경

한국도로공사는 2012년부터 시중보다 저렴하고 질 좋은 유류를 공급하고자 전국 고속도로 주유소 160개소를 ex알뜰주유소를 전환하는 사업을 추진해 왔다. 이는 고가였던 고속도로 기름값을 전국 주유소 평균 기름값 수준으로 인하시키는 성과를 거두었다. 하지만, 고속도로 주유소는 24시간을 운영해야 하는 등의 구조적인 한계로 인하여, 전국 알뜰주유소 평균과 비교해보면 여전히 고속도로 주유소 유가가 더 높다는 국회와 언론 등에서 지적이 있었다. 이에, 한국도로공사는 고속도로 주유소의 근본적인 문제를 해소하고자 2014년부터 고속도로 주유소의 대혁신을 추진하게 되었다.

2) 추진내용

한국도로공사는 김학송 사장 취임 후 모든 국민들에게 질 좋은 기름을 정직한 양에 차별화된 서비스로 공급하자는 목표를 설정하였다. 이를 위해 2014년 3월 '정품 · 정량 · 정가 ex-OIL 혁신 T/F'를 구성, 다각적인 방안을 모색하였다.

과거 ex알뜰주유소는 석유공사에서 구매하는 물량 외에는 대형 정유사와 개별 가격 협상을 통해서 유류를 구매해 왔다. 개별 주유소와 대형 정유사와의 협상은 동등한 관계에서 이루어질 수 없었고, 획기적인 가격 인하는 거의 불가능에 가까운 일이었다. 그럼에도 수십 년 간 이어져 온 이러한 방식은 관행으로 자리잡아 갔고, 모든 주유소는 이러한 절차들을 익숙하게 받아들이고 있었다. 'ex-OIL 혁신 T/F'는 이러한 구조를 변화시키기 위한 새로운 도전이 필요하다고 판단하였다. 이에, 대형 정유사와 대등한 가격 협상을 위해 개별 주유소들을 공동구매의 방식으로 모두 모아 입찰을 추진하는 유류 공동구매 추진방안을 수립하였다. 하지만, 그 실현 가능성에 대하여 내 · 외부에서 우려의 목소리가 컸다. 그 중 하나는 고속도로 주유소는 기본적으로 24시간 영업에 따라 판매관리비가 높고 또한 유류 탱크용량이 시중에 비해 작아, 시중 주유소처럼 가격이 낮을 때 대량으로 매입했다가 판매하기 힘들어 결국 알뜰주유소 평균 이하로 가격을 설정하기 어렵다는 점이다.

이러한 불신을 해소하기 위해서 'ex-OIL 혁신 T/F'는 주유소 운영사들과 수차례 합동회의를 개최하여, 다양한 입찰 결과 시뮬레이션 분석 등을 통해 유류 공동구매 입찰의 성공 가능성에 대한 확신을 심어주기 위해 노력하였다. 고속도로를 관리하는 공공기관인 한국도로공사가 직접 유류를 구매할 수는 없었다. 그 대신에 주유소 운영사들을 대행해서 입찰을 하는 '대행 입찰 형식'을 추진하였다. 또한 '가격 협상력(buying-power)'을 향상시키기 위해 관련 조건에 대한 분석과 지속적인 설득을 통해서 개별 주유소들의 참여를 이끌어 내어 89개 주유소 1.36억 ℓ 의 입찰물량을 확보하였다. 입찰방침 수립 및 입찰공고 등을 거쳐, 2014년 7월 23일에 국내

5개 정유회사를 상대로 지명경쟁 입찰을 실시한 결과 S-OIL(주)가 '기준가격+7.5원'이라는 파격적 금액으로 낙찰되어 2014년 8월 1일부터 고속도로 주유소 89개소에 유류를 공급하게 되었다. 이후, 2015년 2차 공동구매는 전년의 대폭적인 성공적인 입찰 결과의 홍보 효과에 힘입어, 참여 주유소 및 물량이 대폭 증가하여 160개 주유소 및 5억ℓ의 물량을 결집하였다. 그 결과, 전년 대비 3.3원을 추가 인하한 '기준가격+4.2원'에 유류를 공급받게 되었고 이로써, ex-OIL 주유소는 지속적인 가격인하 기반 조성을 마련하였다.

이러한 개혁의 성과를 가격 측면에서 보면, 아래의 <표 7-1>과 같이 2014년 8월 1일부터 2016년까지 ex-OIL 주유소가 전국 알뜰주유소의 평균 이하로 유류를 제공하고 있음을 파악할 수 있다. 판매량 또한 아래의 <표 7-2>와 같이 높은 증가율을 나타내고 있다. 서비스의 측면에서도 스마트폰 앱 및 홈페이지 등을 통해 실시간 주유소 유가에 대한 정보를 안내하고 있으며, 최저가 주유소 10개소를 매일

표 7-1 유가 현황(2013~2016년)

(단위: 원/ℓ)

구 분	ex-OIL①	전국평균②	전국알뜰평균③	① - ②	① - ③
2013년 12월	1,864	1,881	1,849	△17	15
2014년 12월	1,591	1,652	1,617	△61	△26
2015년 12월	1,356	1,433	1,401	△77	△45
2016년 8월	1,348	1,412	1,379	△64	△31

자료: 한국도로공사 내부자료.

표 7-2 ex-OIL의 판매량 현황

(단위: 천ℓ)

구 분	휘발유			경 유			계		
	판매량	월평균	증가율	판매량	월평균	증가율	판매량	월평균	증가율
2014년	368,232	30,686	5%	539,712	44,976	23%	907,944	75,662	15%
2015년	463,224	38,602	26%	774,048	64,504	43%	1,237,272	103,106	36%
2016년 1~6월	301,189	50,198	30%	545,126	90,854	41%	846,315	141,053	37%

자료: 한국도로공사 내부자료.

공표하였다.

3 고착된 기득권 구조 타파를 통한 경영효율화 – 한국보훈복지의료공단

1) 추진배경

지난 30년 간 보훈병원 장례식장은 보훈단체의 특정 간부가 독점적으로 운영해 오기도 하였다. 이에, 연간 50억 원 상당의 수익금을 독식하고 보훈단체 간 이권 다툼이 발생하였다. 그리고 국정감사 및 감사원 지적과 개선 요구에도 보훈단체 실력행사에 의해 개선에 어려움이 있었다. 즉, [그림 7-1]에서 보듯이 병원장 감금, 직원 폭행 등 불법으로 병원의 기본 업무인 진료업무 막대한 지장 초래하는 상황이 발생하였다. 지역 관할 경찰의 미온적 대응으로 공권력 역할 미흡한 것 또한 문제의 해결을 어렵게 하고 있었다. 이러한 상황에 직면하자, 공사가 장례식장에 대한 계약을 해지하고 철수 통보를 이행해도 장례식장 불법점거로 1년 간 영업중단이 야기되었다. 그 기간 동안 국가유공자에게 장례 서비스를 제공하지 못하게 되어 그들이 외부 장례식장 이용을 하게 되거나 하는 등의 사회적 문제가 지속되었다.

그림 7-1 보훈병원 장례식장 관련 사회적 문제

자료: 한국보훈복지의료공단 내부자료.

2) 추진내용

이러한 상황을 해결하기 위해 한국보훈복지의료공단은 서울경찰청장과 면담하고, 경찰의 적극적인 개입을 요청(당일 1개 소대 배치)하였다. 그리고 본 사항과 관련된 전담 이사를 배치함과 동시에 직위별 역할을 부여(전담 T/F 구성)해 조직 내부 및 외부의 다양한 대화 통로를 구성하였다. 또한 이사장은 상이군경회장을, 사업이사는 지역 보훈단체장 등의 간부를 직접 방문하고 면담을 지속하면서 장례식장 운영개선 필요성 설득하였다. 그 결과, 직영운영체계에 대한 합의가 2015년 4월에 이행되었다. 그리고 장례식장의 현대화를 위한 증축 사업도 약 125억 원의 예산을 투자하여 2016년 12월에 착공하였으며, 2017년 7월에 준공이 예정됨으로 장례식장 운영의 경영효율화를 도모하고 있다.

종합적으로 살펴보면, 이러한 개혁은 기관장과 공사의 직원들의 개혁에 대한 의지로 전문 TF를 구성하고 조직적 움직임을 통한 지속적인 설득에 따른 결실이라고 볼 수 있다. 그리고 개혁의 성과는 다양한 측면에서 살펴볼 수 있었다. 우선, 장례식장 직영 운영을 통해 기존의 장례식장 운영수익금이 특정 보훈단체가 아닌 전체 보훈가족 위해 사용(5년 간 약 250억 원)할 수 있는 계기가 되었다. 그리고 국가유공자 경제적 부담 해소와 명예로운 보훈 실현이 가능한 장례의 시행으로 공사의 조직 미션달성에 긍정적으로 작용하였다. 마지막으로, 기존의 보훈단체 간 이권 다툼 방지와 보훈단체 불법행위가 근절됨에 따라 의료진이 진료에만 전념할 수 있는 환경이 조성된다는 긍정적 효과를 기대할 수 있게 되었다.

4 대규모 조직개편을 통한 대국민 서비스 개선사례 – 한국수자원공사

1) 추진배경

한국수자원공사는 1967년 창립하여 다목적댐, 광역상수도의 건설 및 운영 등 수자원의 종합적 이용·개발하기 위한 임무를 진행해 왔다. 기존 수자원공사의 조직구조는 수자원사업, 수도사업과 같은 '본사 중심의 사업부제'와 '본사–본부–현장의 3단계 의사결정구조'의 특성을 보였다. 하지만, 이러한 '본사 중심의 사업부제'

는 사업 간 칸막이로 작용하여 특정 이슈에 관해 거시적으로 최적의 해결책을 제시하는 데 한계가 있었다. 수자원은 유역별 통합적 관리가 중요한 반면, 이러한 본사 중심(조사~건설)의 조직구조로는 광범위한 관리가 어렵기 때문이다. 또한 현장에서는 광역 행정구역을 기반으로 9개의 지역본부를 운영하고 있었다. 그러나 본사 중심의 의사결정체계에 따라 현장의 특성을 반영하는 의사결정에 제약이 있었고, 행정구역을 넘어서는 수요에 대한 대응이 부족하였다. 그리고 이러한 조직체계는 기존 수자원을 효율적으로 활용하는 물관리의 패러다임에는 적합하지 않았다. 게다가 홍수·가뭄 등의 물 재해를 예방하고 지역 간 물 이용 격차를 해소하는 등의 본연의 목적과 함께 물산업 플랫폼을 구축하고 관련 강소기업을 육성할 필요가 있었다. 이에, 기존의 문제점을 극복하는 동시에 새롭게 요구되는 사회적 수요에 걸맞은 조직개편의 필요성이 야기되었다. 종합해 보면, 관련 사업의 특성과 환경이 변화함에 따라 이에 대응하는 새로운 조직체계의 수요가 계속적으로 요구되었던 것이다.

2) 추진내용

한국수자원공사는 본사와 현장의 조직구조적 차원의 한계를 극복하고, 글로벌 수준의 물산업 플랫폼을 구축하기 위해 조직개편을 추진하였다. 첫째, 본사차원에서는 프로세스형 조직으로 슬림화를 시도하였다. 기존 수자원과 수도 사업 간 단절성의 문제를 해결하기 위해 '사업부제'에서 '프로세스형 조직'으로 재편하였다. 특히, 부분 산하에 사업 및 시설별 기능 중심의 부서단위 조직을 편제하여 전문화의 장점을 유지하고자 하였다. 또한 본사 내 부서 통·폐합을 통해 권역본부 및 현장조직을 강화하였고, 권역본부를 중심으로 의사결정구조를 단순화하였다. 둘째, 현장차원에서는 권역본부제를 도입하고 책임경영체제를 지향하였다. 기존 9개의 지역본부를 한강, 금·영·섬(금강, 영산강, 섬진강), 낙동강 3개 강 중심의 권역본부로 재편하였다. 이를 바탕으로 현장 중심의 책임경영을 강화하고자 하였고, 보다 넓은 범위의 수요에 대응하고자 하였다. 셋째, 물산업 육성 관련 조직이 기존에 분산되어 있는 것을 통합하여 '물산업플랫폼센터'를 신설하였다. 이를 통해 기술개발·공유, 벤처창업, 해외시장 개척 등의 글로벌 경쟁력을 가진 플랫폼 구축에 역량들을 집중하고 있다. 이와 동시에 물관리전략기획단을 신설하여 대정부 협의 및 정책실행 지원 등 정책 지원체계를 확립하였으며, 이를 통해 경영환경변화에 전략적으로 대응하고자 하였다.

한편, 이러한 조직개편의 과정에서 나타날 수 있는 조직 내 갈등을 극복하기 위해서 전사적자원관리(Enterprise Resource Planning)시스템을 구축하고, 조직문화혁신실을 신설하였다. 이를 바탕으로 불필요한 업무를 삭감하고, 조직구성원의 조직신뢰성을 제고하고자 하였다. 그리고 그 과정에서 발생할 수 있는 조직구성원들과의 갈등을 해소하기 위해 CEO의 적극적인 노력이 이행되었다. 예를 들어, CEO가 직접 나서서 직원 호소문을 발표하고 전국 현장 순회 설명회를 개최하였으며, 노동조합위원장과의 1:1대화 및 공식·비공식 대화를 시도하였다. 이와 동시에 전사적 조직개편 설명회, 온라인 조직 소통방 운영 등의 다양한 의견 수렴 절차를 통해 직원들의 불안을 해소할 수 있는 방안들을 이행하였다.

결론적으로, 한국수자원공사는 장기적 관점을 바탕으로 경영환경변화에 전략적으로 대응하기 위하여 조직개편을 시행하였다고 판단할 수 있다. 먼저, 하천 유역단위의 통합적 관리를 위한 선제적 조직개편은 이후, 정부의 물관리 일원화 정책을 형성하는 데 하나의 계기로 작용했다고 볼 수 있다. 또한 수력 발전댐 관리의 일원화 등 수계 중심으로 업역 확대의 기반을 마련하였고 이를 통해 광역과 지방의 통합적인 사업모델을 구축하는 계기가 되었다. 마지막으로, 물산업 플랫폼 구축을 통해 민간 일자리 창출에 긍정적인 영향을 미칠 것으로 기대되고 있다.

제 2 절 실패사례

1 공공기관 성과연봉제 도입과 폐지

1) 성과연봉제 도입과 정책실패

우리나라의 공공부문의 성과급 제도 도입은 1997년 외환위기 이후 신공공관리(New Public Management) 행정 개혁의 일환으로 시작되었다. 1998년 말에 법적 근거를 형성하였으며 1999년부터 본격적으로 이행되었다. 공공기관에서는 「정부투자관리법」에 따라 1973년부터 인센티브가 지급되고 있었지만 부분적으로만 운영되었고, 2007년부터 「공공기관의 운영에 관한 법률」과 「공기업·준정부기관의 인사운영에 관한 지침」 등에서 성과관리제도 시행의 제도적 근거들이 마련되었다. 2010년 6월 이명박 정부에서는 「공공기관 성과연봉제 권고안」(2010.6.)을 발표하면서 공공기관 간부직에 대한 본격적인 성과연봉제를 2010년 말까지 실시하도록 유도하고, 경영평가의 내용으로 이를 반영하려는 계획을 발표하였다.

이후, 박근혜 정부는 2015년 1월에 「2단계 공공기관 정상화 추진 방향」의 중점과제 중 하나로 공공기관 성과연봉제 관련 내용을 포함하였다. 이를 본격적으로 추진하기 위해, 기획재정부(이하, '기재부')는 2016년 1월 28일에 성과연봉제의 대상의 확대 시행을 핵심 내용으로 하는 「공공기관의 성과연봉제 권고안」(2016.1.)을 발표하였다. 아래의 <표 7-3>과 같이 구체적인 내용을 살펴보면, 우선 간부직(1, 2급)에서 비간부직인 4급까지 확대하여, 전직원 대비 70%에 대해 적용하고자 하였다. 게다가 고성과자와 저성과자의 기본 연봉 인상률 차이를 기존에 2% 정도에서 평균 3%로 하고, 3급까지의 성과연봉 비중을 20(준정부)~30%로 차등 폭을 2배로 확대하고자 하였다. 성과평가에 대한 공정성 확보를 향상시키기 위해 권고안에 평가 시스템과 평가지표 설정 및 평가단 구성 등에 관한 지침이나 규정, 기준 등에 대한 내용을 포함시켰다.

그리고 정부는 이러한 정책의 확산을 촉진하기 위해, 성과연봉제 미이행기관에

표 7-3 성과연봉제 주요 개선 방안

		현 행	개 선
대 상		간부직(2급 이상, 7%)	4급 이상(70%)
기본 연봉 차등		2%(±1%)	1~3급: 평균 3%(±1.5%) * 예: 1급 4%, 2급 3%, 3급 2% 4급: 미적용
성과연봉	비중	20(준정부)~30%(공기업)	1~3급: 20(준정부)~30%(공기업) 4급: 15(준정부)~20%(공기업)
	차등	2배	1~4급: 2배

자료: 기획재정부(2016a).

대하여 2017년 총 인건비를 동결(패널티)하고, 우수도입기관은 추가 인센티브를 부여하기로 하는 계획을 발표하였다(기획재정부, 2016b). 그 결과, 권고안을 발표한 지 약 5개월 이후인 2016년 6월에 120개 대상기관(준정부기관 90개, 공기업 30개) 모두에서 성과연봉제가 확대 도입되었다(기획재정부, 2016c).

하지만, 공공부문 구성원들은 정부의 이러한 정책은 노조와 합의를 누락한 위법행위라고 보았으며 2016년 9월부터 연쇄 총파업을 시작하였고 갈등은 계속 증폭되었다. 그럼에도 불구하고 성과연봉제는 계속 집행되다가 2017년 5월, 문재인 정부의 인수위원회 역할을 하는 국정기획자문위원회에서 공공기관 성과연봉제 폐지 검토가 시작되었다(연합뉴스, 2017.5.23). 2017년 6월 16일에 기재부는 '공공기관 성과연봉제 도입 지침' 폐기 안건을 논의하고 이후 '공공기관 성과연봉제 관련 후속 조치 방안'을 의결하였다. 주요 내용은 2016년 1월 28일에 발표한 권고안의 이행기간을 없애고 각 기관이 성과연봉제의 시행방안 등을 자율적으로 결정하도록 하였다. 그리고 2017년 총 인건비 동결 등의 미이행기관에 대한 패널티를 적용하지 않으며, 100만 점에 3점으로 책정되어 있던 성과연봉제 관련 경영평가항목을 제외하는 것을 주요 내용으로 하고 있다.

종합해 보면, 사실상 공공부문 성과연봉제 도입 정책은 위법행위와 구성원들의 동의가 결여된 비민주적인 집행과정을 나타냈었으며, 결론적으로 다시 정책이 원점으로 회귀되는 상황이 발생하였다. 정책을 도입하여 추진하려는 시기에는 성과급적 연봉제라는 보수체계를 통해 공공부문을 효율화하는 것을 주요 목표로 하였다. 하지만, 구성주의적 시각에서 국민과 대통령, 의회 등 사회구성원 대다수들이 바라는 공공기관의 조직 가치로 사기업의 효율성 논리보다는 일자리 창출 등의 공공성이 더 중요 우선순위로 재설정되었다. 이로 인해, 성과연봉제 정책을 도입하고 이에 대한 갈등이 야기되고 다시 관련 제도들이 변경되는 등의 일련의 과정을 거치면서 막대한 사회적 비용이 소모된 것이다. 그러므로 정책 실패사례라고 판단할 수 있으며, 이하에서는 성과연봉제 도입 및 집행과정의 문제점을 민주성과 효과성의 차원에서 살펴보고자 한다.

2) 민주성 및 효과성 차원에서의 문제점

공공기관 노조 조합원들은 노사합의를 간과한 채 이사회의 의결만 거쳐 성과연봉제가 도입된 것에 대한 강한 불만을 표출하였다. 노광표(2016b)에 의하면, 현행 「근로기준법」 제94조 제1항에서는 “사용자는 취업규칙의 작성 또는 변경에 관하여 해당 사업 또는 사업장에 근로자의 과반수로 조직된 노조가 있는 경우에는 그 노조, 근로자의 과반수로 조직된 노조가 없는 경우에는 근로자 과반수의 의견을 들어야 한다. 다만, 취업규칙을 근로자에게 불리하게 변경하는 경우에는 그 동의를 받아야 한다”고 규정하고 있다. 하지만, 양대노총 공공부문 공동대책위원회의 자료에 따르면, 111개 기관 중에서 60개 기관이 과반수 동의가 이루어지지 않은 채로 취업규칙을 개정하고 불법 강요 등의 절차로 성과연봉제를 도입하였다(노광표, 2016b). 또 다른 불법사례로는 더불어민주당의 ‘공공 · 금융부문 성과연봉제 관련 불법 · 인권유린 실태 보고서’(2016)에 따르면, 성과연봉제 확대 동의서를 받는 과정에서 관리자들이 협박과 폭언을 하거나 인사평가에 반영될 수 있다는 식의 압력이 가해진 것으로 드러났다. 이에, 공공기관 노조들은 「근로기준법」 위반이나 부당노동행위 등에 대한 고소, 고발 및 ‘이사회 결의 무효소송’을 추진하였다. 그리고 2016년 9월 말에는 금융노조, 공공운수노조, 보건의료노조, 공공연맹 등 관련 노조집단들의 총파업이 진행되었다(한국경제, 2016.10.7). 게다가 서울시의 경우, 서울 지하철 노조의 파업에 직접 개입하면서 파업 자체는 끝났지만, 중앙정부는 서울시가 노조편에 서서 파업 사태에 개입하였다고 하면서 강하게 비판하였다. 즉, 지방공기업에 대한 정책을 직접 담당하고 총괄하는 중앙부처와 해당 지방공기업에 직접적인 영향력을 행사할 수 있는 지방자치단체 사이에도 합의가 부족했다는 사실을 보여주었다. 이처럼 정책의 도입 및 집행 과정에서는 관련 행위자들의 동의를 얻는 민주적인 절차가 보장되어야 하지만, 이를 누락함으로 인해 정책의 정당성 자체가 결핍된 모습이 나타났었다. 강여진 · 배귀희(2012)에 의하면, 성과연봉제의 성공적인 시행을 위해서는 조직 내 구성원들과 충분한 대화 및 논의를 통해서 조직 내에 적합한 제도설계를 도출해야 한다고 한다. 그러므로 본 사례는 조직구성원의 충분한 공감대를 형성하지 않은 채, 일방적으로 정책이 집행됨에 따른 공공기관 사용자, 정부관계자, 지방정부, 공공부문 노조 등 사이의 첨예한 갈등과 이에 따른 실패가 야기된 것으로 평가할 수 있다.

그리고 정부의 성과연봉제 확대 실시는 공공기관의 경쟁을 통한 조직 내 효율성을 증진시키기 위한 목적 아래 추진되었다. 하지만, 공공부문에 성과급의 설계가 실질적으로 조직의 성과에 긍정적인 영향력을 보장해 주는 것은 아니다. 특히, 본 사례와 같이 공공부문 조직에 새로운 임금체계와 같은 정책 도입이 발생하는 경우, 정책 자체의 효과성은 조직구성원들의 지지가 확보가 되는 경우에 제도의 우수성이 발현될 수 있는 것이다. 즉, 앞서 살펴본 민주성의 가치는 효율성 또는 효과성과 상호작용하는 관계라고 볼 수 있다. 이러한 맥락에서, 성과연봉제 자체가 공공부문에서 의도하는 효과를 보장할 수 있는지에 대한 면밀한 검토가 더 필요하다고 볼 수 있다. 기존의 행정 및 정책학 연구를 살펴보면, 성과급을 공공부문에 도입할 때 발생하는 다양한 부작용들을 지적해 왔다. 즉, 사조직과 다른 공조직의 특수성으로 인해 공공부문의 재화와 용역은 성과 자체를 측정하고 비교하기 어렵다는 한계와 함께 기존에 많은 국가들에서 성과연봉제 성공사례를 찾기 어렵다는 비판들이 존재한 것이다(프레시안, 2016.5.17). 게다가 직무 또는 조직의 특수성을 고려하지 않고 개별적 성과 측정에 따른 차별적 보상의 지급은 조직문화와 불협화음을 야기할 수 있다. 그리고 우리나라의 오래된 기존의 연공서열식 보수체계 문화의 특수성을 고려하지 않은 채, 개인주의적 성과급체계로 변경할 경우의 전환비용이 더 야기될 수 있다. 하지만, 정부는 성과급제도의 부작용 또는 다른 기존 제도와의 정합성 등에 대한 신중한 논의나 대책이 부족한 채로, 일괄적으로 약 반년 만에 모든 공공기관에 관련 정책을 도입시키고자 하였다. 성과연봉제 시행을 위한 조직 내 직무 분석, 임금체계의 점검, 성과평가의 공정성 및 객관성 확보를 위한 평가시스템이나 평가기준에 대한 객관적 자료의 확보와 전문가 자문 등을 이행한 뒤 단계적으로 정책을 정교하게 설정하고 이를 집행해야 할 필요가 있는 것이다.

종합적으로 살펴보면, 공공기관 성과급제 도입은 기존의 정책의 정당성 획득을 위한 구성원들의 동의를 간과한 비민주적 정책결정과정이었으며, 성과급제도가 조직 내 성과로 이어지기 위한 연결고리에 필요한 논의들을 점검하지 못한 채 정부의 일방적인 집행의지로 실패한 정책이었다고 볼 수 있다.

2 공기업 자원외교

1) 자원외교 사례의 개요

(1) 자원외교의 개념 및 특징

우리나라에서의 자원외교(resource diplomacy)에 관한 논의는 학문적인 배경보다는 해외자원개발 사업과 관련된 국가적 차원의 여러 현상을 설명하는 데에서 시작되었다. 즉, '자원외교'는 대체로 이명박 정부의 해외자원 및 에너지 개발의 촉진을 위한 외교적, 정책적 노력을 상징하는 의미로 이해되고 있다. 하지만, 자원외교는 공기업 임원들의 비리 및 막대한 사업적자로 인한 세금 낭비 등의 문제를 야기하며 실패한 사업이라고 할 수 있다. 우선, 주요 행위자들의 비리 및 배임과 같은 불법적 행태와 함께 막대한 규모의 금전적 손실을 야기하였다. 특히, 해외자원공기업들은 차입에 의존한 대규모 해외자원개발사업의 투자로 재무건전성이 악화되고 투자 성과마저 계획에 크게 미달되는 등 경영손실을 겪었다(감사원, 2012).

이로 인해, '자원외교'는 우리나라 국민들에게는 공기업의 경영 실패사례로 대부분 인식되고 있지만, 학술적 용어로 '자원외교'의 개념은 포괄적으로 논의되어 왔다. 츠바이크(Zweig, 2006: 3)는 자원외교를 "자원의 확보와 에너지 안보에 대한 접근성을 높이기 위한 국가적 차원의 외교적인 활동"이라고 보았다. 이성규 · 이용권(2009)은 "복합적인 경제적 이익을 위해 해외의 자원을 확보할 목적으로 그에 수반되는 다양한 재원을 동원 및 확보하려는 일체의 행위"로 보다 폭넓게 살펴보았다. 종합해보면 자원외교란 "기업이 단독 혹은 합작으로 해외의 석유 · 가스 및 광물자원 개발 사업에 참여하는 것으로 단순 투자와 지분 투자, 기술 용역 등의 직간접적인 참여"라고 할 수 있다(전국경제인연합회, 2015: 3). 그러므로 자원외교는 단순히 외교적 측면뿐만 아니라 해외자원개발사업과 관련된 일련의 정책과정을 포함하여 이해될 필요가 있다.

이러한 자원외교의 필요성과 그 중요성은 다음의 세 가지 측면에서 논의될 수 있다. 우선, 에너지를 둘러싼 국제상황이 급변하고 유가불안이 지속되며 자원민족주의 확산에 따른 국가적 대응이 요구된다는 점이다. 둘째, 우리나라의 에너지 자원의 해외의존도가 매우 높기 때문에 에너지자원 수급의 위기 또는 급격한 가격변동에 따른 충격에 대비할 필요가 있다. 마지막으로, 자원개발산업은 고부가가치 산업이며, 국내의 고용창출 효과가 크기 때문에 국내 경기 활성화에 중요한 역할을 할 수 있다(외교통상부 · 에너지경제연구원, 2008). 그리고 자원외교의 형태는 정상이나 고위급 외교를 통한 국가적 차원의 협상 및 대화와 해외자원개발 프로젝트의 체결과 같은 기업주도의 방식이 존재한다(채재병, 2014). 자원개발은 고위험 및 고수익(high risk, high return) 산업으로 사업성공률이 평균적으로 10~15%에 그치기도 한다. 관련되는 위험의 종류로는 시장위험(market risk)뿐만 아니라 자원민족주의나 해당 국가의 내전 등 국가 및 국제정치적 위험(country and international risk)이 포함된다.[1] 이러한 특성으로 인해 민간부문의 적극적인 해외자원개발의 투자가 실질적으로 지속되기 어려운 점이 있다.

(2) 우리나라의 자원외교 사업

우리나라의 자원외교는 제1차 요일쇼크가 발생한 1973년에 전 오원철 경제수석이 미국의 대표적인 원유공급 3사와 계약을 시도한 것에서부터 출발한다(산업통상자원부, 2014). 공기업 차원의 해외자원개발사업은 1977년 한국전력공사의 파라과이 산안토니오 우라늄 개발 사업에서부터 본격적으로 시작되었다(감사원, 2015a). 이후, 1978년 제2차 오일쇼크 이후에는 「해외자원개발 촉진법」을 제정하는 등의 제도(조직, 법령, 자금 지원)를 형성하였다. 1997년에는 해외자원개발사업을 허가제에서 신고제로 변경하였다(감사원, 2015a). 2000년대부터는 에너지 정책의 패러다

표 7-4 정부의 해외자원개발사업 지원 예산(2008~2017년)

(단위: 억 원)

연도	2009	2010	2011	2012	2013	2014	2015	2016	2017	계
금액	67,512	17,015	11,901	11,196	5,391	3,933	3,587	952	1,550	123,037

자료: 연합뉴스(2017.9.25).

1) 감사원(2015a)에 의하면, 해외자원개발사업의 리스크 종류로는 매장량/생산량 위험(예측 매장량 및 생산량과 실제 생산량 차이로 인하여 발생하는 현금유입금액 감소 위험), 가격변동위험(가격변동에 따른 현금유입금액 감소 위험), 환율변동위험(환율변동으로 인한 현금유입금액 감소 위험), 사업불능위험(국가위험, 신용위험 등으로 인한 사업불능 등으로 원금회수가 어려운 경우의 위험), 유동성 위험(현금흐름의 불일치로 인한 자금부족 위험), 법률위험(각종 계약서 내용 및 투자대상국의 법률 등으로 인해 사업진행상 어려움에 처할 위험) 등이 존재한다.

임을 '안정적인 도입'에서 '적극적인 해외자원개발'로 전환하였다. 「해외자원개발사업법」의 제1조에 의하면 "장기적이고 안정적으로 자원을 확보함으로써 국민경제의 발전과 대외경제협력의 증진에 이바지하는 것"을 해외자원개발사업의 목적으로 명시하고 있다.

한편, 이명박 정부는 핵심 국정과제로 자원외교를 포함하면서 이전 정권에 비해 더 적극적인 형태로 관련 사업들을 추진하였다. 주요 프로젝트에 대한 정부의 밀착형 지원, 투자의 양적 확대와 함께 관련 법의 개정과 같은 제도의 변화가 야기되었다. 예를 들어, 2008년 4월 외교통상부 장관 직속으로 에너지자원대사 직책이 신설되었으며, 2009년 1월 30일에는 「에너지기본법」을 개정하였다(전재성 외, 2010). 그리고 2008년 2월 21일에는 「공기업 등의 해외사업 촉진에 관한 규정(대통령훈령 제211호)」을 시행하였다. 해외자원개발사업의 수는 2007년 286개에서 2010년 469개로 증가하였으며, 해외자원의 개발·생산 관련 사업이 92개로 늘어났다(박인휘 외, 2013). 이 시기에 해외자원개발을 위한 투자는 주로 해외자원공기업을 중심으로 진행되었다. '해외자원 개발 및 도입실태' 결과보고서(감사원, 2012a)에 의하면 민간부문을 포함한 총 투자실적은 2010년 말까지 약 37조 원이었으며, 그 중 공기업을 통해 투자한 규모는 약 19조 원으로 절반 가까이를 차지하고 있었다.

2) 비합리적인 투자 의사결정

(1) 절차적 합리성의 결여

공기업의 주된 의사결정은 이사회를 거치도록 되어 있고 주요 해외자원 개발사업의 추진 여부는 공기업 이사회의 주요 의결사항으로 규정되어 있다. 하지만, 자원외교 관련 사업에서 주요 3개 공사는 이러한 이사회의 절차들을 충실히 이행했다고 보기 어려웠다. 예를 들어, A공사는 사업단계 전환 등 주요 심의사항에 대해 이사회에 보고하도록 하는 규정조차 마련하지 않고 있었다. 또는 B공사에서는 이사회의 의결도 없이 투자비를 집행하는 사례가 존재하였으며, C공사에서는 투자사업심의위원회에서 논의된 문제점이나 요청사항 등을 이사회에서 검토하지 않은 채 투자를 결정하였다.

예비타당성 검토 절차와 관련하여 해외자원개발사업은 2010년 이전에는 검토의 제외 대상이었으며 2011년이 되어서야 관련 지침이 형성되었다. 기획재정부에서는 총 사업비 500억 원 이상이면서 국가 및 공공기관 부담분 300억 원 이상인 해외사업에 대해서는 「공공기관의 운영에 관한 법률」 제50조의 규정에 따라 「공기업·준정부기관 예산평성지침」 및 「공기업·준정부기관 사업 예비타당성조사 세부시행계획」 등을 수립하여 예비타당성조사를 시행하도록 하고 있다. 한편, 해외자원개발사업은 탐사·개발·생산단계 등의 사업단계에 따라 리스크 요인이나 계약조건 등이 상이하게 작용하기에 사업 전체가 아닌 개별 사업 단위로 예비타당성조사 실시 여부를 판단해야 한다(감사원, 2015a). 하지만, 관련 공기업들은 예비타당성조사를 수행하는 한국개발연구원(KDI)의 전문성 부족 및 해외자원개발사업의 특수성 등을 이유로 2011년 6월 23일에 예비타당성조사 면제를 신청하여 검토 대상에서 제외된 경우가 많았다(감사원, 2015a).

또한 사내 전문가 또는 사외 전문기관을 통한 자문절차를 거쳐서 투자결정을 이행해야 하지만, 2003년 이후 추진한 116개 해외자원개발사업 중에서 자문을 거치지 않은 사업들이 상당수 존재하였다(감사원, 2015c). 이러한 문제점을 시정하고자 이후에 산업통상자원부는 「에너지공기업 해외자원개발 내실화 방안」(2013.10.10)을 통해 해외자원개발사업을 위한 외부 전문가의 참여가 의무화하였다. 그리고 기획재정부의 「공공기관 정상화 대책」 및 「공기업·준정부기관 예산편성지침」을 통해 투자사업심의의원회 구성 시에 내·외부 전문가를 동수로 구성하도록 명시하였다(감사원, 2015c).

(2) 객관적 자료를 통한 경제적 타당성 검토의 누락

경제적 타당성 검토의 미흡으로 인한 투자의사결정의 비합리성은 해외자원개발사업 관련 공기업들의 행태를 중심으로 논의하고자 한다. 우선, A공사는 캐나다 소재 하베스트 트러스트 에너지사(Harvest Trust Energy, 이하 '하베스트')를 2009년 9월에 40억 6,500만 캐나다 달러로 인수하는 계약을 체결하였다(감사원, 2015c). 하지만, 5년 동안 시설 투자 4,763억 원과 운영비 손실 5,830억 원 등 총 1조 56억 원의 손실을 보았고, 결국 2014년 11월에 투자한 금액의 1% 수준인 200억 원에 매각되었다고 한다(한겨례, 2014.11.13). 이러한 인수의 결과를 야기한 중요 원인으로 객관적 정보에 근거하지 않은 의사결정과 지나치게 짧은 검토 기간을 들 수 있다. 하베스트사 정유부문 계열사인 NARL은 1973년 설비된 이후에 2006년 10월에 하베스트사가 인수한 이후에 고장이나 가동중단 등의 문제가 지속되고 있었으며, 1986년에 캐나다 국영 회사인 페트로 캐나다가 1달러에 판매한 역사가 존재한다(고기영, 2014; 감사원, 2015b). 하지만, 자문회사인 메릴린치(Merrill Lynch)사는 하베스트가 제시한 자료를 토대로 하여 정유부문의 자산가치를 주당 9.61캐나다 달러로 평가했으나, 감사원에 따르면 당시의 시장가격은 주당 7.3캐나다 달러로 과다평가되었다고 한다. 게다가 하류부문 인수를 결정해야 하는 기간이 4일 정도로 짧게 주어졌기 때문에 현장실사를 통한 공사 자체의 자료수집이나 검증 절차를 하지 못했다.

B공사는 2010년 10월 20일부터 이라크 아카스 가스전 사업에 투자하였다(감사원, 2014b). 하지만, 본 사업에서는 이라크의 내전 및 테러 등의 특수한 국가위험이 존재함에도 불구하고 국가위험을 반영한 할인율을 계산하지 않았으며, 오히려 일반적으로 활용되는 할인율을 적용하여 평가하였다. 그 결과, 2015년에는 해당 국가의 반정부 세력 등으로 인한 현지 정세 불안으로 인하여 사업이 중단되는 사태가 발생했었다. 이와 비슷하게 2008년 10월 23일에 체결한 미얀마 AD-7 해상광구의 10%의 지분을 108억 원에 인수하면서도 국가위험이 제대로 고려되지 않았다. 이에 따라 2008년 11월 방글라데시 해군이 탐사활동을 저지하는 등의 사태가 발생하였고, 관련 공사는 2009년 2월 26일에 탐사사업에서 탈퇴하였다(감사원, 2012b).

마지막으로, C공사는 2008년 4월 24일 '멕시코 볼레오 동광(銅鑛) 프로젝트' 관련 사업에 투자하기로 결정하였는데, 이후 2012년에 사업비 증액 검토과정에서 임의로 수치를 적용한 과정이 밝혀졌다. 사업의 경제성 평가는 내부수익률(Internal Rate of Return, 이하 'IRR'이라 한다)이 기준수익률[2)]을 초과하는지 여부를 살펴봐야 한다. 본 사업의 내부수익률에 영향을 미치는 요인인 원재료 가격을 공사가 임의로 높게 적용하여 사업의 투자수익률을 계산하였다. 그리고 2012년 7월 26일의 기준수익률을 임의로 8%를 낮게 적용하였다. 이후, 이러한 문제를 투자사업심의위원회에서 발견하여 수정을 요구하였으나 이사회의 안건에 반영되지 않은 채로 보고되는 사태가 발생하기도 하였다. 또한 상황이 긴박하다는 사유로 KBC 민간주주사들과 합의 없이 이사회의 승인을 조건부로 하여 투자의사가 결정되었다(감사원,

2) 기준수익률은 무위험 수익률과 국가리스크, 프로젝트 위험 프리미엄을 합산하여 추정한다.

2014a). 그리고 남아프리카공화국의 블락플라츠(Vlakplaats) 유연탄광개발사업에서 법률실사를 통한 개발지역 환경이나 관련 제도 등에 대한 고려가 부실한 채, 투자결정이 이행되었다. 이후 사업시행과정에서 남아프리카공화국의 2008년 제정된 습지법(wetland)을 제대로 반영하지 못한게 밝혀져, 2010년 인수 당시에 추정했던 개발가능면적이 반으로 축소되었다. 또한 2010년 공사가 자체적으로 분석한 경제성 평가 결과에서 발전용으로 충분한 탄질(coal property, 炭質)의 열량 확보가 가능하다고 하였지만, 외부 전문평가기관의 결과와 차이가 존재해 사업성 판단 근거의 신뢰성이 부실하다는 비판도 받았다(고발뉴스, 2014.10.21).

〈참고문헌〉

감사원(2012a). 『해외자원개발 및 도입실태 감사결과보고서』.

______(2012b). 『미얀마 AD-7해상광구 지분인수 부적정』.

______(2014a). 『멕시코 볼레오 복합광 개발사업 추진 부적정』.

______(2014b). 『아카스 가스전 경제성 평가 부적정』.

______(2015a). 『해외자원개발사업 성과분석』.

______(2015b). 『공공기관 경영관리실태-하베스트사 인수 시 정유부문 계열시 자산가치 부실평가로 고가 매수』.

______(2015c). 『해외자원개발사업 성과분석-내부 투자 판단기준 및 절차 미비 또는 미준수』.

강여진 · 배귀희(2012). 공기업 성과연봉제의 효율적인 제도설계와 운용을 위한 정책적 제언: 관련자의 인식을 중심으로. 『한국행정연구』, 20(2): 2.

고기영(2014). MB 자원외교의 실상과 문제점. 혈세탕진 해외자원개발 국정조사의 쟁점과 과제. 『해외자원개발 국정조사 국회 토론회 발표문』.

구도희(2016). 성과와 한계 동시에 보여준 공공부문 연쇄 총파업. 『노동과 사회』, 191.

기획재정부(2010). 공공기관 간부직에 대해 성과연봉제 실시. 기획재정부보도자료(2010.6.30).

______(2012). 공기업 · 준정부기관 성과연봉제 안정적으로 정착-공기업 · 준정부기관 성과연봉제 도입 실태조사 결과. 기획재정부보도자료(2012.4.17).

______(2016a). 공공기관 성과연봉제, 일반 직원으로 대폭 확대-일하는 분위기 조성, 동기부여 등으로 효율성 제고 기대. 기획재정부보도자료(2016.1.28).

______(2016b). 성과연봉제 미이행기관 내년 인건비 동결-우수기관에는 인센티브 부여. 기획재정부보도자료(2016.5.9).

______(2016c). 공공기관 성과연봉제, 120개 全 공공기관 도입 완료. 기획재정부보도자료

(2016.6.10).
노광표(2016a). 공공부문 성과연봉제 문제점과 개선방안. 공공 · 금융기관 성과연봉제 문제점과 불법도입의 법적 쟁점. 『KLSI ISSUE PAPER 2017』.
______(2016b). 성과연봉제 둘러싼 노조의 투쟁 '중간 점검'. 『노동사회』, 189.
더불어민주당(2016). 공공 · 금융부문 성과연봉제 관련 불법 · 인권유린 실태에 관한 진상조사단 결과보고서.
박인휘 외(2013). 『자원외교의 역량강화와 주요 원칙 및 전략』. 산업통상자원부.
산업통상자원부(2014). 『제5차 해외자원개발 기본계획 2013~2022』. 산업통상자원부.
연합뉴스(2017.5.23). 김진표 공공기관 성과연봉제 폐지 여부 검토.
http://www.yonhapnews.co.kr/bulletin/2017/05/23/0200000000AKR20170523135900002.HTML(검색일: 2017.8.10)
______(2017.9.25). 유가하락 · 공기업 역량부족에 해외자원개발 아직도 난항.
이성규 · 이용권(2008). 자원외교의 전략적 이해를 위한 소고: 한, 중, 일 3 국의 자원외교를 중심으로. 『무역보험연구』, 9(1): 95-118.
전국경제인연합회(2015). 한중일 해외자원개발 비교. 『FKI ISSUE PAPER 2016』.
전재성 외(2010). 이명박 정부 외교정책의 세부 실천방안(2): 포괄적 실리외교 분야. 통일연구원. 『경제 · 인문사회연구회 협동연구총서』, 10-15-05.
채재병(2014). 한국 자원외교의 발전 방향에 관한 연구. 『정치정보연구』, 17(1): 77-98.
프레시안(2016.5.17). 한국 성과연봉제, 이 정도면 세계 최악.
http://www.pressian.com/news/article.html?no=136659(검색일: 2017.8.9)
한겨레(2014.11.13). 2조 들어간 하베스트자회사, 200억에 매각될 듯.
한국경제(2016.10.7). [시사이슈 찬반토론] 성과연봉제 반대하는 공기업이 옳을까요?
http://news.hankyung.com/article/2016100751371(검색일: 2017.8.9)
Zweig, D.(2006). 'Resource diplomacy' under hegemony: The sources of Sino-American competition in the 21st century? *Center on China's transnational relations, working paper*, 18.

[부록 1]

공공기관의 운영에 관한 법률

[시행 2017.6.28.] [법률 제14461호, 2016.12.27., 일부개정]

제1장 총 칙

제1조(목적) 이 법은 공공기관의 운영에 관한 기본적인 사항과 자율경영 및 책임경영체제의 확립에 관하여 필요한 사항을 정하여 경영을 합리화하고 운영의 투명성을 제고함으로써 공공기관의 대국민 서비스 증진에 기여함을 목적으로 한다.

제2조(적용 대상 등) ① 이 법은 제4조 내지 제6조의 규정에 따라 지정・고시된 공공기관에 대하여 적용한다.

② 공공기관에 대하여 다른 법률에 이 법과 다른 규정이 있을 경우 이 법에서 그 법률을 따르도록 한 때를 제외하고는 이 법을 우선하여 적용한다.

제3조(자율적 운영의 보장) 정부는 공공기관의 책임경영체제를 확립하기 위하여 공공기관의 자율적 운영을 보장하여야 한다.

제4조(공공기관) ① 기획재정부장관은 국가・지방자치단체가 아닌 법인・단체 또는 기관(이하 "기관"이라 한다)으로서 다음 각 호의 어느 하나에 해당하는 기관을 공공기관으로 지정할 수 있다. 〈개정 2008.2.29.〉

1. 다른 법률에 따라 직접 설립되고 정부가 출연한 기관
2. 정부지원액(법령에 따라 직접 정부의 업무를 위탁받거나 독점적 사업권을 부여받은 기관의 경우에는 그 위탁업무나 독점적 사업으로 인한 수입액을 포함한다. 이하 같다)이 총수입액의 2분의 1을 초과하는 기관
3. 정부가 100분의 50 이상의 지분을 가지고 있거나 100분의 30 이상의 지분을 가지고 임원 임명권한 행사 등을 통하여 당해 기관의 정책 결정에 사실상 지배력을 확보하고 있는 기관
4. 정부와 제1호 내지 제3호의 어느 하나에 해당하는 기관이 합하여 100분의 50 이상의 지

분을 가지고 있거나 100분의 30 이상의 지분을 가지고 임원 임명권한 행사 등을 통하여 당해 기관의 정책 결정에 사실상 지배력을 확보하고 있는 기관

5. 제1호 내지 제4호의 어느 하나에 해당하는 기관이 단독으로 또는 두개 이상의 기관이 합하여 100분의 50 이상의 지분을 가지고 있거나 100분의 30 이상의 지분을 가지고 임원 임명권한 행사 등을 통하여 당해 기관의 정책 결정에 사실상 지배력을 확보하고 있는 기관

6. 제1호 내지 제4호의 어느 하나에 해당하는 기관이 설립하고, 정부 또는 설립 기관이 출연한 기관

② 제1항의 규정에 불구하고 기획재정부장관은 다음 각 호의 어느 하나에 해당하는 기관을 공공기관으로 지정할 수 없다. 〈개정 2007.12.14., 2008.2.29.〉

1. 구성원 상호 간의 상호부조・복리증진・권익향상 또는 영업질서 유지 등을 목적으로 설립된 기관

2. 지방자치단체가 설립하고, 그 운영에 관여하는 기관

3. 「방송법」에 따른 한국방송공사와 「한국교육방송공사법」에 따른 한국교육방송공사

③ 제1항제2호의 규정에 따른 정부지원액과 총수입액의 산정 기준・방법 및 동항제3호 내지 제5호의 규정에 따른 사실상 지배력 확보의 기준에 관하여 필요한 사항은 대통령령으로 정한다.

제5조(공공기관의 구분) ① 기획재정부장관은 공공기관을 공기업・준정부기관과 기타공공기관으로 구분하여 지정하되, 공기업과 준정부기관은 직원 정원이 50인 이상인 공공기관 중에서 지정한다. 〈개정 2008.2.29.〉

② 기획재정부장관은 제1항의 규정에 따라 공기업과 준정부기관을 지정하는 경우 공기업은 자체수입액이 총수입액의 2분의 1 이상인 기관 중에서 지정하고, 준정부기관은 공기업이 아닌 공공기관 중에서 지정한다. 〈개정 2008.2.29.〉

③ 기획재정부장관은 제1항 및 제2항의 규정에 따른 공기업과 준정부기관을 다음 각 호의 구분에 따라 세분하여 지정한다. 〈개정 2008.2.29.〉

1. 공기업

가. 시장형 공기업: 자산규모가 2조원 이상이고, 총수입액 중 자체수입액이 대통령령이 정하는 기준 이상인 공기업

나. 준시장형 공기업: 시장형 공기업이 아닌 공기업

2. 준정부기관

가. 기금관리형 준정부기관 : 「국가재정법」에 따라 기금을 관리하거나 기금의 관리를 위탁받은 준정부기관

나. 위탁집행형 준정부기관 : 기금관리형 준정부기관이 아닌 준정부기관

④ 기획재정부장관은 공공기관 중 제2항의 규정에 따른 공기업과 준정부기관을 제외한 기

관을 기타공공기관으로 지정한다. 〈개정 2008.2.29.〉

⑤ 제2항 및 제3항의 규정에 따른 자체수입액 및 총수입액의 구체적인 산정 기준과 방법은 대통령령으로 정한다.

제6조(공공기관 등의 지정 절차) ① 기획재정부장관은 매 회계연도 개시 후 1개월 이내에 공공기관을 새로 지정하거나, 지정을 해제하거나, 구분을 변경하여 지정한다. 다만, 회계연도 중이라도 다음 각 호의 구분에 따라 공공기관을 새로 지정하거나, 지정을 해제하거나, 구분을 변경하여 지정할 수 있다. 〈개정 2009.12.29.〉

1. 제4조제1항 각 호의 요건에 해당하는 기관이 신설된 경우: 신규 지정
2. 공공기관으로 지정된 기관이 민영화, 기관의 통합・폐지・분할 또는 관련 법령의 개정・폐지 등에 따라 이 법의 적용을 받을 필요가 없게 되거나 그 지정을 변경할 필요가 발생한 경우: 지정 해제 또는 구분 변경 지정

② 기획재정부장관은 제1항의 규정에 따라 공기업・준정부기관과 기타공공기관을 새로 지정하거나 지정해제 또는 변경지정하는 때에는 관계 법령에 따라 그 공기업・준정부기관과 기타공공기관의 업무를 관장하는 행정기관(이하 "주무기관"이라 한다)의 장과 협의한 후, 제8조의 규정에 따른 공공기관운영위원회의 심의・의결을 거쳐야 한다. 〈개정 2008.2.29.〉

③ 기획재정부장관은 제1항 및 제2항의 규정에 따라 공기업・준정부기관과 기타공공기관을 새로 지정하거나 지정해제 또는 변경지정할 경우 이를 고시하여야 한다. 이 경우 필요하다고 인정하는 때에는 기존의 공기업・준정부기관과 기타공공기관을 함께 고시할 수 있다. 〈개정 2008.2.29.〉

④ 공기업・준정부기관과 기타공공기관의 지정(변경지정을 포함한다)・지정해제와 고시 절차 등에 관하여 필요한 사항은 대통령령으로 정한다.

제7조(기관 신설에 대한 심사) ① 주무기관의 장은 법률에 따라 다음 각 호의 어느 하나에 해당하는 기관을 신설하고자 할 때에는 그 법률안을 입법예고하기 전에 기획재정부장관에게 그 기관 신설의 타당성에 대하여 심사를 요청하여야 한다. 〈개정 2008.2.29.〉

1. 법률안에 정부의 출연근거가 규정되어 있는 기관
2. 정부지원액이 총수입액의 2분의 1을 초과할 것으로 추계되는 기관
3. 법률안에 정부가 단독으로 또는 정부와 공공기관이 합하여 자본금의 100분의 30 이상을 출자하는 것으로 규정되어 있는 기관

② 제1항의 규정에 따라 심사를 요청받은 기획재정부장관은 제8조의 규정에 따른 공공기관운영위원회의 심의・의결을 거쳐 기관 신설 및 재정지원 등의 필요성과 효과 등을 심사하고, 그 결과를 주무기관의 장에게 통보하여야 한다. 〈개정 2008.2.29.〉

③ 제1항 및 제2항의 규정에 따른 기관 신설의 타당성 심사 등에 관하여 필요한 사항은 대통령령으로 정한다.

제2장 공공기관운영위원회

제8조(공공기관운영위원회의 설치) 공공기관의 운영에 관하여 다음 각 호에 관한 사항을 심의·의결하기 위하여 기획재정부장관 소속하에 공공기관운영위원회(이하 "운영위원회"라 한다)를 둔다. 〈개정 2008.2.29., 2008.12.31., 2009.12.29., 2016.3.22.〉

1. 제4조 내지 제6조의 규정에 따른 공기업·준정부기관과 기타공공기관의 지정, 지정해제와 변경지정
2. 제7조의 규정에 따른 기관의 신설 심사
3. 제11조제1항제15호에 따른 공공기관의 경영공시
4. 제12조제3항에 따른 공시의무 등의 위반에 대한 인사상 조치 등
5. 제14조의 규정에 따른 공공기관의 기능조정 등
6. 제15조의 규정에 따른 공공기관의 혁신지원 등
7. 제21조제2항 단서에 따른 시장형 공기업과 준시장형 공기업의 선임비상임이사 임명
8. 제25조 및 제26조의 규정에 따른 공기업·준정부기관의 임원 임명 등
9. 제33조에 따른 보수지침
10. 제35조제2항의 규정에 따른 공기업·준정부기관의 임원에 대한 해임이나 해임 건의 등
11. 제36조의 규정에 따른 비상임이사·감사에 대한 직무수행실적 평가 등
12. 제48조의 규정에 따른 공기업·준정부기관의 경영실적 평가 등
13. 제50조의 규정에 따른 공기업·준정부기관의 경영지침
14. 제51조제4항의 규정에 따른 공기업·준정부기관에 대한 감독의 적정성 여부의 점검과 개선
15. 그 밖에 공공기관의 운영과 관련하여 대통령령이 정하는 사항

제9조(운영위원회의 구성) ① 운영위원회는 위원장 1인 및 다음 각 호의 위원으로 구성하되, 기획재정부장관이 위원장이 된다. 〈개정 2008.2.29., 2013.3.23.〉

1. 국무조정실의 차관급 공무원으로서 국무조정실장이 지명하는 공무원 1인
2. 대통령령이 정하는 관계 행정기관의 차관·차장 또는 이에 상당하는 공무원
3. 제2호에 해당하지 아니하는 주무기관의 차관·차장 또는 이에 상당하는 공무원
4. 공공기관의 운영과 경영관리에 관하여 학식과 경험이 풍부하고 중립적인 사람으로서 법조계·경제계·언론계·학계 및 노동계 등 다양한 분야에서 기획재정부장관의 추천으로 대통령이 위촉하는 11인 이내의 사람

② 제1항제4호의 규정에 따른 위원의 임기는 3년으로 하되, 연임할 수 있다.

③ 제1항제4호의 규정에 따른 위원은 공공기관의 자율·책임경영체제 확립 및 경영효율성 제고를 위하여 그 양심에 따라 성실히 직무를 수행하여야 한다.

④ 제1항제4호의 규정에 따른 위원은 다음 각 호의 어느 하나에 해당하는 경우 해촉될 수 있다.

1. 심신장애로 인하여 직무를 수행할 수 없게 된 때
2. 직무태만, 품위손상 그 밖의 사유로 인하여 위원으로 적합하지 아니하다고 인정된 때
3. 직무와 관련한 형사사건으로 기소된 때

⑤ 위원장은 제1항제4호의 규정에 따른 위원이 제4항 각 호의 어느 하나에 해당하게 된 때에는 대통령에게 해촉을 건의할 수 있다. 다만, 제4항제1호의 경우에는 해촉을 건의하여야 한다.

⑥ 운영위원회의 구성에 관하여 필요한 사항은 대통령령으로 정한다.

제10조(운영위원회의 회의) ① 운영위원회의 회의는 위원장을 포함하여 20인 이내의 위원으로 구성하되, 제9조제1항제2호 및 제3호에 해당하는 위원 중 운영위원회의 회의에 참석하는 위원은 위원장이 안건별로 지명하고, 동항제4호에 해당하는 위원의 수가 회의 구성원의 과반수가 되도록 하여야 한다. 〈개정 2008.2.29.〉

② 운영위원회의 회의는 구성원 과반수의 출석으로 개의하고, 출석위원 과반수의 찬성으로 의결한다.

③ 감사원장과 관계 행정기관의 장은 운영위원회의 심의·의결과 관련하여 필요하다고 인정하는 경우 운영위원회에 의견을 제출할 수 있고, 운영위원회 위원장의 요청이나 운영위원회의 의결이 있을 때에는 소속 공무원으로 하여금 운영위원회에 출석하여 발언하게 할 수 있다.

④ 운영위원회의 사무를 처리하기 위하여 간사 1인을 두되, 간사는 위원장이 지명하는 고위공무원단 소속 공무원이 된다.

⑤ 운영위원회의 운영에 관하여 필요한 사항은 대통령령으로 정한다.

제3장 공공기관의 경영공시 등

제11조(경영공시) ① 공공기관은 다음 각 호의 사항을 공시하여야 한다. 다만, 「공공기관의 정보공개에 관한 법률」 제9조에 따른 비공개 사유에 해당되는 경우 또는 주무기관의 장이 국가안보상 필요하다고 인정하여 기획재정부장관과 협의한 경우에는 해당되는 부분을 공시하지 아니할 수 있다. 〈개정 2008.2.29., 2008.12.31., 2009.12.29., 2016.3.22.〉

1. 경영목표와 예산 및 운영계획
2. 결산서
3. 임원 및 운영인력 현황(임원의 성별, 근로자의 고용형태 현황 및 비정규직 근로자의 정규직 전환비율을 포함한다)

4. 인건비 및 복리후생비 예산과 집행 현황(이 경우 각종 수당 등을 항목별로 공시하여야 한다)
5. 자회사와의 거래내역 및 인력교류 현황
6. 제13조제2항의 규정에 따라 실시된 고객만족도 조사 결과
7. 제36조제1항에 따른 감사나 감사위원회 감사위원의 직무수행실적 평가 결과
8. 제48조의 규정에 따른 경영실적 평가 결과(공기업·준정부기관에 한한다)
9. 정관·사채원부, 지침·예규 등 내부 규정 및 이사회 회의록
10. 감사 또는 감사위원회의 감사보고서(지적사항 및 처분요구사항과 그에 대한 조치계획을 포함한다)
11. 주무기관의 장의 공공기관에 대한 감사결과(지적사항 및 처분요구사항과 그에 대한 조치계획을 포함한다)
12. 「감사원법」 제31조(변상책임의 판정등) 내지 제34조의2(권고등)의 규정에 따라 변상책임 판정, 징계·시정·개선 요구 등을 받거나 「국정감사 및 조사에 관한 법률」 제16조(감사 또는 조사결과에 대한 처리)의 규정에 따라 시정요구를 받은 경우 그 내용과 그에 대한 공공기관 등의 조치 사항
13. 징계제도 관련 정보 및 징계처분 결과 등을 포함한 징계운영 현황
14. 소송 현황, 법률자문 현황, 소송대리인 및 고문변호사 현황
15. 그 밖에 공공기관의 경영에 관한 중요한 사항으로서 기획재정부장관이 운영위원회의 심의·의결을 거쳐 공시하도록 요청한 사항

② 공공기관은 제1항 각 호의 사항을 인터넷 홈페이지를 통하여 공시하여야 하고, 사무소에 필요한 서류를 비치하여야 한다.

③ 공공기관은 제1항의 규정에 따라 공시된 사항에 대한 열람이나 복사를 요구하는 자에 대하여 이를 열람하게 하거나 그 사본이나 복제물을 내주어야 한다. 이 경우 비용의 부담에 관하여는 「공공기관의 정보공개에 관한 법률」 제17조(비용부담)의 규정을 준용한다.

④ 공공기관의 경영공시에 관하여 필요한 사항은 대통령령으로 정한다.

제12조(통합공시) ① 기획재정부장관은 제11조제1항의 규정에 따라 각 공공기관이 공시하는 사항 중 주요사항을 별도로 표준화하고 이를 통합하여 공시(이하 이 조에서 "통합공시"라 한다)할 수 있다. 〈개정 2008.2.29.〉

② 기획재정부장관은 공공기관에 통합공시를 하기 위하여 필요한 자료의 제출을 요청할 수 있고, 공공기관은 특별한 사정이 없는 한 이에 응하여야 한다. 〈개정 2008.2.29.〉

③ 기획재정부장관은 공공기관이 제11조의 규정에 따른 경영공시 의무 및 제1항의 규정에 따른 통합공시 의무를 성실하게 이행하지 않거나 허위의 사실을 공시한 때에는 당해 기관으로 하여금 해당 사실을 공고하고 허위사실 등을 시정하도록 명령할 수 있으며, 운영위원

회의 심의·의결을 거쳐 주무기관의 장 또는 당해 공공기관의 장에게 관련자에 대한 인사상의 조치 등을 취하도록 요청할 수 있다. 〈개정 2008.2.29.〉

④ 통합공시의 기준과 방법 등에 관하여 필요한 사항은 대통령령으로 정한다.

제13조(고객헌장과 고객만족도 조사) ① 국민에게 직접 서비스를 제공하는 공공기관은 다음 각 호에 관한 사항이 포함된 고객헌장을 제정하여 공표하여야 한다.

1. 기본 임무
2. 제공하는 서비스의 내용과 바람직한 서비스의 수준
3. 제공하는 서비스에 대한 불만처리, 시정 절차 및 배상 등의 책임
4. 제공하는 서비스의 향상을 위한 노력 및 계획 등

② 국민에게 직접 서비스를 제공하는 공공기관은 그 공공기관의 서비스를 제공받는 국민을 대상으로 연 1회 이상 고객만족도 조사를 실시하여야 한다. 이 경우 기획재정부장관은 공공기관으로 하여금 고객만족도 조사를 통합하여 실시하게 하고, 그 결과를 종합하여 공표할 수 있다. 〈개정 2008.2.29.〉

③ 제1항 및 제2항의 규정에 따라 고객헌장을 제정하여 공표하거나 고객만족도 조사를 실시하여야 하는 공공기관의 범위, 고객헌장의 제정·공표, 고객만족도 조사의 절차·범위 등에 관하여 필요한 사항은 대통령령으로 정한다.

제14조(공공기관에 대한 기능조정 등) ① 기획재정부장관은 주무기관의 장과 협의한 후 운영위원회의 심의·의결을 거쳐 공공기관이 수행하는 기능의 적정성을 점검하고 기관통폐합·기능 재조정 및 민영화 등에 관한 계획을 수립하여야 한다. 이 경우 기획재정부장관은 수립된 계획을 국회 소관 상임위원회에 보고하여야 한다. 〈개정 2008.2.29., 2016.12.27.〉

② 주무기관의 장은 제1항의 규정에 따라 수립된 계획을 집행하고, 그 실적에 관한 보고서를 기획재정부장관에게 제출하여야 한다. 〈개정 2008.2.29.〉

③ 기획재정부장관은 제2항의 규정에 따른 보고서의 내용을 분석하여 집행실태를 확인·점검한 후 필요한 때에는 운영위원회의 심의·의결을 거쳐 원활한 계획집행을 위하여 필요한 조치를 주무기관의 장에게 요구할 수 있다. 〈개정 2008.2.29.〉

④ 제1항 내지 제3항의 규정에 따른 계획의 수립 및 집행 등에 관하여 필요한 사항은 대통령령으로 정한다.

제15조(공공기관의 혁신) ① 공공기관은 경영효율성 제고 및 공공서비스 품질 개선을 위하여 지속적인 경영혁신을 추진하여야 한다.

② 기획재정부장관은 제1항의 규정에 따른 경영혁신을 지원하기 위하여 운영위원회의 심의·의결을 거쳐 관련 지침의 제정, 혁신수준의 진단 등 필요한 조치를 할 수 있다. 〈개정 2008.2.29.〉

제4장 공기업·준정부기관의 운영

제1절 정 관

제16조(정관의 기재사항) ① 공기업·준정부기관의 정관에는 다음 각 호에 관한 사항을 기재하여야 한다. 다만, 그 공기업·준정부기관의 형태와 특성 및 업무내용상 해당되지 아니하는 사항은 기재하지 아니할 수 있다. 〈개정 2008.12.31.〉

1. 목적
2. 명칭
3. 주된 사무소가 있는 곳
4. 자본금
5. 주식 또는 출자증권
6. 임원 및 직원에 관한 사항
7. 주주총회나 출자자총회
8. 이사회의 운영
9. 사업범위 및 내용과 그 집행
10. 회계
11. 공고의 방법
12. 사채의 발행
13. 정관의 변경
14. 그 밖에 대통령령이 정하는 사항

② 공기업·준정부기관은 제6조의 규정에 따라 공기업·준정부기관으로 지정된 후 3월 이내에 제1항의 규정에 따른 정관에 대하여 주무기관의 장의 인가를 받아야 한다. 인가받은 정관의 기재사항을 변경하는 경우에도 또한 같다.

제2절 이사회

제17조(이사회의 설치와 기능) ① 공기업·준정부기관에 다음 각 호의 사항을 심의·의결하기 위하여 이사회를 둔다. 〈개정 2010.5.17.〉

1. 경영목표, 예산, 운영계획 및 중장기재무관리계획
2. 예비비의 사용과 예산의 이월
3. 결산
4. 기본재산의 취득과 처분
5. 장기차입금의 차입 및 사채의 발행과 그 상환 계획

6. 생산 제품과 서비스의 판매가격
7. 잉여금의 처분
8. 다른 기업체 등에 대한 출자·출연
9. 다른 기업체 등에 대한 채무보증. 다만, 다른 법률에 따라 보증업무를 수행하는 공기업·준정부기관의 경우 그 사업 수행을 위한 채무보증은 제외한다.
10. 정관의 변경
11. 내규의 제정과 변경
12. 임원의 보수
13. 공기업·준정부기관의 장(이하 "기관장"이라 한다)이 필요하다고 인정하여 이사회의 심의·의결을 요청하는 사항
14. 그 밖에 이사회가 특히 필요하다고 인정하는 사항

② 기관장은 다음 각 호의 사항을 이사회에 보고하여야 한다.

1. 국정감사, 제43조제1항의 규정에 따라 실시된 회계감사와 제52조의 규정에 따라 감사원이 실시한 감사에서 지적된 사항과 그에 대한 조치 계획 및 실적
2. 공기업·준정부기관의 단체협약 결과와 그에 따른 예산소요 추계(단체협약을 체결한 경우에 한한다)
3. 그 밖에 이사회가 기관장에게 보고하도록 요구하는 사항

③ 공기업·준정부기관의 설치·운영 등에 관하여 다른 법률에서 그 공기업·준정부기관에 이사회를 두지 아니하고, 제1항의 규정에 따른 기능을 수행하는 다른 기구를 둔 경우에는 그 다른 기구를 명칭과 관계없이 이 법에 따른 이사회로 보고, 그 구성원은 이 법에 따른 이사로 보아 이 법을 적용한다.

제18조(구성) ① 이사회는 기관장을 포함한 15인 이내의 이사로 구성한다. 다만, 다음 각 호의 어느 하나에 해당하는 경우에는 15인을 초과할 수 있다.

1. 주주총회나 출자자총회 등 사원총회가 있는 공기업·준정부기관 중 다른 법률에 따라 지역이나 직종별 기관의 연합으로 설립된 공기업·준정부기관
2. 제6조의 규정에 따라 공기업·준정부기관으로 지정될 당시 이사 정수가 15인을 초과하는 경우. 다만, 제28조제1항 단서의 규정에 따라 지정될 당시 재직 이사의 임기가 보장되는 기간 내에 한한다.
3. 제25조제3항 후단의 규정에 따라 비상임이사를 선임함으로써 15인을 초과하는 경우

② 시장형 공기업과 자산규모가 2조원 이상인 준시장형 공기업의 이사회 의장은 제21조에 따른 선임비상임이사가 된다. 다만, 이사회 의장이 부득이한 사유로 그 직무를 수행할 수 없을 때에는 정관으로 정하는 바에 따라 비상임이사 중 1명이 그 직무를 대행한다. 〈개정 2009.12.29.〉

③ 제2항을 적용할 때에 제6조에 따라 시장형 공기업 또는 준시장형 공기업으로 지정될 당시 비상임이사가 없는 경우에는 제25조제3항 후단에 따라 비상임이사가 선임되기 전까지 이사회 의장은 시장형 공기업 또는 준시장형 공기업 지정 당시의 법령에서 정한 자가 된다. 〈개정 2009.12.29.〉

④ 자산규모가 2조원 미만인 준시장형 공기업과 준정부기관의 이사회 의장은 기관장이 된다. 다만, 다른 법률에서 기관장과 이사회 의장의 겸임을 금지하는 경우에는 그 법률의 규정에 따른다. 〈개정 2009.12.29.〉

제19조(회의) ① 이사회의 회의는 이사회 의장이나 재적이사 3분의 1 이상의 요구로 소집하고, 이사회 의장이 그 회의를 주재한다.

② 이사회는 재적이사 과반수의 찬성으로 의결한다.

③ 이사회의 안건과 특별한 이해관계가 있는 기관장이나 이사는 그 안건의 의결에 참여할 수 없다. 이 경우 의결에 참여하지 못하는 이사 등은 제2항의 규정에 따른 재적이사 수에 포함되지 아니한다.

④ 감사는 이사회에 출석하여 의견을 진술할 수 있다.

⑤ 이사회의 통신수단에 의한 의결과 회의록 등에 관하여는 「상법」 제391조(이사회의 결의방법)제2항, 동법 제391조의3(이사회의 의사록)제1항 및 제2항의 규정을 각각 준용한다.

제20조(위원회) ① 공기업의 이사회는 그 공기업의 정관에 따라 이사회에 위원회를 설치할 수 있다. 이 경우 위원회의 구성과 권한 등에 관한 사항은 「상법」 제393조의2(이사회내 위원회)의 규정을 준용한다.

② 시장형 공기업과 자산규모가 2조원 이상인 준시장형 공기업에는 제24조제1항에 따른 감사를 갈음하여 제1항에 따른 위원회로서 이사회에 감사위원회를 설치하여야 한다. 다만, 새로 감사위원회를 설치하여야 하는 공기업에 감사가 있는 경우에는 그 감사의 임기가 종료된 후에 설치한다. 〈개정 2009.12.29.〉

③ 자산규모가 2조원 미만인 준시장형 공기업과 준정부기관은 다른 법률의 규정에 따라 감사위원회를 설치할 수 있다. 〈개정 2009.12.29.〉

④ 감사위원회의 구성 및 권한 등에 관하여는 이 법에서 규정한 것을 제외하고는 「상법」 제542조의11 및 제542조의12제3항부터 제6항까지의 규정을 준용한다. 〈개정 2007.8.3., 2009.12.29.〉

⑤ 감사위원회는 제32조제5항의 규정에 따라 업무와 회계에 대한 감사를 실시하고, 그 결과를 이사회에 보고하여야 한다.

제21조(선임비상임이사) ① 공기업·준정부기관에 선임비상임이사 1인을 둔다.

② 선임비상임이사는 비상임이사 중에서 호선(互選)한다. 다만, 시장형 공기업과 자산규모가 2조원 이상인 준시장형 공기업의 선임비상임이사는 비상임이사 중에서 기획재정부장관

이 운영위원회의 심의·의결을 거쳐 임명한다. 〈개정 2008.2.29., 2009.12.29.〉

③ 선임비상임이사의 자격과 직무수행 등에 관하여 필요한 사항은 대통령령으로 정한다.

제22조(해임 요청 등) ① 이사회는 기관장이 법령이나 정관을 위반하는 행위를 하거나 그 직무를 게을리하는 등 기관장으로서의 직무수행에 현저한 지장이 있다고 판단되는 경우 이사회의 의결을 거쳐 주무기관의 장에게 그 기관장을 해임하거나 해임을 건의하도록 요청할 수 있다.

② 비상임이사는 필요하다고 인정하는 경우에는 비상임이사 2인 이상의 연서로 공기업·준정부기관의 운영과 관련하여 감사(監事)나 감사위원회에 특정사안에 대한 감사(監査)를 요청할 수 있다. 이 경우 감사나 감사위원회는 특별한 사정이 없는 한 이에 응하여야 한다.

③ 비상임이사는 기관장에게 이사로서의 업무수행에 필요한 자료를 요구할 수 있다. 이 경우 기관장은 특별한 사정이 없는 한 이에 응하여야 한다.

제23조(기금운용심의회) ① 기금관리형 준정부기관은 「국가재정법」 제74조(기금운용심의회) 제1항 단서의 규정에 불구하고 그 준정부기관의 이사회와 분리된 기금운용에 관한 심의기구(이하 "기금운용심의회"라 한다)를 설치하여야 한다. 다만, 다른 법령에서 기금관리형 준정부기관에서 운용하는 기금에 대한 중요정책을 심의하기 위한 기구를 주무기관에 설치하도록 되어 있는 경우에는 그 기금관리형 준정부기관에 기금운용심의회를 설치하지 아니한다.

② 제1항 본문의 규정에 따른 기금운용심의회의 기능·구성 및 운영에 관한 사항은 「국가재정법」이 정하는 바에 따른다.

③ 기금관리형 준정부기관이 제1항의 규정에 따라 기금운용심의회를 설치하고, 다른 법령에서 제17조제1항 각 호의 사항 중 일부를 기금운용심의회의 심의·의결사항으로 정하는 경우에는 그 사항을 제17조제1항의 규정에 따른 심의·의결사항에서 제외할 수 있다.

제3절 임 원

제24조(임원) ① 공기업·준정부기관에 임원으로 기관장을 포함한 이사와 감사를 둔다. 다만, 제20조제2항 및 제3항의 규정에 따라 감사위원회를 두는 경우에는 감사를 두지 아니한다.

② 이사는 상임 및 비상임으로 구분한다.

③ 공기업 상임이사와 기관규모가 대통령령으로 정하는 기준 이상이거나 업무내용의 특수성을 감안하여 대통령령으로 정하는 준정부기관 상임이사의 정수는 기관장을 포함한 이사 정수의 2분의 1 미만으로 한다. 다만, 제6조에 따라 공기업·준정부기관으로 지정될 당시 상임이사의 정수가 기관장을 포함한 이사 정수의 2분의 1 이상인 경우 제28조제1항 단서에 따라 임원의 임기가 보장되는 동안에는 상임이사의 정수는 기관장을 포함한 이사 정수의 2분의 1 이상으로 할 수 있다. 〈개정 2009.12.29.〉

④ 제3항 본문에 따른 준정부기관 이외의 준정부기관 상임이사의 정수는 기관장을 포함한

이사 정수의 3분의 2 미만으로 한다. 다만, 제6조에 따라 준정부기관으로 지정될 당시 상임이사의 정수가 기관장을 포함한 이사 정수의 3분의 2 이상인 경우 제28조제1항 단서에 따라 임원의 임기가 보장되는 동안에는 상임이사의 정수는 기관장을 포함한 이사 정수의 3분의 2 이상으로 할 수 있다. 〈신설 2009.12.29.〉

⑤ 감사는 다른 법령이나 정관으로 정하는 바에 따라 상임 또는 비상임으로 한다. 〈신설 2009.12.29.〉

제25조(공기업 임원의 임면) ① 공기업의 장은 제29조의 규정에 따른 임원추천위원회(이하 "임원추천위원회"라 한다)가 복수로 추천하여 운영위원회의 심의·의결을 거친 사람 중에서 주무기관의 장의 제청으로 대통령이 임명한다. 다만, 기관 규모가 대통령령이 정하는 기준 이하인 공기업의 장은 임원추천위원회가 복수로 추천하여 운영위원회의 심의·의결을 거친 사람 중에서 주무기관의 장이 임명한다.

② 공기업의 상임이사는 공기업의 장이 임명한다. 다만, 제20조제2항 및 제3항에 따른 감사위원회의 감사위원이 되는 상임이사(이하 "상임감사위원"이라 한다)는 제4항에서 정한 절차에 따라 대통령 또는 기획재정부장관이 임명한다. 〈개정 2009.12.29.〉

③ 공기업의 비상임이사는 임원추천위원회가 복수로 추천하는 경영에 관한 학식과 경험이 풍부한 사람(국·공립학교의 교원이 아닌 공무원을 제외한다) 중에서 운영위원회의 심의·의결을 거쳐 기획재정부장관이 임명한다. 이 경우 제6조의 규정에 따른 지정 당시 비상임이사가 없는 공기업은 지정 후 3월 이내에 비상임이사 2인 이상을 선임하여야 한다. 〈개정 2008.2.29.〉

④ 공기업의 감사는 임원추천위원회가 복수로 추천하여 운영위원회의 심의·의결을 거친 사람 중에서 기획재정부장관의 제청으로 대통령이 임명한다. 다만, 기관 규모가 대통령령이 정하는 기준 이하인 공기업의 감사는 임원추천위원회가 복수로 추천하여 운영위원회의 심의·의결을 거친 사람 중에서 기획재정부장관이 임명한다. 〈개정 2008.2.29.〉

⑤ 공기업의 장은 제22조제1항·제35조제3항 및 제48조제8항에 따라 그 임명권자가 해임하거나 정관으로 정한 사유가 있는 경우를 제외하고는 임기 중 해임되지 아니한다. 〈개정 2008.12.31., 2009.3.25.〉

제26조(준정부기관 임원의 임면) ① 준정부기관의 장은 임원추천위원회가 복수로 추천한 사람 중에서 주무기관의 장이 임명한다. 다만, 기관 규모가 대통령령이 정하는 기준 이상이거나 업무내용의 특수성을 감안하여 대통령령이 정하는 준정부기관의 장은 임원추천위원회가 복수로 추천한 사람 중에서 주무기관의 장의 제청으로 대통령이 임명한다.

② 준정부기관의 상임이사는 준정부기관의 장이 임명하되, 다른 법령에서 상임이사에 대한 별도의 추천위원회를 두도록 정한 경우에 상임이사의 추천에 관하여는 그 법령의 규정에 따른다. 다만, 상임감사위원은 제4항에서 정한 절차에 따라 대통령 또는 기획재정부장관이

임명한다. 〈개정 2009.12.29.〉

③ 준정부기관의 비상임이사(다른 법령이나 준정부기관의 정관에 따라 당연히 비상임이사로 선임되는 사람은 제외한다. 이하 이 항에서 같다)는 주무기관의 장이 임명하되, 기관규모가 대통령령으로 정하는 기준 이상이거나 업무내용의 특수성을 감안하여 대통령령으로 정하는 준정부기관의 비상임이사는 임원추천위원회가 복수로 추천한 사람 중에서 주무기관의 장이 임명한다. 다만, 다른 법령에서 해당 준정부기관의 비상임이사에 대하여 별도의 추천 절차를 정하고 있는 경우에 비상임이사의 추천에 관하여는 그 법령의 규정에 따른다. 〈개정 2009.12.29.〉

④ 준정부기관의 감사는 임원추천위원회가 복수로 추천하여 운영위원회의 심의·의결을 거친 사람 중에서 기획재정부장관이 임명한다. 다만, 기관 규모가 대통령령이 정하는 기준 이상이거나 업무내용의 특수성을 감안하여 대통령령으로 정하는 준정부기관의 감사는 임원추천위원회가 복수로 추천하여 운영위원회의 심의·의결을 거친 사람 중에서 기획재정부장관의 제청으로 대통령이 임명한다. 〈개정 2008.2.29.〉

⑤ 준정부기관의 장의 임기보장에 관하여는 제25조제5항을 준용한다. 이 경우 "공기업의 장"은 "준정부기관의 장"으로 본다. 〈개정 2009.12.29.〉

제27조(사원총회가 있는 공기업·준정부기관의 임원 선임에 관한 특례) 주주총회나 출자자총회 등 사원총회가 있는 공기업·준정부기관의 경우 다른 법령에서 임원의 선임과 관련하여 사원총회의 의결을 거치도록 한 경우에는 이를 거쳐야 한다.

제28조(임기) ① 제25조 및 제26조의 규정에 따라 임명된 기관장의 임기는 3년으로 하고, 이사와 감사의 임기는 2년으로 한다. 다만, 제6조의 규정에 따라 공기업·준정부기관으로 지정될 당시 재직 중인 임원은 제25조 및 제26조의 규정에 따라 임명된 것으로 보되, 그 임기는 임기 개시 당시 법령 등에 따른다.

② 공기업·준정부기관의 임원은 1년을 단위로 연임될 수 있다. 이 경우 임원의 임명권자는 다음 각 호의 구분에 따른 사항을 고려하여 임원의 연임 여부를 결정한다. 〈개정 2016.3.22.〉

1. 기관장: 제48조의 규정에 따른 경영실적 평가 결과
2. 상임이사: 제31조제7항의 규정에 따라 체결된 성과계약 이행실적의 평가 결과와 그 밖의 직무수행실적
3. 비상임이사 및 감사: 제36조의 규정에 따른 직무수행실적의 평가 결과와 그 밖의 직무수행실적

③ 제2항의 규정에 따라 공기업·준정부기관의 임원이 연임되는 경우에는 임원추천위원회의 추천을 거치지 아니한다.

④ 제2항의 규정에 따라 기관장이 연임되는 경우에는 제31조제3항의 규정에 따라 계약을 다시 체결하여야 한다. 이 경우 제31조제2항의 규정에 따른 임원추천위원회의 협의를 거치

지 아니한다.

⑤ 임기가 만료된 임원은 후임자가 임명될 때까지 직무를 수행한다.

제29조(임원추천위원회) ① 제25조·제26조에 따라 공기업·준정부기관의 임원 후보자를 추천하고, 제31조제2항에 따른 기관장 후보자와의 계약안에 관한 사항의 협의 등을 수행하기 위하여 공기업·준정부기관에 임원추천위원회를 둔다. 〈개정 2009.12.29.〉

② 임원추천위원회는 그 공기업·준정부기관의 비상임이사와 이사회가 선임한 위원으로 구성한다.

③ 공기업·준정부기관의 임직원과 공무원은 임원추천위원회의 위원이 될 수 없다. 다만, 그 공기업·준정부기관의 비상임이사, 「교육공무원법」에 따른 교원과 그 준정부기관의 주무기관 소속 공무원은 그러하지 아니하다.

④ 이사회가 선임하는 위원의 정수는 임원추천위원회 위원 정수의 2분의 1 미만으로 한다. 다만, 임원추천위원회 구성 당시 비상임이사가 1명인 경우에는 이사회가 선임하는 위원의 정수를 2분의 1로 할 수 있다. 〈개정 2009.12.29.〉

⑤ 임원추천위원회의 위원장은 임원추천위원회 위원인 공기업·준정부기관의 비상임이사 중에서 임원추천위원회 위원의 호선으로 선출한다.

⑥ 임원추천위원회 구성 당시 비상임이사가 없는 공기업·준정부기관은 이사회가 선임한 외부위원으로 임원추천위원회를 구성하며, 위원장은 외부위원 중 호선으로 선출한다.

⑦ 임원추천위원회는 회의의 심의·의결 내용 등이 기록된 회의록을 작성·보존하고 이를 공개하여야 한다. 다만, 「공공기관의 정보공개에 관한 법률」 제9조제1항 각 호의 어느 하나에 해당하는 경우에는 공개하지 아니할 수 있다. 〈신설 2016.12.27.〉

⑧ 임원추천위원회의 구성 및 운영 등에 관하여 필요한 사항은 대통령령으로 정한다. 〈개정 2016.12.27.〉

제30조(임원후보자 추천 기준 등) ① 임원추천위원회는 기업 경영과 그 공기업·준정부기관의 업무에 관한 학식과 경험이 풍부하고, 최고경영자의 능력을 갖춘 사람을 기관장 후보자로 추천하여야 한다.

② 임원추천위원회는 공기업·준정부기관의 이사나 감사로서의 업무 수행에 필요한 학식과 경험이 풍부하고, 능력을 갖춘 사람을 공기업·준정부기관의 기관장이 아닌 이사나 감사 후보자로 추천하여야 한다.

③ 임원추천위원회는 제1항 및 제2항에 따라 임원후보자를 추천하는 경우 해당 기관별 전문성·특수성 등을 고려한 임원의 자격요건을 정하고 이에 따라 추천하여야 한다. 이 경우 임원의 자격요건의 작성 등에 필요한 구체적인 사항은 제50조에 따른 경영지침으로 정한다. 〈신설 2016.12.27.〉

④ 임원추천위원회는 임원후보자를 추천하고자 하는 경우 대통령령이 정하는 바에 따라 후

보자를 공개모집할 수 있다. 〈개정 2016.12.27.〉

제31조(기관장과의 계약 등) ① 제25조제1항 및 제26조제1항의 규정에 따른 기관장의 임명과 관련하여 이사회는 기관장이 임기 중 달성하여야 할 구체적 경영목표와 성과급 등에 관한 사항이 포함된 계약안을 작성하여 임원추천위원회에 통보하여야 한다. 이 경우 기관장은 계약안을 정하는 이사회에 참여할 수 없다.

② 임원추천위원회는 제1항의 규정에 따라 통보받은 계약안에 대하여 기관장 후보자로 추천하고자 하는 자와 계약 내용과 조건 등을 협의하고, 그 결과를 주무기관의 장에게 통보하여야 한다. 이 경우 임원추천위원회는 기관장 후보자와의 협의를 위하여 필요한 때에는 계약안의 내용이나 조건을 일부 변경할 수 있다.

③ 주무기관의 장은 제2항의 규정에 따라 협의된 계약안에 따라 기관장으로 임명되는 사람과 계약을 체결하되, 공기업의 장과 계약을 체결하는 경우 미리 기획재정부장관과 협의하여야 한다. 이 경우 주무기관의 장은 기관장으로 임명되는 사람과 협의를 거쳐 계약의 내용이나 조건을 제1항 및 제2항의 규정에 따른 계약안과 달리 정할 수 있다. 〈개정 2008.2.29.〉

④ 기관장과 주무기관의 장은 제3항의 규정에 따라 계약을 체결한 후 불가피한 사정이 발생할 때에는 서로 협의하여 계약의 내용이나 조건을 변경할 수 있다. 다만, 주무기관의 장은 공기업의 장과 계약의 내용이나 조건을 변경하는 경우 미리 기획재정부장관과 협의하여야 한다. 〈개정 2008.2.29.〉

⑤ 주무기관의 장은 제6조의 규정에 따라 지정(변경지정을 제외한다)된 공기업·준정부기관의 지정 당시 기관장과 지정 후 3월 이내에 제3항의 규정에 따른 계약을 체결하여야 한다. 다만, 잔여 임기가 6월 미만인 경우에는 제3항의 규정에 따른 계약을 체결하지 아니한다.

⑥ 기획재정부장관 또는 주무기관의 장은 제3항과 제4항에 따른 계약의 이행에 관한 보고서를 기초로 하여 공기업·준정부기관의 장의 실적을 재임 중 1회 이상 평가할 수 있다. 〈신설 2016.3.22.〉

⑦ 기관장은 해당 기관의 상임이사(상임감사위원은 제외한다. 이하 이 항에서 같다)와 성과계약을 체결하고, 그 이행실적을 평가할 수 있으며, 이행실적을 평가한 결과 그 실적이 저조한 경우 상임이사를 해임할 수 있다. 〈개정 2009.12.29., 2016.3.22.〉

제32조(임원의 직무 등) ① 기관장은 그 공기업·준정부기관을 대표하고 업무를 총괄하며, 임기 중 그 공기업·준정부기관의 경영성과에 대하여 책임을 진다.

② 기관장은 그 공기업·준정부기관의 이익과 자신의 이익이 상반되는 사항에 대하여는 공기업·준정부기관을 대표하지 못한다. 이 경우 감사 또는 감사위원회가 공기업·준정부기관을 대표한다. 〈개정 2009.12.29.〉

③ 기관장이 부득이한 사유로 그 직무를 수행할 수 없을 때에는 정관에서 정하는 바에 따라 상임이사 중 1인이 그 직무를 대행하고, 상임이사가 없거나 그 직무를 대행할 수 없을

때에는 정관이 정하는 임원이 그 직무를 대행한다.

④ 이사는 이사회에 부쳐진 안건을 심의하고, 의결에 참여한다.

⑤ 감사는 기획재정부장관이 정하는 감사기준에 따라 공기업·준정부기관의 업무와 회계를 감사하고, 그 의견을 이사회에 제출한다. 이 경우 감사원은 기획재정부장관에게 감사기준에 관하여 의견을 제시할 수 있다. 〈개정 2008.2.29.〉

⑥ 기관장은 감사 또는 감사위원회의 임무수행에 필요한 직원의 채용과 배치 등에 관하여 필요한 지원을 하여야 한다. 〈개정 2009.12.29.〉

제33조(임원의 보수기준) ① 공기업·준정부기관의 임원의 보수기준은 다음 각 호의 사항을 고려하여 기획재정부장관이 운영위원회의 심의·의결을 거쳐 정하는 보수지침에 따라 이사회에서 정한다. 〈개정 2008.12.31., 2009.12.29., 2016.3.22.〉

1. 기관장: 공기업·준정부기관의 경영성과와 제31조제3항 및 제4항의 규정에 따른 계약의 내용과 이행 수준
2. 상임이사(상임감사위원은 제외한다): 제31조제7항에 따른 성과계약 이행실적 평가 결과
3. 상임감사 및 상임감사위원: 제36조에 따른 직무수행실적 평가 결과

② 제1항의 규정에 따른 임원의 보수기준을 정하는 이사회에는 이해관계가 있는 임원은 참여할 수 없다.

③ 제1항의 규정에 불구하고 제6조의 규정에 따라 공기업·준정부기관으로 지정(변경지정을 제외한다)된 해의 임원의 보수는 지정 당시 법령 등에 따른다.

제34조(결격사유) ① 다음 각 호의 어느 하나에 해당하는 사람은 공기업·준정부기관의 임원이 될 수 없다. 〈개정 2008.12.31., 2009.3.25.〉

1. 「국가공무원법」 제33조(결격사유) 각 호의 어느 하나에 해당하는 사람
2. 제22조제1항, 제31조제6항, 제35조제2항·제3항, 제36조제2항 및 제48조제4항·제8항에 따라 해임된 날부터 3년이 지나지 아니한 사람

② 임원이 제1항 각 호의 어느 하나에 해당하게 되거나 임명 당시 그에 해당한 자로 밝혀졌을 때에는 당연히 퇴직한다.

③ 제2항의 규정에 따라 퇴직한 임원이 퇴직 전에 관여한 행위는 그 효력을 잃지 아니한다.

제35조(이사와 감사의 책임 등) ① 「상법」 제382조의3(이사의 충실의무), 제382조의4(이사의 비밀유지의무), 제399조(회사에 대한 책임), 제400조(회사에 대한 책임의 면제) 및 제401조(제3자에 대한 책임)의 규정은 공기업·준정부기관의 이사에 관하여 각각 이를 준용하고, 「상법」 제414조(감사의 책임) 및 제415조(준용규정)의 규정 중 회사에 대한 책임의 면제에 관한 사항은 공기업·준정부기관의 감사(감사위원회의 감사위원을 포함한다. 이하 이 조에서 같다)에 관하여 이를 준용한다.

② 기획재정부장관은 비상임이사(준정부기관의 비상임이사는 제외한다. 이하 이 항에서 같

다) 및 감사(상임감사위원을 포함한다. 이하 이 항에서 같다)가 제1항에 따른 의무와 책임 및 제32조에 따른 직무를 이행하지 아니하거나 게을리한 경우 운영위원회의 심의·의결을 거쳐 비상임이사 및 감사를 해임하거나 그 임명권자에게 해임을 건의할 수 있고, 그 공기업·준정부기관으로 하여금 손해배상을 청구하도록 요구할 수 있다. 〈개정 2008.2.29., 2009.12.29.〉

③ 주무기관의 장은 기관장, 상임이사(상임감사위원은 제외한다. 이하 이 항에서 같다) 및 준정부기관의 비상임이사가 제1항에 따른 의무와 책임 및 제32조에 따른 직무를 이행하지 아니하거나 이를 게을리한 경우 기관장, 상임이사 및 준정부기관의 비상임이사를 해임하거나 그 임명권자에게 해임을 건의·요구할 수 있고, 그 공기업·준정부기관으로 하여금 손해배상을 청구하도록 요구할 수 있다. 다만, 공기업의 기관장을 해임하거나 그 임명권자에게 해임을 건의하는 경우에는 운영위원회의 심의·의결을 거쳐야 한다. 〈개정 2009.12.29.〉

제36조(비상임이사와 감사에 대한 직무수행실적 평가) ① 기획재정부장관은 필요하다고 인정하는 경우에는 공기업·준정부기관의 비상임이사와 감사나 감사위원회 감사위원의 직무수행실적을 평가할 수 있다. 〈개정 2008.2.29.〉

② 기획재정부장관은 제1항의 규정에 따른 직무수행실적 평가 결과 그 실적이 저조한 비상임이사와 감사 또는 감사위원회 감사위원에 대하여 운영위원회의 심의·의결을 거쳐 해임하거나 그 임명권자에게 해임을 건의할 수 있다. 〈개정 2008.2.29.〉

③ 제1항의 규정에 따른 직무수행실적의 평가 기준과 방법은 운영위원회의 심의·의결을 거쳐 기획재정부장관이 정한다. 〈개정 2008.2.29.〉

제37조(임직원의 겸직제한) ① 공기업·준정부기관의 상임임원과 직원은 그 직무 외의 영리를 목적으로 하는 업무에 종사하지 못한다.

② 공기업·준정부기관의 상임임원이 그 임명권자나 제청권자의 허가를 받은 경우와 공기업·준정부기관의 직원이 기관장의 허가를 받은 경우 비영리 목적의 업무를 겸할 수 있다.

③ 제1항의 규정에 따른 영리를 목적으로 하는 업무의 범위는 대통령령으로 정한다.

제4절 예산회계

제38조(회계연도) 공기업·준정부기관의 회계연도는 정부의 회계연도에 따른다.

제39조(회계원칙 등) ① 공기업·준정부기관의 회계는 경영성과와 재산의 증감 및 변동 상태를 명백히 표시하기 위하여 그 발생 사실에 따라 처리한다.

② 공기업·준정부기관은 공정한 경쟁이나 계약의 적정한 이행을 해칠 것이 명백하다고 판단되는 사람·법인 또는 단체 등에 대하여 2년의 범위 내에서 일정기간 입찰참가자격을 제한할 수 있다.

③ 제1항과 제2항의 규정에 따른 회계처리의 원칙과 입찰참가자격의 제한기준 등에 관하여

필요한 사항은 기획재정부령으로 정한다. 〈개정 2008.2.29.〉

제39조의2(중장기재무관리계획의 수립 등) ① 다음 각 호의 어느 하나에 해당하는 기관의 장은 매년 해당 연도를 포함한 5회계연도 이상의 중장기재무관리계획(이하 "중장기재무관리계획"이라 한다)을 수립하고, 이사회의 의결을 거쳐 확정한 후 6월 30일까지 기획재정부장관과 주무기관의 장에게 제출하여야 한다. 〈개정 2014.1.21.〉

1. 자산규모 2조원 이상이거나 설립 근거 법률에 정부의 손실보전 조항이 있는 공기업·준정부기관
2. 그 밖에 자산·부채규모 등을 고려하여 대통령령으로 정하는 기준에 해당하는 공기업·준정부기관

② 중장기재무관리계획에는 다음 각 호의 사항이 포함되어야 한다.

1. 제46조에 따른 경영목표
2. 사업계획 및 투자방향
3. 재무 전망과 근거 및 관리계획
4. 부채의 증감에 대한 전망과 근거 및 관리계획 등이 포함된 부채관리계획
5. 전년도 중장기재무관리계획 대비 변동사항, 변동요인 및 관리계획 등에 대한 평가·분석
6. 그 밖에 대통령령으로 정하는 사항

③ 중장기재무관리계획을 수립하는 기관(이하 이 항에서 "대상기관"이라 한다)의 경영환경·경제여건 및 국가정책방향 등을 고려하여 기획재정부장관은 공기업인 대상기관의 장에게, 주무기관의 장은 준정부기관인 대상기관의 장에게 각각 중장기재무관리계획의 변경을 요구할 수 있다. 〈신설 2014.1.21.〉

④ 중장기재무관리계획의 구체적인 작성방법 등에 관한 사항은 대통령령으로 정한다. 〈개정 2014.1.21.〉

[본조신설 2010.5.17.]

제40조(예산의 편성) ① 공기업·준정부기관의 예산은 예산총칙·추정손익계산서·추정대차대조표와 자금계획서로 구분하여 편성한다.

② 기관장은 제46조의 규정에 따른 경영목표와 제50조의 규정에 따른 경영지침에 따라 다음 회계연도의 예산안을 편성하고, 다음 회계연도 개시 전까지 그 공기업·준정부기관의 이사회에 제출하여야 한다.

③ 기관장은 신규 투자사업 및 자본출자에 대한 예산을 편성하기 위하여 대통령령으로 정하는 바에 따라 미리 예비타당성조사를 실시하여야 한다. 다만, 다음 각 호의 어느 하나에 해당하는 경우에는 예비타당성조사 대상에서 제외한다. 〈신설 2016.3.22.〉

1. 정부예산이 지원되는 사업 중 「국가재정법」 제38조에 따라 예비타당성조사를 실시하는 사업

2. 남북교류협력에 관계되거나 국가 간 협약 · 조약에 따라 추진하는 사업
3. 도로 유지보수, 노후 상수도 개량 등 기존 시설의 효용 증진을 위한 단순개량 및 유지보수 사업
4. 「재난 및 안전관리 기본법」 제3조제1호에 따른 재난(이하 "재난"이라 한다)복구 지원, 시설 안정성 확보, 보건 · 식품 안전 문제 등으로 시급한 추진이 필요한 사업
5. 재난예방을 위하여 시급한 추진이 필요한 사업으로서 국회 소관 상임위원회의 동의를 받은 사업
6. 법령에 따라 추진하여야 하는 사업
7. 지역균형발전, 긴급한 경제적 · 사회적 상황 대응 등을 위하여 국가 정책적으로 추진이 필요한 사업으로서 다음 각 목의 요건을 모두 갖춘 사업. 이 경우, 예비타당성조사 면제 사업의 내역 및 사유를 지체 없이 국회 소관 상임위원회에 보고하여야 한다.
   가. 사업 목적 및 규모, 추진방안 등 구체적인 사업계획이 수립된 사업
   나. 국가 정책적으로 추진이 필요하여 국무회의를 거쳐 확정된 사업

④ 제2항의 규정에 따라 편성 · 제출한 예산안은 이사회의 의결로 확정된다. 다만, 다른 법률에서 공기업 · 준정부기관의 예산에 관하여 주주총회나 출자자총회 등 사원총회의 의결이나 제23조의 규정에 따른 기금운용심의회의 의결 등 별도의 절차를 거치도록 한 경우에는 이사회 의결후 이를 거쳐 확정하고, 준정부기관의 예산에 관하여 주무기관의 장의 승인을 거쳐 확정하도록 한 경우에는 이사회 의결을 거친 후 주무기관의 장의 승인을 얻어야 한다. 〈개정 2016.3.22.〉

⑤ 제6조의 규정에 따라 공기업 · 준정부기관으로 지정될 당시 이미 확정되어 있는 예산은 제1항부터 제4항까지의 규정에 따라 편성되어 확정된 것으로 본다. 〈개정 2016.3.22.〉

⑥ 기관장은 공기업 · 준정부기관의 예산이 확정된 후 그 공기업 · 준정부기관의 경영목표가 변경되거나 그 밖의 불가피한 사유로 인하여 예산을 변경하고자 하는 경우에는 변경된 예산안을 작성하여 이사회에 제출하여야 한다. 이 경우 제4항은 변경된 예산안의 확정에 관하여 이를 준용한다. 〈개정 2016.3.22.〉

⑦ 공기업 · 준정부기관은 제4항부터 제6항까지의 규정에 따라 예산이 확정되거나 변경된 경우 지체 없이 기획재정부장관, 주무기관의 장 및 감사원장에게 그 내용을 보고하여야 한다. 다만, 제4항 단서에 따라 주무기관의 장의 승인을 얻은 경우에는 주무기관의 장에게 보고된 것으로 본다. 〈개정 2008.2.29., 2016.3.22.〉

제41조(준예산) ① 공기업 · 준정부기관은 천재지변 그 밖의 부득이한 사유로 회계연도 개시 전까지 그 공기업 · 준정부기관의 예산이 확정되지 아니한 경우에는 전 회계연도의 예산에 준하여 예산(이하 이 조에서 "준예산"이라 한다)을 편성하여 운용할 수 있다.

② 준예산은 그 회계연도의 예산이 확정된 경우에는 그 효력을 잃는다. 이 경우 준예산에

따라 집행된 예산은 이를 그 회계연도의 예산에 따라 집행된 것으로 본다.

제42조(운영계획의 수립) ① 공기업·준정부기관은 제40조제4항 및 제5항에 따라 예산이 확정되는 경우 지체 없이 이사회의 의결을 거쳐 그 회계연도의 예산에 따른 운영계획을 수립하여야 한다. 다만, 제6조의 규정에 따라 공기업·준정부기관으로 지정될 당시 수립되어 있는 운영계획은 이 법에 따라 수립된 것으로 본다. 〈개정 2016.3.22.〉

② 공기업·준정부기관이 제40조제6항에 따라 확정된 예산을 변경한 경우에는 지체 없이 이사회의 의결을 거쳐 제1항의 규정에 따라 수립된 운영계획을 변경하여야 한다. 〈개정 2016.3.22.〉

③ 공기업·준정부기관은 제1항 및 제2항의 규정에 따라 수립한 그 회계연도의 운영계획을 기획재정부장관(공기업의 경우에 한한다)과 주무기관의 장에게 제40조제4항부터 제6항까지의 규정에 따라 예산이 확정된 후 2월 이내에 제출하여야 한다. 〈개정 2008.2.29., 2016.3.22.〉

제43조(결산서의 제출) ① 공기업·준정부기관은 회계연도가 종료된 때에는 지체 없이 그 회계연도의 결산서를 작성하고, 감사원규칙이 정하는 바에 따라 다음 각 호의 어느 하나에 해당하는 자 중에서 선임한 회계감사인(이하 "회계감사인"이라 한다)의 회계감사를 받아야 한다. 이 경우 공기업·준정부기관은 매 회계연도 종료 후 감사원규칙으로 정하는 기간 내에 회계감사인에게 결산서를 제출하여야 한다. 〈개정 2009.3.25.〉

1. 「공인회계사법」 제23조에 따른 회계법인(이하 "회계법인"이라 한다)
2. 「주식회사의 외부감사에 관한 법률」 제3조제1항제3호에 따른 감사반(이하 "감사반"이라 한다)

② 공기업은 기획재정부장관에게, 준정부기관은 주무기관의 장에게 다음 연도 2월 말일까지 제1항에 따라 작성된 다음 각 호의 결산서를 각각 제출하고, 3월 말일까지 승인을 받아 결산을 확정하여야 한다. 다만, 주주총회나 출자자총회 등 사원총회가 있는 공기업·준정부기관의 경우에는 사원총회에서 결산을 의결·확정한다. 〈개정 2008.2.29., 2009.3.25., 2009.12.29.〉

1. 재무제표(회계감사인의 감사의견서를 포함한다)와 그 부속서류
2. 그 밖에 결산의 내용을 명확하게 하기 위하여 필요한 서류

③ 기획재정부장관과 주무기관의 장은 매년 5월 10일까지 제2항에 따라 확정된 공기업·준정부기관의 결산서와 그 밖에 필요한 서류(이하 이 조에서 "결산서등"이라 한다)를 감사원에 제출하여야 한다. 〈개정 2008.2.29., 2009.12.29.〉

④ 제3항에 따라 결산서등을 제출받은 감사원은 그 공기업·준정부기관 중 「감사원법」 제22조제1항제3호에 따른 법인과 그 밖에 감사원규칙으로 정하는 공기업·준정부기관의 결산서등을 검사하고, 그 결과를 7월 31일까지 기획재정부장관에게 제출하여야 한다. 〈개정 2008.2.29., 2009.12.29.〉

⑤ 제1항의 규정에 따라 회계감사를 실시할 수 있는 회계법인과 감사반의 선정 기준 및 회

계감사의 절차, 제4항의 규정에 따른 감사원의 결산감사에 관하여 필요한 사항은 감사원규칙으로 정한다. 〈개정 2009.3.25.〉

⑥ 기획재정부장관은 제3항에 따른 결산서등에 제4항에 따른 감사원의 검사 결과를 첨부하여 국무회의에 보고하고, 8월 20일까지 국회에 제출하여야 한다. 〈개정 2008.2.29., 2009.12.29.〉

⑦ 제1항 내지 제6항의 규정에 불구하고 제6조의 규정에 따라 공기업·준정부기관으로 지정된 해에 실시하는 결산에 관하여는 지정 당시 법령에 따른다.

제43조의2(공기업의 자본금 전입 협의 등) ① 공기업은 이익준비금, 사업확장적립금 및 그 밖의 준비금 또는 적립금을 자본금으로 전입하고자 하는 때에는 이사회·주주총회 등 관련 절차를 거치기 전에 기획재정부장관과 미리 협의하여야 한다.

② 공기업은 제1항에 따라 이익준비금, 사업확장적립금 및 그 밖의 준비금 또는 적립금을 자본금으로 전입한 때에는 그 사실을 주무기관의 장에게 보고하여야 한다.

[본조신설 2011.7.25.]

[종전 제43조의2는 제43조의3으로 이동 〈2011.7.25.〉]

제43조의3(회계감사인의 선임 등) ① 공기업·준정부기관은 회계감사인을 선임하기 위하여 전문성과 독립성이 확보된 회계감사인선임위원회(제20조에 따른 감사위원회를 설치한 때에는 이를 회계감사인선임위원회로 본다)를 구성·운영하여야 한다. 이 경우 해당 공기업·준정부기관의 비상임이사는 모두 회계감사인선임위원회의 위원으로 선임되어야 한다.

② 제1항에 따른 회계감사인선임위원회의 구성·운영에 관한 사항은 대통령령으로 정한다.

③ 「주식회사의 외부감사에 관한 법률」 제3조제3항부터 제5항까지, 제7항, 제4조 제7항 및 제6조 제1항은 회계감사인의 결격사유·자격·선임·권한 등에 관하여 각각 이를 준용한다. 이 경우 "감사인"은 각각 "회계감사인"으로, "회사"는 각각 "공기업·준정부기관"으로, "감사인선임위원회"는 각각 "회계감사인선임위원회"로 본다.

④ 회계감사인과 그에 소속된 공인회계사·직원 등은 공기업·준정부기관의 회계감사와 관련하여 그 직무상 알게 된 비밀을 누설하여서는 아니 된다. 다만, 다른 법률 또는 제43조 제5항에 따른 감사원규칙에 특별한 규정이 있는 경우에는 그러하지 아니하다.

[본조신설 2009.3.25.]

[제43조의2에서 이동, 종전 제43조의3은 제43조의4로 이동 〈2011.7.25.〉]

제43조의4(손해배상책임) 「주식회사의 외부감사에 관한 법률」 제17조제1항부터 제5항까지 및 제7항은 회계감사인, 이사, 감사 또는 감사위원회 위원 등의 공기업·준정부기관 또는 제3자에 대한 손해배상책임에 관하여 준용한다. 이 경우 "감사인"은 각각 "회계감사인"으로, "회사"는 각각 "공기업·준정부기관"으로, "제4조"는 각각 "제43조"로 본다.

[본조신설 2009.3.25.]

[제43조의3에서 이동 〈2011.7.25.〉]

제44조(물품구매와 공사계약의 위탁) ① 공기업·준정부기관이 「중소기업제품 구매촉진 및 판로지원에 관한 법률」 제6조에 따른 중소기업자간 경쟁 제품을 「국가를 당사자로 하는 계약에 관한 법률」 제4조 제1항에 따라 기획재정부장관이 고시한 금액 이상 구매하는 경우에는 조달청장에게 구매를 위탁하거나, 「조달사업에 관한 법률」 제5조에 따른 계약방법에 따라 이를 구매하여야 한다. 다만, 구매하고자 하는 제품의 특수성·전문성 또는 안전성 등을 고려하여 기획재정부령으로 정하는 경우에는 그러하지 아니하다. 〈신설 2009.12.29.〉

② 공기업·준정부기관은 필요하다고 인정하는 때에는 수요물자 구매나 시설공사계약의 체결을 조달청장에게 위탁할 수 있다. 〈개정 2009.12.29.〉

제45조(출자의 방법) 정부가 공기업·준정부기관의 자본금을 출자하는 경우에는 기획재정부장관이 그 납입시기와 방법을 정하여 이를 시행한다. 〈개정 2008.2.29.〉

제5절 경영평가와 감독

제46조(경영목표의 수립) ① 기관장은 사업내용과 경영환경, 제31조제3항 및 제4항의 규정에 따라 체결한 계약의 내용 등을 고려하여 다음 연도를 포함한 5회계연도 이상의 중장기 경영목표를 설정하고, 이사회의 의결을 거쳐 확정한 후 매년 10월 31일까지 기획재정부장관과 주무기관의 장에게 제출하여야 한다. 〈개정 2008.2.29., 2010.5.17.〉

② 기관장은 제1항의 규정에 불구하고 제6조의 규정에 따라 공기업·준정부기관으로 지정(변경지정을 제외한다)된 해에는 지정 후 3월 이내에 당해 연도를 포함한 3회계연도 이상의 중장기 경영목표를 설정하고, 이사회의 의결을 거쳐 확정한 후 이를 기획재정부장관과 주무기관의 장에게 제출하여야 한다. 〈개정 2008.2.29.〉

③ 기관장이 제1항 및 제2항에 따라 수립된 경영목표를 변경하는 경우에는 그 변경 내용을 이사회 의결을 거쳐 확정한 후 지체 없이 기획재정부장관과 주무기관의 장에게 제출하여야 한다. 〈개정 2008.2.29., 2010.5.17.〉

④ 공기업·준정부기관의 경영환경·경제여건 및 국가정책방향 등을 고려하여 기획재정부장관은 공기업의 장에게, 주무기관의 장은 준정부기관의 장에게 각각 경영목표의 변경을 요구할 수 있다. 〈개정 2008.2.29.〉

제47조(경영실적 등의 보고) ① 공기업·준정부기관은 매년 3월 20일까지 전년도의 경영실적을 기재한 보고서(이하 "경영실적보고서"라 한다)와 제31조제3항 및 제4항의 규정에 따라 기관장이 체결한 계약의 이행에 관한 보고서를 작성하여 기획재정부장관과 주무기관의 장에게 제출하여야 한다. 〈개정 2008.2.29.〉

② 제1항의 규정은 제6조의 규정에 따라 공기업·준정부기관으로 지정(변경지정을 제외한다)된 해에는 적용하지 아니한다.

③ 경영실적보고서에는 제43조제1항에 따라 작성한 결산서를 첨부하여야 한다. 〈개정 2009.

12.29.〉

제48조(경영실적 평가) ① 기획재정부장관은 제31조제3항 및 제4항의 규정에 따른 계약의 이행에 관한 보고서, 제46조의 규정에 따른 경영목표와 경영실적보고서를 기초로 하여 공기업·준정부기관의 경영실적을 평가한다. 다만, 제6조의 규정에 따라 공기업·준정부기관으로 지정(변경지정을 제외한다)된 해에는 경영실적을 평가하지 아니한다. 〈개정 2008.2.29.〉

② 기획재정부장관은 제1항 본문의 규정에 따라 공기업·준정부기관의 경영실적을 평가하는 경우 「국가재정법」 제82조(기금운용의 평가)의 규정에 따라 기금운용평가를 받는 기관과 「과학기술기본법」 제32조(정부출연연구기관등의 육성)제3항에 따라 평가를 받는 기관에 대하여는 그 평가 결과를 활용한다. 〈개정 2008.2.29., 2014.5.28.〉

③ 기획재정부장관은 제1항에 따른 경영실적의 평가를 위하여 필요한 경우 공기업·준정부기관에 관련 자료의 제출을 요청할 수 있다. 〈개정 2008.2.29., 2008.12.31.〉

④ 공기업·준정부기관이 제31조제3항 및 제4항에 따른 계약의 이행에 관한 보고서, 경영실적보고서 및 그 첨부서류를 제출하지 아니하거나 거짓으로 작성·제출한 경우에는 기획재정부장관은 운영위원회의 심의·의결을 거쳐 경영실적 평가 결과와 성과급을 수정하고, 해당 기관에 대하여 주의·경고 등의 조치를 취하거나 주무기관의 장 또는 기관장에게 관련자에 대한 인사상의 조치 등을 취하도록 요청하여야 한다. 이 경우 기획재정부장관은 감사 또는 감사위원회 감사위원이 관련 직무를 이행하지 아니하거나 게을리 하였다면 운영위원회의 심의·의결을 거쳐 해당 감사 또는 감사위원회 감사위원을 해임하거나 그 임명권자에게 해임을 건의할 수 있다. 〈신설 2008.12.31.〉

⑤ 제1항에 따른 경영실적의 평가 기준과 방법은 운영위원회의 심의·의결을 거쳐 기획재정부장관이 정하되, 공기업·준정부기관에 대하여 다음 각 호의 사항이 평가에 반영될 수 있도록 정하여야 한다. 〈개정 2016.3.22.〉

1. 경영목표의 합리성 및 달성 정도
2. 주요사업의 공익성 및 효율성
3. 직원의 고용 형태 등 조직·인력 운영의 적정성
4. 제39조의2에 따른 중장기재무관리계획의 이행 등 재무운용의 건전성 및 예산 절감노력
5. 제13조제2항에 따른 고객만족도 조사 결과
6. 합리적인 성과급 지급제도 운영
7. 그 밖에 공기업·준정부기관의 경영에 관련된 사항

⑥ 기획재정부장관은 제1항에 따른 경영실적 평가의 효율적인 수행과 경영실적 평가에 관한 전문적·기술적인 연구 또는 자문을 위하여 공기업·준정부기관경영평가단(이하 "경영평가단"이라 한다)을 구성·운영할 수 있다. 〈신설 2009.3.25.〉

⑦ 기획재정부장관은 운영위원회의 심의·의결을 거쳐 매년 6월 20일까지 공기업·준정부

기관의 경영실적 평가를 마치고, 그 결과를 국회와 대통령에게 보고한다. 〈개정 2008.2.29., 2008.12.31., 2009.3.25.〉

⑧ 기획재정부장관은 제7항에 따른 경영실적 평가 결과 경영실적이 부진한 공기업·준정부기관에 대하여 운영위원회의 심의·의결을 거쳐 제25조 및 제26조의 규정에 따른 기관장·상임이사의 임명권자에게 그 해임을 건의하거나 요구할 수 있다. 〈개정 2008.2.29., 2008.12.31., 2009.3.25.〉

⑨ 기획재정부장관은 제1항에 따른 경영실적 평가 결과 인건비 과다편성 및 제50조제1항에 따른 경영지침 위반으로 경영부실을 초래한 공기업·준정부기관에 대하여는 운영위원회의 심의·의결을 거쳐 향후 경영책임성 확보 및 경영개선을 위하여 필요한 인사상 또는 예산상의 조치 등을 취하도록 요청할 수 있다. 〈신설 2008.12.31., 2009.3.25.〉

⑩ 제1항에 따른 경영실적 평가의 절차, 경영실적 평가 결과에 따른 조치 및 경영평가단의 구성·운영 등에 관하여 필요한 사항은 대통령령으로 정한다. 〈개정 2008.12.31., 2009.3.25.〉

제49조(연차보고서의 작성) 기획재정부장관은 매년 경영실적보고서와 제48조의 규정에 따른 경영실적 평가 결과를 기초로 하여 공기업·준정부기관의 경영상황 등에 관한 연차보고서를 작성하고, 이를 공표할 수 있다. 〈개정 2008.2.29.〉

제50조(경영지침) ① 기획재정부장관은 공기업·준정부기관의 운영에 관한 일상적 사항과 관련하여 운영위원회의 심의·의결을 거쳐 다음 각 호의 사항에 관한 지침(이하 "경영지침"이라 한다)을 정하고, 이를 공기업·준정부기관 및 주무기관의 장에게 통보하여야 한다. 〈개정 2008.2.29.〉

1. 조직 운영과 정원·인사 관리에 관한 사항
2. 예산과 자금 운영에 관한 사항
3. 그 밖에 공기업·준정부기관의 재무건전성 확보를 위하여 기획재정부장관이 필요하다고 인정하는 사항

② 공기업·준정부기관의 투명하고 공정한 인사운영과 윤리경영 등을 위하여 필요한 경우 소관 정책을 관장하는 관계 행정기관의 장은 제1항의 규정에 따른 경영지침에 관한 의견을 기획재정부장관에게 제시할 수 있다. 〈개정 2008.2.29.〉

제51조(공기업·준정부기관에 대한 감독) ① 기획재정부장관과 주무기관의 장은 공기업·준정부기관의 자율적 운영이 침해되지 아니하도록 이 법이나 다른 법령에서 그 내용과 범위를 구체적으로 명시한 경우에 한하여 감독한다. 〈개정 2008.2.29.〉

② 기획재정부장관은 공기업의 경영지침 이행에 관한 사항을 감독한다. 〈개정 2008.2.29.〉

③ 주무기관의 장은 다음 각 호의 사항에 대하여 공기업·준정부기관을 감독한다.

1. 법령에 따라 주무기관의 장이 공기업·준정부기관에 위탁한 사업이나 소관 업무와 직접 관련되는 사업의 적정한 수행에 관한 사항과 그 밖에 관계 법령에서 정하는 사항

2. 준정부기관의 경영지침 이행에 관한 사항

④ 기획재정부장관과 주무기관의 장은 제2항 및 제3항의 규정에 따라 행하는 감독의 적정성 여부를 대통령령이 정하는 바에 따라 점검하고, 운영위원회의 심의 · 의결을 거쳐 개선에 필요한 조치를 취하여야 한다. 〈개정 2008.2.29.〉

제51조의2(출연 · 출자기관의 설립 등 협의) ① 공기업 · 준정부기관은 출연 · 출자기관을 설립하거나 다른 법인에 출연 · 출자하고자 하는 경우 주무기관의 장 및 기획재정부장관과 사전에 협의를 하여야 한다. 다만, 사전협의에 준하는 절차를 이미 수행하였거나 금융을 다루는 공공기관이 출자하는 경우로서 대통령령으로 구체적으로 정한 경우에는 사전협의 대상에서 제외한다.

② 제1항에 따른 사전협의 등에 관하여 필요한 사항은 대통령령으로 정한다.

[본조신설 2016.3.22.]

제52조(감사원 감사) ① 감사원은 「감사원법」에 따라 공기업 · 준정부기관의 업무와 회계에 관하여 감사를 실시할 수 있다.

② 감사원은 제1항의 규정에 따른 감사를 관계 행정기관의 장 등에게 위탁하거나 대행하게 할 수 있다.

③ 제2항의 규정에 따라 공기업 · 준정부기관에 대한 감사원 감사를 위탁하거나 대행하게 할 수 있는 관계 행정기관의 장 등의 범위와 감사 결과의 보고와 처리 등에 관하여 필요한 사항은 감사원규칙으로 정한다.

제52조의2(감사결과 등의 국회 제출) ① 공기업 · 준정부기관은 다음 각 호에 해당하는 사항을 국회 소관 상임위원회에 지체 없이 제출하여야 한다.

1. 감사나 감사위원회가 실시한 감사결과를 종합한 감사보고서
2. 제52조에 따라 감사원이 실시한 감사에서 지적된 사항과 처분요구사항 및 그에 대한 조치 계획

② 기획재정부장관은 제36조제1항에 따라 실시한 감사나 감사위원회 감사위원의 직무수행 실적 평가 결과를 국회에 지체 없이 제출하여야 한다.

[본조신설 2008.12.31.]

제5장 보 칙

제53조(벌칙 적용에서의 공무원 의제) 공공기관의 임직원, 운영위원회의 위원과 임원추천위원회의 위원으로서 공무원이 아닌 사람은 「형법」 제129조(수뢰, 사전수뢰) 내지 제132조(알선수뢰)의 적용에 있어서는 이를 공무원으로 본다. 〈개정 2016.3.22.〉

제53조의2(수사기관 등의 수사 개시 · 종료 통보) 감사원과 검찰 · 경찰, 그 밖의 수사기관은

공공기관의 임직원에 대하여 직무와 관련된 사건에 관한 조사나 수사를 시작한 때와 이를 마친 때에는 10일 이내에 공공기관의 장에게 해당 사실과 결과를 통보하여야 한다.
[본조신설 2016.3.22.]

제53조의3(의원면직의 제한) 공공기관 임원의 임명권자 또는 제청권자는 의원면직을 신청한 임원이 검찰, 경찰 등 수사기관과 감사원 등 감사기관에서 비위와 관련하여 수사 또는 감사를 받거나 해당 기관의 징계위원회에 중징계의결이 요구 중인 경우에는 의원면직을 허용하지 아니할 수 있다.
[본조신설 2016.3.22.]

제54조(소수주주권의 행사 등) 주식이 대통령령으로 정하는 증권시장에 상장되지 아니한 공기업·준정부기관에 대한 소수주주권의 행사와 주주제안에 관하여는 「상법」 제542조의6을 준용한다. 〈개정 2013.5.28.〉
[전문개정 2009.12.29.]

제6장 벌칙 <신설 2009.3.25.>

제55조(벌칙) ① 회계감사인, 회계감사인에 소속된 공인회계사, 감사 또는 회계감사인선임위원회의 위원(감사위원회가 설치된 경우에는 감사위원회의 위원을 말한다)이 그 직무에 관하여 부정한 청탁을 받고 금품이나 이익을 받거나 요구 또는 약속한 경우에는 3년 이하의 징역 또는 3천만원 이하의 벌금에 처한다. 다만, 벌금형에 처하는 경우 그 직무와 관련하여 얻는 경제적 이익의 5배에 해당하는 금액이 3천만원을 초과하면 그 직무와 관련하여 얻는 경제적 이익의 5배에 상당하는 금액 이하의 벌금에 처한다.
② 제1항에서 규정하는 금품이나 이익을 약속·제공 또는 제공의 의사를 표시한 자도 제1항과 같다.
③ 제1항과 제2항에서 규정하는 금품이나 이익은 몰수한다. 그 전부 또는 일부를 몰수할 수 없으면 그 가액(價額)을 추징한다.
[본조신설 2009.3.25.]

제56조(벌칙) ① 「상법」 제635조제1항에 규정된 자나 그 밖에 공기업·준정부기관의 회계업무를 담당하는 자가 제39조제1항에 따른 회계처리의 원칙을 위반하여 거짓으로 재무제표를 작성·공시한 경우 5년 이하의 징역 또는 5천만원 이하의 벌금에 처한다.
② 「상법」 제635조제1항에 규정된 자나 그 밖에 공기업·준정부기관의 회계업무를 담당하는 자, 회계감사인 또는 그에 소속된 공인회계사가 다음 각 호의 어느 하나에 해당하는 행위를 하면 3년 이하의 징역 또는 3천만원 이하의 벌금에 처한다. 〈개정 2011.7.25.〉
1. 정당한 사유 없이 회계감사인을 선임하지 아니한 경우

2. 감사의견서에 기재하여야 할 사항을 기재하지 아니하거나 거짓으로 기재를 한 경우
3. 제43조의3제4항을 위반하여 비밀을 누설한 경우
4. 결산서를 작성하지 아니한 경우

③ 「상법」 제635조 제1항에 규정된 자나 그 밖에 공기업·준정부기관의 회계업무를 담당하는 자가 다음 각 호의 어느 하나에 해당하는 행위를 하면 2년 이하의 징역 또는 2천만원 이하의 벌금에 처한다. 〈개정 2011.7.25.〉

1. 회계감사인 또는 그에 소속된 공인회계사에게 거짓 자료를 제시하거나 거짓이나 그 밖의 부정한 방법으로 회계감사인의 정상적인 회계감사를 방해한 경우
2. 정당한 사유 없이 제43조의3제3항에 따른 회계감사인의 열람, 등사, 자료제출 등의 요구 또는 조사를 거부·방해·기피하거나 관련 자료를 제출하지 아니한 경우
3. 제43조제1항을 위반하여 회계감사인에게 결산서를 제출하지 아니한 경우

[본조신설 2009.3.25.]

부칙 〈제14461호, 2016.12.27.〉

이 법은 공포 후 6개월이 경과한 날부터 시행한다.

[부록 2]

2017년 공공기관 경영편람 – 평가지표

1. 기관유형별 평가지표

1) 공기업의 지표 및 가중치 기준

범 주	평가지표	계	비계량	계량
경영관리 (50)	1. 경영전략 및 사회공헌	18	8	10
	– 전략기획 및 사회적 책임	5	5	
	– 기관 경영혁신	3	3	
	– 국민평가	2		2
	– 정부 3.0	1		1
	– 경영정보공시	1		1
	– 정부권장정책	6		6
	2. 업무효율	5		5
	3. 조직 및 인적자원관리	4	4	
	4. 재무예산관리	10	5	5
	– 재무예산운영	3	3	
	(관리업무비)	(1)	(1)	
	– 자구노력 이행성과	2	2	
	– 재무예산성과	5		5
	(부채감축달성도)	(1.5)		(1.5)
	(중・장기 재무관리계획)	(1.5)		(1.5)
	5. 보수 및 복리후생관리	13	10	3
	– 보수 및 복리후생	6	6	
	(성과연봉제 운영의 적절성)	(3)	(3)	3
	– 총인건비관리	3		
	– 노사관계	4	4	
	소계	50	27	23
주요 사업 (50)	주요 사업 계획・활동・성과를 종합평가	50	18	32
	소계	50	18	32
합계		100	45	55

※ 공운법 제39조의2에 따른 중・장기 재무관리계획 제출대상이 아닌 기관은 관련 지표(자구노력 이행성과, 부채감축달성도, 중・장기 재무관리계획)를 결측 처리.

2) 준정부기관(위탁집행형)의 지표 및 가중치 기준

범 주	평가지표	계	비계량	계량
경영관리(50)	1. 경영전략 및 사회공헌	19	8	11
	– 전략기획 및 사회적책임	5	5	
	– 기관 경영혁신	3	3	
	– 국민평가	2		2
	– 정부 3.0	1.5		1.5
	– 경영정보공시	1.5		1.5
	– 정부권장정책	6		6
	2. 업무효율	4		4
	3. 조직 및 인적자원관리	4	4	
	4. 재무예산관리	10	5	5
	– 재무예산운영	3	3	
	(관리업무비)	(1)	(1)	
	– 자구노력 이행성과	2	2	
	– 재무예산성과	5		5
	(부채감축달성도)	(1.5)		(1.5)
	(중・장기 재무관리계획)	(1.5)		(1.5)
	5. 보수 및 복리후생관리	13	10	3
	– 보수 및 복리후생	6	6	
	(성과연봉제 운영의 적절성)	(3)	(3)	
	– 총인건비관리	3		3
	– 노사관계	4	4	
	소계	50	27	23
주요사업(50)	주요 사업 계획・활동・성과를 종합평가	50	18	32
	소계	50	18	32
합계		100	45	55

※ 공운법 제39조의2에 따른 중・장기 재무관리계획 제출대상이 아닌 기관은 관련 지표(자구노력 이행성과, 부채감축달성도, 중・장기 재무관리계획)를 결측 처리.

3) 준정부기관(기금관리형)의 지표 및 가중치 기준

범 주	평가지표	계	비계량	계량
경영관리 (50)	1. 경영전략 및 사회공헌	19	8	11
	- 전략기획 및 사회적책임	5	5	
	- 기관 경영혁신	3	3	
	- 국민평가	2		2
	- 정부 3.0	1.5		1.5
	- 경영정보공시	1.5		1.5
	- 정부권장정책	6		6
	2. 업무효율	2		2
	3. 조직 및 인적자원관리	4	4	
	4. 재무예산관리	12	5	7
	- 예산 관리 (관리업무비)	3 (1)	3 (1)	
	- 자구노력 이행성과	2	2	
	- 부채감축달성도	1		1
	- 중·장기 재무관리계획	1		1
	- 기금운용관리 및 성과	5		
	5. 보수 및 복리후생관리	13	10	3
	- 보수 및 복리후생 (성과연봉제 운영의 적절성)	6 (3)	6 (3)	
	- 총인건비관리	3		3
	- 노사관계	4	4	
	소계	50	27	23
주요사업 (50)	주요 사업 계획·활동·성과를 종합평가	50	18	32
	소계	50	18	32
합계		100	45	55

※ 공운법 제39조의2에 따른 중·장기 재무관리계획 제출대상이 아닌 기관은 관련 지표(자구노력 이행성과, 부채감축달성도, 중·장기 재무관리계획)를 결측 처리.

2. 평가지표별 세부평가내용

1) 경영관리 범주

(1) 경영전략 및 사회 공헌

가. 전략기획 및 사회적 책임

평가지표	전략기획 및 사회적 책임(비계량)
지표정의	기관의 비전과 목표를 구현하기 위한 경영전략의 수립과 시행, 국정과제 이행 노력, 윤리성・투명성・안전성 제고와 공정사회 구현 등을 위한 기관의 노력과 성과를 평가한다.
세부 평가내용	① 전사적 경영목표 설정과 중・장기 경영전략의 수립・실행, 윤리경영・내부 견제 시스템의 운용과 대내・외 이해관계자와의 의사소통 등을 위한 기관의 노력과 성과는 적절한가? ② 민간부문의 새로운 일자리 창출에 기여하고 의식・관행・제도 등의 불공정한 사항들을 개선하며, 사회공헌 활동, 균등한 기회와 공정한 경쟁을 보장하기 위한 노력과 성과는 적절한가? ③ 국정과제 및 주요 정부정책 이행을 위한 기관의 노력과 성과는 적절한가? ④ 사이버 안전을 위해 국가정보보안 정책을 이행하고, 정보보안관리체계 등이 적절하게 구축・운영되고 있는가? ⑤ 산업재해 안전관리, 재난관리체계 구축 등 근로자(간접고용 포함)와 국민의 안전 및 건강을 위한 기관의 노력과 성과는 적절한가?

나. 기관 경영혁신

평가지표	기관 경영혁신(비계량)
지표정의	미래대비 및 중・장기 경영혁신 등을 위한 기관의 노력과 성과를 평가한다.
세부 평가내용	① 미래, 환경변화 분석, 예측을 통해 대응 방향을 수립하고, 기관의 기능조정(쇠퇴하는 기능 및 사업 정비), 기관의 미래 전략(신성장동력 및 신규사업 발굴) 과제 및 목표가 기관 본업 및 특성에 맞추어 적합하게 설정되었는가? ② 기관의 경영효율화, 업무프로세스 혁신(절차간소화 등) 등을 통해 경영환경변화에 따른 대응 능력을 제고하기 위한 노력과 성과가 적절한가? ③ 대국민 서비스 개선 등 기관 본연의 업무성과 향상, 국민부담완화 등을 위한 노력과 성과는 적절한가?

다. 국민평가

<table>
<tr><th>평가지표</th><th>국민평가(계량)</th></tr>
<tr><td>지표정의</td><td>고객만족도 조사결과와 국민체감도 조사결과에 나타난 고객만족도와 국민 체감도의 수준을 평가한다.</td></tr>
<tr><td>세부
평가내용</td><td>① 평점은 고객만족도 지수와 국민체감도 지수를 8 : 2의 비율로 합산하여 산출(강소형 기관은 고객만족도 점수로만 산출)
② 고객만족도 지수는 고객만족도 조사결과와 향상도를 일정비율로 합산한 후 상대등급별 점수를 가산하여 산출
* 고객만족도 지수는 100점 만점으로 함
• 고객만족도 조사결과는 평가년도 기획재정부가 주관한 공기관고객만족도 조사결과를 그대로 활용
• 향상도는 다음과 같이 계산
– 전년대비 상승 시:
$X_{t-1}+\frac{(X_t-X_{t-1})}{(100-X_{t-1})\times 0.2}\times(100-X_{t-1})$
– 전년대비 하락 시:
$X_{t-1}+\frac{(X_t-X_{t-1})}{X_{t-1}\times 0.1}\times(100-X_{t-1})$
* X_{t-1}: 전년도 조사결과
* X_t: 평가년도 조사결과
* 전년대비 향상도는 100점 만점으로 함
– 고객만족도 조사결과와 합산되는 향상도의 비율은 다음과 같이 계산
$20+(90-X_{t-1})\times 2$
* 향상도의 합산비율은 최저 20%에서 최고 50%를 적용
• 상대등급별 점수는 평가년도 고객만족도 조사결과에 따라 기획재정부가 부여한 상대등급이 S등급이면 9점, A등급이면 6점, B등급이면 3점, C등급이면 0점
③ 국민체감도 지수는 다음과 같이 계산
– 국민체감도 지수 = 80 + (평가년도 국민체감도 조사결과/5)
* 국민체감도 지수는 100점 만점으로 함
④ 고객만족도나 국민체감도 조사결과 중 일부가 없는 경우 해당 점수는 결측치로 처리</td></tr>
</table>

라. 정부 3.0

평가지표	정부 3.0(계량)
지표정의	정부 3.0 추진과 관련하여 기관의 이행실적을 평가한다.
세부 평가내용	① 정부 3.0 이행실적 평가대상은 다음과 같음 　- 정부 3.0 추진기반, 정보공개, 데이터 개방, 정보공유, 맞춤형 서비스 ② 세부평점은 행정자치부가 제출한 실적자료를 활용하여 산출

마. 경영정보공시

평가지표	경영정보공시(계량)
지표정의	경영투명성 제고를 위해 경영정보 공개시스템(알리오)에 공시하는 자료의 정확성 및 적시성 등을 평가한다.
세부 평가내용	① 경영정보공시 점검 평가대상은 다음과 같음 　- 공공기관의 통합공시에 관한 기준에 따른 경영공시항목 ② 세부평점은 기획재정부가 제출한 실적자료를 활용하여 산출

바. 정부권장정책

평가지표	정부권장정책(계량)
지표정의	법령상 의무・권장사항 및 주요 국가정책사업 등 정부권장정책에 대한 기관의 이행실적을 평가한다.
세부 평가내용	① 정부권장정책 이행실적 평가대상은 다음과 같음 　- 청년미취업자 고용 실적, 시간선택제 일자리 실적, 장애인 의무 고용, 국가유공자 우선채용, 중소기업제품 등 우선구매(중소기업제품, 기술개발제품, 여성기업제품, 사회적기업・사회적협동조합 생산품 및 서비스, 중증장애인 생산품, 국가유공자 자활용사촌 생산품, 녹색제품), 전통시장 온누리 상품권 구매, 온실가스 감축 및 에너지 절약 실적(LED조명 보급 포함), 재정조기집행 이행실적, 용역근로자 보호지침 준수 ② 법령상 의무・권장사항 및 주요 국가정책사업 등 정부권장정책의 세부평점은 각 사업의 주관부처가 제출한 실적자료를 활용하여 산출

(2) 업무효율

평가지표	업무효율(계량)
지표정의	종합적인 업무효율성 향상 실적을 평가한다.
세부 평가내용	① 세부평가지표는 업무효율성을 측정할 수 있는 노동생산성, 자본생산성 등의 지표 중에서 각 기관의 업무특성을 고려하여 설정 ② 세부평가지표 예시 – $노동생산성 = \frac{부가가치}{평균인원}$ – $사업수행\ 효율성 = \frac{순사업비}{평균인원}$ – $자본생산성 = \frac{부가가치}{총자산}$ – $부가가치율 = \frac{부가가치}{매출액}$ ③ 노동생산성, 사업수행 효율성, 자본생산성, 부가가치율 이외의 세부평가지표는 각 기관의 편람에서 정하는 바에 따름

(3) 조직 및 인적자원관리

평가지표	조직 및 인적자원관리(비계량)
지표정의	핵심업무 수행을 위한 조직구조 및 인적자원 관리와 성과관리체계의 구축・운영에 관한 노력과 성과를 평가한다.
세부 평가내용	① 상시적 기능점검 등을 통해 기관의 핵심 업무・전략과 연계하여 기관 내 단위조직의 역할・책임 및 인력을 적정하게 구성・배분하고 있는가? ② 비정규직의 정규직(무기계약직) 전환, 사회형평적 인력활용 확대, 시간 선택제 일자리 및 유연근무제 활성화, 장시간 근로 해소, 일과 가정 양립 등을 위한 기관의 노력과 성과는 적절한가? ③ 구성원의 역량을 지속적으로 개발, 향상시키고, 여성관리자 확대, 경력단절 여성 고용을 위한 노력을 기울이는 한편, 인사관리의 공정성을 확보하기 위한 노력과 성과는 적절한가? ④ 전사 목표 및 전략을 효과적으로 달성하기 위한 성과관리 노력과 성과는 적절한가? ⑤ 사전협의 등 적합한 절차를 거쳐 타당성을 확보한 후 출연・출자기관을 설립하거나 다른 법인에 출연・출자하는 한편, 출연・출자기관의 설립목적 달성과 경영성과 확보를 위한 기관의 노력과 성과는 적절한가? 또한 설립목적을 이미 달성하였거나 경영성과가 미흡한 출연・출자기관 에 대한 개선, 매각, 통・폐합 등을 위한 기관의 노력은 적절한가? ⑥ 개방형계약직제 도입 및 간부직의 5% 범위 내 개방형계약직 운영을 통한 인력운영의 전문성 제고 노력과 성과는 적절한가? ⑦ 순환보직 원칙 수립 및 전직원의 10% 범위 내 전문직위제 운영을 통한 인력운영의 전문성 제고 노력과 성과는 적절한가?

(4) 재무예산관리

평가지표	재무예산관리(비계량)
지표정의	지속가능하고 건전한 재무구조 및 합리적 예산운용을 위한 효율적 재무예산관리 시스템 구축 및 운영 노력과 성과를 평가한다.
세부 평가내용	① 중·장기 재무예산 계획수립, 이행 노력과 피드백 활동이 적정하게 이루어 지고 있는가? ② 재무구조의 안전성, 건전성 유지를 위한 노력과 성과는 적절한가? - 미래위험 예측 및 대응의 적정성 - 재무계획(자금조달, 부채관리 및 부채상환 등) 및 이행노력과 실행의 적정성 - 합리적 유동성 관리, 재무구조 개선 계획의 적정성과 이행노력 등 ③ 재무구조 개선을 위한 효율적인 자산운용 노력과 성과는 적절한가? - 효율적인 자산운용 노력과 성과 - 외화자산의 운용 노력과 성과 등 ④ 합리적이고 효율적인 예산의 편성과 집행 및 사후평가를 위한 노력과 성과는 적절한가? - 예비타당성 조사 활동 강화, 합리적 예산편성 및 재원조달방안의 타당성 확보 노력과 성과 - 사업선정위원회, 리스크관리위원회, 투자심의회 등 사업선정의 타당성 확보와 효율적인 예산편성을 위한 조직역량 확충 및 관련 위원회 운영의 내실화 노력과 성과 - 예산 집행의 투명성 제고 노력과 성과 - 예산의 합리적 사용 - 공정한 계약체결을 위한 계약형태 개선 노력과 성과 - 사후심층평가 등 예산성과 평가 및 환류 노력의 적정성 등 ⑤ 원가 및 경비 절감 등 예산절감을 위한 노력 및 성과는 적절한가?

평가지표	예산관리(기금관리형준정부기관, 비계량)
지표정의	지속가능하고 건전한 기금관리 및 운영 기반 구축과 합리적 예산운용을 위한 효율적 예산관리 시스템 구축 및 운영 노력과 성과를 평가한다.
세부 평가내용	① 중·장기 기금 관리 및 운영기반 구축·실행 노력과 피드백 활동이 적정하게 이루어 지고 있는가? - 지속가능하고 건전한 기금관리 및 운영기반 구축 노력 등 - 미래위험 예측 및 대응의 적정성 - 합리적 유동성 관리 ② 합리적이고 효율적인 예산의 편성과 집행을 위한 노력과 성과는 적절한가? - 합리적 예산편성 노력과 성과 - 예산 집행의 투명성 제고 노력과 성과 - 예산의 합리적 사용 - 공정한 계약체결을 위한 계약형태 개선 노력과 성과 등 ③ 원가 및 경비 절감 등 예산절감을 위한 노력 및 성과는 적절한가?

평가지표	자구노력 이행성과(비계량)
지표정의	부채감축계획 이행을 위한 기관의 자구노력과 성과를 평가한다.
세부 평가내용	① 부채감축계획 이행ㆍ점검을 위한 적절한 체계를 구축하고, 주기적으로 이행상황을 점검하였는가? – 부채감축 이행을 위한 조직과 제도, 기능과 권한, 모니터링 체계 등이 효과적으로 설계되었는가? – 유가, 환율, 금리 등 주요 변동요인을 모니터링하고 재무위험에 대한 적절한 대응방안을 마련하였는가? ② 기관의 부채감축계획에 포함된 사업조정, 경영효율화, 자산매각, 수익성 확대, 자본확충 등의 이행실적과 성과는 적절한가? – 2016년 말까지 금융부채 감축 노력과 성과는 적절한가? – 부채감축계획을 이행하기 위해 문제 해결 방안 마련, 이해관계자와 적극적인 협의 및 설득 등의 노력이 있었는가? ③ 구분회계제도 도입 및 사업단위별 재무정보 활용 등 부채관리를 위한 제도적 기반 강화 노력과 성과는 적절한가? ④ [자산매각이 있는 경우] 자산매각 활성화를 위한 노력과 성과는 적절한가? – 부채감축계획에 포함된 자산매각 활성화 노력과 성과 * 예: 자산매각계획 수립ㆍ이행상황 점검, 민간운용사에 자산매각을 위탁하여 적극적으로 매각될 수 있도록 조치 등 부채감축계획 운용지침 준수 여부 등을 평가 ⑤ 부채관리를 위해 공사채 총량을 준수하였는지와 이를 위한 기관의 노력과 성과는 적절한가?

평가지표	재무예산 성과(계량)
지표정의	기관의 경영상황을 고려하여 재무(예산) 관련 안정성, 투자 및 집행효율성 등을 위해 중점관리가 필요한 사항에 대한 실적을 평가한다.
세부 평가내용	① 세부평가지표는 재무예산 성과를 측정할 수 있는 부채비율, 이자보상비율 등의 지표 중에서 각 기관의 경영상황을 고려하여 설정 ② 세부평가지표의 예시 – 부채비율 = $\frac{\text{부채}}{\text{자본}}$ – 이자보상비율 = $\frac{\text{영업이익}}{\text{금융비용}}$ – 부채감축달성도 = $\frac{\text{부채감축 실적}}{\text{'17년도 부채감축 계획}}$ ③ 부채비율, 이자보상비율, 부채감축 달성도 이외의 세부평가지표는 각 기관의 편람에서 정하는 바에 따름

(5) 보수 및 복리후생 관리

평가지표	보수 및 복리후생(비계량)
지표정의	보수 제도와 복리후생 제도의 합리성 및 개선 노력과 성과를 평가한다.
세부 평가내용	① 「공공기관 성과연봉제 권고안」에 따라 성과연봉제를 운영하기 위한 노력과 성과는 적절한가? – 공공기관 성과연봉제 권고안에 따라 마련한 설계대로 운영하는지 여부(기본연봉 차등폭, 성과연봉 비중 및 차등폭) – 평가절차의 합리성과 투명성, 외부전문가 참여 여부 등 – 성과평가체계 보완 및 공정성 확보 노력 지속 추진 여부 ② 「방만경영 정상화계획」에 따라 복리후생의 정상화를 위한 노력과 성과는 적절한가? – 기관별 방만경영 정상화계획에 따른 교육비, 의료비, 경조금, 특별휴가, 퇴직금, 복무행태, 고용세습 등의 정상화 이행실적 및 방만경영 정상화 계획을 충족하지 못하는 복리후생 항목의 존재 여부 – 방만경영 정상화계획 운용 지침 및 복리후생 가이드라인 준수 여부 – 예산상 복리후생비와 사내근로복지기금을 포함한 연간 1인당 복리후생비 수준의 적정성 – 기본급, 성과연봉, 각종수당 대비 복리후생비 규모의 적절성 – 새로운 복리후생 항목 신설 금지 등 복리후생제도 개선 결과의 지속가능성 확보 노력의 적정성 등 ③ 「공공기관 임금피크제 권고안」에 따라 임금피크제를 운영하기 위한 노력과 성과는 적절한가? – 연령구조, 임금체계, 직무특성 등을 고려한 임금피크제 유형, 적용대상, 임금조정기간, 임금지급률, 직무개발 등 제도설계의 적절성 – 임금피크제 관련 신규채용 목표 달성 여부, 임금피크 대상자의 활용도 등 운영 효과 – 임금피크제 관련 중장기 신규채용 규모 및 재원조달 계획의 적절성 ④ 고졸자, 무기계약직, 비정규직 등에 대한 불합리한 차별 여부 및 처우개선 을 포함한 보수·복리후생제도의 합리적 개선 등

평가지표	총인건비관리(계량)
지표정의	공기업·준정부기관 예산편성 지침의 총인건비 인상률 준수 여부를 평가한다.
세부 평가내용	① 총인건비 인상률은 다음과 같이 산출 $-\text{총인건비 인상률} = \frac{\text{평가년도 총인건비} - \text{전년도 총인건비}}{\text{전년도 총인건비}}$ ② 총인건비의 정의는 공기업·준정부기관 예산편성지침에 따름

평가지표	노사관계(비계량)
지표정의	노사관계 합리성 제고를 위한 노력과 성과를 평가한다.
세부 평가내용	① 노사관계 선진화를 위한 전략 등이 합리적으로 개발되어 실천되고 있는가? ② 합리적이고 적법한 노사관계가 구축되어 노사협력이 실현되고 구체적인 성과를 내고 있는가? ③ 노사 간의 공감대 형성을 위한 의사소통과 노사관계 관리 역량 강화를 위한 노력과 성과는 적절한가? ④ 경영・인사권의 침해를 조장하는 단체협약의 개선을 위한 기관의 노력과 성과는 적절한가? ⑤ [노조가 있는 경우] 단체협약의 내용이 합리적이고, 이를 개선하기 위한 기관의 노력과 성과는 적절한가? [노조가 없는 경우] 노사협의회를 실질적이고 효율적으로 운영하기 위한 기관의 노력과 성과는 적절한가?

2) 주요 사업 범주

(1) 주요 사업

평가지표	주요 사업(비계량)
지표정의	주요 사업별 추진계획 수립, 집행 실적, 성과 및 환류 활동, 그리고 주요 사업 범주 전체 지표 구성의 적정성을 평가한다.
세부 평가내용	① 주요 사업별 추진계획은 구체적이고 적정하게 수립되었는가? – 사업별 성과목표 정의, 성과지표 개발 및 목표치 설정의 적정성 – 주요 사업별 성과목표 달성을 위한 중·장기계획 및 실행계획 수립의 적정성 – 사업별 재무·예산계획, 조직·인력 등 자원배분계획 수립의 적정성 ② 주요 사업별 추진계획이 적절하게 집행되었는가? – 주요 사업별 실행계획에 따른 추진 활동 실적의 적정성 – 주요 사업 수행을 위한 조직·인력·예산 운용 등 효율성 제고 노력의 적정성 – 사업추진 과정에서 발생한 환경변화, 문제점 등에 대한 대응의 적절성 등 ③ 주요 사업별 비계량적 성과는 적정한 수준인가? – 계획대비 성과목표 및 목표치 달성도 – 기관의 설립목적과 경영목표 달성 기여도 등 ④ 주요 사업별 환류 활동은 적절하게 수행되었는가? – 자체평가와 연계한 환류 활동의 적정성 – 외부 지적사항과 연계한 환류 활동의 적정성 등 ⑤ 주요 사업 범주 계량지표의 구성 및 목표 수준은 적정한가? – 기관의 설립목적(임무)과의 연계성 및 반영 정도 – 주요 사업 계량지표별 목표 수준 설정의 적정성 – 지표구성의 체계화, 지표 관련 데이터의 신뢰성 확보 등 지표 개선 노력의 적정성 등

평가지표	주요 사업(계량)
지표정의	주요 사업별 경영성과가 목표대로 달성되었는지를 평가한다.
세부 평가내용 (예시)	① 성과지표는 각 사업별 효율성 및 효과성을 객관적으로 파악할 수 있는 계량지표로 평가하는 것을 원칙으로 함 ② 계량지표는 원칙적으로 투입지표(input)가 아닌 성과지표(outcome)로 설정하되, 불가피한 경우 산출지표(output)도 가능 ③ 각 사업별로 1~2개 수준의 세부지표로 평가하는 것을 원칙으로 함

[부록 3]

2016년 공공기관 경영실적 평가 결과

1. 공기업

등 급	종 합	경영관리	주요 사업
A	한국관광공사 한국도로공사 한국서부발전 한국조폐공사 (4)	인천국제공항공사 한국도로공사 한국서부발전(주) (3)	제주국제자유도시개발센터 한국관광공사 한국도로공사 한국동서발전(주) 한국전력공사 한국조폐공사 (6)
B	인천국제공항공사 인천항만공사 제주국제자유도시개발센터 주택도시보증공사 한국감정원 한국공항공사 한국남동발전 한국남부발전 한국동서발전 한국수력원자력 한국수자원공사 한국전력공사 한국중부발전 한국토지주택공사 해양환경관리공단 (15)	여수광양항만공사 주택도시보증공사 한국감정원 한국관광공사 한국남부발전(주) 한국동서발전(주) 한국수력원자력(주) 한국수자원공사 한국전력공사 한국조폐공사 한국중부발전(주) 한국토지주택공사 해양환경관리공단 (13)	인천국제공항공사 인천항만공사 주택도시보증공사 한국감정원 한국공항공사 한국남동발전(주) 한국서부발전(주) 한국수자원공사 한국중부발전(주) (9)
C	여수광양항만공사 한국광물자원공사 한국마사회 한국지역난방공사 한국철도공사	부산항만공사 인천항만공사 제주국제자유도시개발센터 한국공항공사 한국광물자원공사 한국남동발전(주)	여수광양항만공사 울산항만공사 한국가스공사 한국광물자원공사 한국남부발전(주) 한국마사회

	(5)	한국마사회 한국석유공사 한국지역난방공사 한국철도공사 (10)	한국방송광고진흥공사 한국수력원자력(주) 한국지역난방공사 한국철도공사 한국토지주택공사 해양환경관리공단 (12)
D	부산항만공사 울산항만공사 한국가스공사 한국방송광고진흥공사 한국석유공사 (5)	울산항만공사 한국가스공사 (2)	부산항만공사 한국석유공사 (2)
E	대한석탄공사 (1)	대한석탄공사 한국방송광고진흥공사 (2)	대한석탄공사 (1)

2. 준정부-강소형 제외

등 급	종 합	경영관리	주요 사업
A	국민건강보험공단 대한무역투자진흥공사 도로교통공단 (3)	교통안전공단 국민건강보험공단 대한무역투자진흥공사 도로교통공단 한국국토정보공사 한국보훈복지의료공단 한국산업인력공단 (7)	공무원연금공단 근로복지공단 대한무역투자진흥공사 (3)
B	건강보험심사평가원 공무원연금공단 교통안전공단 국립공원관리공단 국민연금공단 근로복지공단 사립학교교직원연금공단 예금보험공사 중소기업진흥공단 한국가스안전공사 한국국토정보공사 한국농어촌공사 한국보훈복지의료공단 한국산업안전보건공단 한국산업인력공단 한국철도시설공단 (16)	(재)우체국물류지원단 건강보험심사평가원 공무원연금공단 국립공원관리공단 국민연금공단 국민체육진흥공단 사립학교교직원연금공단 한국가스안전공사 한국산업안전보건공단 한국전기안전공사 한국환경공단 (11)	건강보험심사평가원 국립공원관리공단 국민건강보험공단 국민연금공단 도로교통공단 사립학교교직원연금공단 신용보증기금 예금보험공사 중소기업진흥공단 한국가스안전공사 한국농어촌공사 한국보훈복지의료공단 한국원자력환경공단 한국자산관리공사 한국장애인고용공단 한국철도시설공단 (16)
C	신용보증기금 우체국물류지원단 한국농수산식품유통공사 한국원자력환경공단 한국자산관리공사 한국장애인고용공단 한국전기안전공사 한국주택금융공사 한국환경공단 (9)	근로복지공단 신용보증기금 예금보험공사 중소기업진흥공단 한국농수산식품유통공사 한국농어촌공사 한국자산관리공사 한국주택금융공사 한국철도시설공단 (9)	(재)우체국물류지원단 한국국토정보공사 한국농수산식품유통공사 한국산업안전보건공단 한국산업인력공단 한국전기안전공사 한국환경공단 (7)

D	국민체육진흥공단 기술보증기금 한국승강기안전공단 (3)	기술보증기금 한국승강기안전공단 한국원자력환경공단 한국장애인고용공단 (4)	교통안전공단 기술보증기금 한국승강기안전공단 한국주택금융공사 (4)
E	한국무역보험공사 (1)	한국무역보험공사 (1)	국민체육진흥공단 한국무역보험공사 (2)

3. 준정부-강소형

등 급	종 합	경영관리	주요 사업
A	농림수산식품기술기획평가원 사회보장정보원 축산물품질평가원 한국석유관리원 한국소비자원 한국시설안전공단 한국연구재단 한국인터넷진흥원 한국임업진흥원 (9)	사회보장정보원 우체국금융개발원 축산물품질평가원 한국방송통신전파진흥원 한국산업단지공단 한국석유관리원 한국에너지공단 한국인터넷진흥원 한국전력거래소 (9)	국토교통과학기술진흥원 농림수산식품기술기획평가원 사회보장정보원 한국교육학술정보원 한국소비자원 한국시설안전공단 한국연구재단 한국인터넷진흥원 한국임업진흥원 한국청소년상담복지개발원 한국청소년활동진흥원 (11)
B	국토교통과학기술진흥원 농림수산식품교육문화정보원 농업기술실용화재단 우체국금융개발원 한국디자인진흥원 한국방송통신전파진흥원 한국보건산업진흥원 한국산업단지공단 한국소방산업기술원 한국수산자원관리공단 한국언론진흥재단 한국에너지공단 한국장학재단 한국정보화진흥원 한국청소년상담복지개발원 한국청소년활동진흥원 한국콘텐츠진흥원	국토교통과학기술진흥원 농림수산식품교육문화정보원 농림수산식품기술기획평가원 농업기술실용화재단 중소기업기술정보진흥원 축산물안전관리인증원 한국고용정보원 한국과학창의재단 한국노인인력개발원 한국디자인진흥원 한국문화예술위원회 한국보건산업진흥원 한국산업기술평가관리원 한국소방산업기술원 한국소비자원 한국수산자원관리공단 한국시설안전공단 한국언론진흥재단 한국연구재단 한국우편사업진흥원 한국임업진흥원	농림수산식품교육문화정보원 농업기술실용화재단 시청자미디어재단 우체국금융개발원 정보통신산업진흥원 축산물품질평가원 한국디자인진흥원 한국보건복지인력개발원 한국산업단지공단 한국석유관리원 한국소방산업기술원 한국수산자원관리공단 한국언론진흥재단 한국에너지공단 한국장학재단 한국정보화진흥원 한국콘텐츠진흥원 한국해양과학기술진흥원

	(17)	한국정보화진흥원 한국콘텐츠진흥원 한국해양수산연수원 (24)	(18)
C	국제방송교류재단 독립기념관 선박안전기술공단 소상공인시장진흥공단 시청자미디어재단 정보통신산업진흥원 중소기업기술정보진흥원 축산물안전관리인증원 한국고용정보원 한국과학창의재단 한국광해관리공단 한국교육학술정보원 한국국제협력단 한국기상산업진흥원 한국노인인력개발원 한국문화예술위원회 한국보건복지인력개발원 한국산업기술진흥원 한국산업기술평가관리원 한국에너지기술평가원 한국우편사업진흥원 한국원자력안전기술원 한국전력거래소 한국해양수산연수원 (24)	국제방송교류재단 독립기념관 선박안전기술공단 소상공인시장진흥공단 시청자미디어재단 한국광해관리공단 한국국제협력단 한국기상산업진흥원 한국보건복지인력개발원 한국산업기술진흥원 한국에너지기술평가원 한국원자력안전기술원 한국장학재단 한국청소년상담복지개발원 한국청소년활동진흥원 한국환경산업기술원 (16)	국립생태원 국제방송교류재단 독립기념관 선박안전기술공단 소상공인시장진흥공단 영화진흥위원회 한국고용정보원 한국광해관리공단 한국국제협력단 한국문화예술위원회 한국방송통신전파진흥원 한국보건산업진흥원 한국산업기술진흥원 한국산업기술평가관리원 한국세라믹기술원 한국에너지기술평가원 한국원자력안전기술원 한국지식재산전략원 한국환경산업기술원 (19)
D	영화진흥위원회 한국세라믹기술원 한국지식재산전략원 한국해양과학기술진흥원 한국환경산업기술원 (5)	영화진흥위원회 정보통신산업진흥원 한국교육학술정보원 한국세라믹기술원 한국해양과학기술진흥원 (5)	중소기업기술정보진흥원 축산물안전관리인증원 한국과학창의재단 한국기상산업진흥원 한국노인인력개발원 한국우편사업진흥원 한국해양수산연수원 (7)

E	국립생태원 아시아문화원 (2)	국립생태원 아시아문화원 한국지식재산전략원 (3)	아시아문화원 한국전력거래소 (2)

※ 가나다 순 배열.

4. 기관장 평가 결과

등 급	공기업(4명)	준정부기관(25명)	
			강소형기관(15명)
우수 (3명)	해양환경관리공단(장만) (1)	중소기업진흥공단(임채운) 한국가스안전공사(박기동) (2)	
보통 (24명)	울산항만공사(강종열) 주택도시보증공사(김선덕) 한국방송광고진흥공사(곽성문) (3)	공무원연금공단(최재식) 교통안전공단(오영태) 국민건강보험공단(성상철) 대한무역투자진흥공사(김재홍) 예금보험공사(곽범국) 한국산업안전보건공단(이영순) 한국산업인력공단(박영범) 한국주택금융공사(김재천) (8)	농림수산식품교육문화정보원(박철수) 독립기념관(윤주경) 선박안전기술공단(목익수) 우체국금융개발원(김홍일) 정보통신산업진흥원(윤종록) 축산물안전관리인증원(김진만) 한국광해관리공단(김익환) 한국디자인진흥원(정용빈) 한국문화예술위원회(박명진) 한국에너지기술평가원(황진택) 한국인터넷진흥원(백기승) 한국전력거래소(유상희) 한국정보화진흥원(서병조) (13)
미흡 (2명)			시청자미디어재단(이석우) 영화진흥위원회(김세훈) (2)

※ 가나다순 배열.

5. 감사평가 결과

등 급	공기업(9명)	준정부기관(15명)	
			강소형기관(3명)
우수 (1명)		한국자산관리공사(현창부) (1)	
보통 (21명)	주택도시보증공사(조재훈) 한국광물자원공사(김현장) 한국동서발전(김오영) 한국서부발전(박대성) 한국전력공사(이성한) 한국조폐공사(안광복) 한국중부발전(김선우) 한국토지주택공사(허종덕) (8)	공무원연금공단(노병찬) 국립공원관리공단(이진화) 국민체육진흥공단(고경희) 기술보증기금(최성수) 신용보증기금(김기석) 한국국토정보공사(이문수) 한국농수산식품유통공사(이규양) 한국농어촌공사(유한식) 한국무역보험공사(이대용) 한국산업안전보건공단(김병옥) 한국주택금융공사(권순익) (11)	한국산업기술평가관리원 (한명훈) 한국연구재단(심순) (2)
미흡 (2명)	대한석탄공사(유운영) (1)		한국장학재단(하인봉) (1)

※ 가나다순 배열.

찾아보기

저자 소개

이종수

- 연세대학교 행정학과 교수
- 대통령직속 지역발전위원회 위원 (2015~2017)
- 행정자치부 자치단체 합동평가단장 (2016, 2017)

김민제

- 연세대학교 정치학과 석사

김주찬

- 광운대학교 행정학과 교수, 정책법학대학장
- 미국 조지워싱턴대학교 정책학박사
- 기획재정부 공공기관 기관장 평가위원(2017)

민병익

- 경상대학교 행정학과 교수
- 한국정책학회 이사
- 한국지방정부학회 이사

원혜연

- 서울대학교 행정대학원 박사과정

이수영

- 서울대학교 행정대학원 부교수
- 미국 조지아대학교 행정학박사
- 기획재정부 공공기관 평가위원
- 서울행정학회 총무위원장

이정욱

- 연세대학교 행정학과 교수
- 미국 조지아대학교 행정학박사
- 미국 일리노이대학교(스프링필드) 행정학과 조교수
- 기획재정부 공공기관 평가위원

이정철

- 연세대학교 행정학과 박사

전미선

- 연세대학교 행정학과 박사수료

조화순

- 연세대학교 정치외교학과 교수
- 사회과학데이터연구혁신센터장
- 인사혁신처 정책자문위원
- 행정자치부 공적심사위원회위원(2016~2017)

홍순만

- 연세대학교 행정학과 교수
- 미국 하버드대학교 정책학박사
- 한국공인회계사

공기업 개혁의 쟁점과 전략

펴낸날 제1판 제1쇄 2018년 2월 23일
지은이 이종수 외
펴낸이 임춘환
펴낸곳 도서출판 대영문화사
주소 서울특별시 용산구 청파로 61길 5(청파동 1가) 제일빌딩 2층(㊝ 04308)
등록 1975년 12월 26일 제3-16호
전화 (02)716-3883, (02)714-3062
팩스 (02)703-3839
홈페이지 http://www.dymbook.co.kr

ISBN 978-89-7644-700-5
값 14,000원